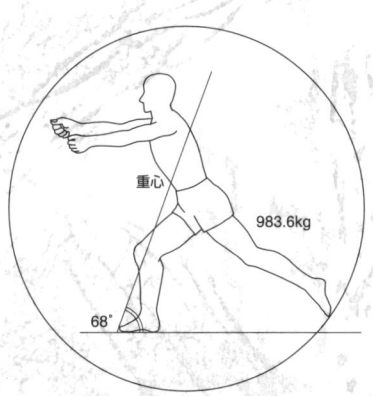

教育剣道の科学

全国教育系大学剣道連盟 編

The National Kendo Federation of
Universities with Education Faculties

大修館書店

まえがき

　学校体育における剣道は、1911（明治44）年に正課として初めて認められて以来、教科体育、課外活動等において、心身の健全なる育成を図る上で重要な位置を確保するに至っている。学校における剣道指導に携わる者にとっては、今後とも、こうした伝統ある剣道が教育に果たす意義を十分に検証しつつ、後世に継承していく責務を果たさなければならない。

　全国教育系大学剣道連盟の委員は、教員養成大学の教官で、とりわけ、「剣道の健全な普及を図るには、底辺の、しかも指導者が特に不足している小・中学生を指導する先生の養成こそ最も重要なこと」という連盟設立の趣旨に賛同し、将来の学校剣道指導者を夢見る学生を情熱的に指導・支援してきたメンバーである。

　剣道を教科として指導していくためには、実技能力のみならず、武道、剣道の歴史、文化性、技術特性、運動特性、指導法、評価法等の科学的知見も必要と考えられる。

　本書は、こうした剣道指導の基礎となる理論的背景について、複数の著者がそれぞれの専門分野からその研究と教育のユニークさを発揮して、分担執筆したものである。各項目を見開き2頁に簡潔にまとめ、どの頁から読んでもよい形に構成した。原則として、左側の頁には説明文を、右側の頁には必要な資料や図表などを配した。

　第Ⅰ部は、剣道の「歴史と文化」というテーマで、武道および剣道の歴史、思想・原理、比較文化などについて、人文・社会科学の分野から執筆した。

　第Ⅱ部は、剣道の「運動と技術」というテーマで、剣道選手の体力、剣道の運動特性、剣道の技術特性などについて、測定や実験結果に基づき、自然科学の分野から執筆した。

　第Ⅲ部は、剣道の「指導と評価」というテーマで、剣道の指導法、剣道の稽古法（伝統的教育法）、剣道の評価法などに関して、教育科学、教科教育の分野から執筆した。

　本書は、以上の3部から構成したが、科学と呼ぶにはまだまだ不十分であり、今後は、読者の叱咤激励によってより良い内容に発展させたいと念願している。

　最後に、本書の出版にあたって、多大なるご尽力をいただいた大修館書店編集第三部の平井啓允氏、および粟谷修氏に心から感謝申し上げたい。

2004年6月

巽　申直

目　次

まえがき ………………………………………………………………………… i

第Ⅰ部　剣道の歴史と文化 …………………………………………… 1

第1章　歴史 ……………………………………………………………… 3

01．流派の発生　中村民雄 ………………………………… 4
02．防具(剣道具)の発明　中村民雄 ……………………… 6
03．加藤田平八郎の剣術論について　村山勤治 ………… 8
04．藩校における剣道教育について　村山勤治 ………… 10
05．竹刀打ち込み稽古法の登場　和田哲也 ……………… 12
06．他流試合の活性化　和田哲也 ………………………… 14
07．伝統の保持と新法採用　和田哲也 …………………… 16
08．剣術の競技化と新しい技術の登場　和田哲也 ……… 18
09．剣道の道場　中村民雄 ………………………………… 20
10．幕末期の試合剣術を書簡から読みとる　村山勤治 … 22
11．女性と剣道　境　英俊 ………………………………… 24

第2章　思想・原理 …………………………………………………… 27

01．武の精神誌　大保木輝雄 ……………………………… 28
02．武道的身体知の系譜　大保木輝雄 …………………… 30
03．剣道気論の成立　大保木輝雄 ………………………… 32
04．「一刀」という思想　大保木輝雄 …………………… 34
05．剣道の「一本」と「機」　大保木輝雄 ……………… 36
06．剣道による〈身体二重性〉の克服　松村司朗 ……… 38
07．剣道における「水月」について　竹田隆一 ………… 40
08．剣道における「事理一致」について　竹田隆一 …… 42
09．剣道における「残心」について　竹田隆一 ………… 44
10．武士の身体　中村民雄 ………………………………… 46

第3章　比較文化 ……… 49

- 01．騎士と騎士道　塩入宏行 ……… 50
- 02．ヨーロッパの剣術　塩入宏行 ……… 52
- 03．イタリアの剣術　塩入宏行 ……… 54
- 04．スペインの剣術　塩入宏行 ……… 56
- 05．ドイツの剣術　塩入宏行 ……… 58
- 06．イギリスの剣術　塩入宏行 ……… 58
- 07．フランスの剣術　塩入宏行 ……… 60
- 08．『イリアス』の競技場面における英雄像　小林日出至郎 ……… 62
- 09．『オデュッセイア』の競技場面における英雄像　小林日出至郎 ……… 64
- 10．プラトンの「魂の三契機」に基づく市民戦士　小林日出至郎 ……… 66
- 11．剣道の国際化―フィンランドでの剣道普及を通して　太田順康 ……… 68
- 12．剣道と発声―日本人と韓国人の認識の相違　橋爪和夫 ……… 70

第Ⅱ部　剣道の運動と技術 ……… 73

第4章　体力 ……… 75

- 01．一流剣道選手の身体組成　山神眞一 ……… 76
- 02．剣道選手の骨密度　山神眞一 ……… 78
- 03．剣道選手の姿勢―剣道でつくられる日常の堂々とした姿勢　柳本昭人 ……… 80
- 04．高段者の体力特性―生涯スポーツに適している剣道　柳本昭人 ……… 82
- 05．剣士の腕パワー　惠土孝吉 ……… 84
- 06．剣道選手の素早さ　惠土孝吉 ……… 86
- 07．剣道と腰痛　直原幹 ……… 88
- 08．大学女子剣道選手のメンタルコンディショニング　山神眞一 ……… 90

第5章　運動 …… 93

01. 剣道運動の酸化ストレスについて　今井　一 …… 94
02. 暑熱環境下における強化合宿での生体負担度　今井　一 …… 96
03. 剣道の傷害事例—慣れない打突動作は傷害を引き起こす　柳本昭人 …… 98
04. 剣道と発声のタイミング　橋爪和夫 …… 100
05. 剣道試合での発声の頻度と長さ　橋爪和夫 …… 102
06. 試合場における移動分布と有効打突の取得位置　巽　申直 …… 104
07. 試合中の足さばきと習熟段階　巽　申直 …… 106
08. 剣道で脳を鍛える　山神眞一 …… 108

第6章　動作 …… 111

01. 中段の構えにおける体重配分　横山直也 …… 112
02. 正面打撃動作の3次元動作解析　横山直也 …… 114
03. 剣道の打撃力—意外に弱い熟練者の打撃力　柳本昭人 …… 116
04. 中段の構えにおける足の踏み方と踏み切り力　横山直也 …… 118
05. 剣道の打撃動作における踏み込み力　横山直也 …… 120
06. 間合のとり方と試合　巽　申直 …… 122
07. 試合中の移動方向と習熟段階　巽　申直 …… 124
08. 防御時間と防御成功率　恵土孝吉 …… 126
09. 竹刀重量の違いと打突動作　直原　幹 …… 128

第Ⅲ部　剣道の指導と評価 …… 131

第7章　指導法 …… 133

01. 剣道指導における言語表現　木原資裕 …… 134
02. 少年期の剣道に対する意識　岡嶋　恒 …… 136
03. 剣道実践にともなう阻害要因　木原資裕 …… 138
04. 生涯剣道の可能性　木原資裕 …… 140

05．剣道の観察学習（1）：注意過程─学習に対する効果的なモデルの在り方　吉村　功……………142
06．剣道の観察学習（2）：保持過程─モデルの動作をどう記憶するか　吉村　功………………144
07．剣道の観察学習（3）：運動再生過程─動作再生時に指導者はどうすべきか　吉村　功……………146
08．剣道の観察学習（4）：動機づけ過程─学習者の意欲向上に向けて　吉村　功………………148
09．剣道指導における二刀流の活用　折口　築…………………………………150
10．武道指導推進校における指導実践の傾向　直原　幹………………………………152
11．剣道授業における教材づくり　浅見　裕…………………………………154

第8章　稽古法　157

01．守破離　中村民雄…………………………………158
02．師弟同行　中村民雄…………………………………159
03．〈かた〉による稽古法　松村司朗…………………………………160
04．打ち込み稽古・掛かり稽古　折口　築…………………………………162
05．日本的学習方法─稽古のもつ意味　太田順康………………………………164
06．藩校での武術教育　太田順康…………………………………166
07．試合形式の変遷について　太田順康…………………………………170
08．加藤田平八郎の日記から武者修行の実態を探る　村山勤治………………………………172

第9章　評価法　175

01．新学習指導要領に対応した剣道の評価　岡嶋　恒………………………………176
02．基本打突の評価─基本判定試合の活用　岡嶋　恒，増谷大輔……………………………178
03．気剣体一致の評価─すり足打突と踏み込み足打突　折口　築………………………………180
04．有効打突の評価　角　正武…………………………………182
05．審判の評価　角　正武…………………………………184
06．スキルの評価　惠土孝吉…………………………………186
07．授業の評価─教師行動の分析　浅見　裕…………………………………188
08．授業の評価─学習者による評価　浅見　裕…………………………………190
09．授業の評価─学習者の感想　浅見　裕…………………………………192
10．剣道の試合観戦者からみた「面白さ」の評価　直原　幹………………………………194

索　引…………………………………196
執筆者一覧…………………………………201

第Ⅰ部　剣道の歴史と文化

第 *1* 章　歴史

1-1 流派の発生

1 — 流派とは

　流派とは、小学館の『日本国語大辞典・第20巻』によれば、「流れのすじ。また、流儀のわかれ。芸術・技術・武道などの上で、流儀・主義などの相違によって生じたそれぞれの系統。」と書かれている。こうした流儀や系統は、伝統的な技能集団や世襲制による「家」によって受け継がれてきた。

　流派の発生は、真言宗における古義・新義の二流派の分化にはじまり、雅楽の京・奈良・天王寺の三流、和歌の冷泉流・二条流などの成立によって伝授の形式が確立された。

　武術に関する流派は、南北朝のころに弓馬術の大坪流や小笠原流が流派化し、室町時代には剣術の源流といわれる念流を受け継いだ中條流・神道流・陰流が成立した。江戸時代になって、剣・槍・砲・柔術など相次いで流派化し、幕藩体制下の特殊事情により多くの流派が成立した。特に剣術はその流派数が多く、今村嘉雄の研究[1]によれば、745流派に及んだといわれている。

2 — 流派成立の条件

　武術に多くの流派が成立した背景には、次のような理由が考えられる[2]。
（1）武術諸流は、実力が物をいう世界である。したがって、すべての相伝法は、実力者から次の実力者へ印可を伝授する完全相伝形式によらざるを得ないという、性格をもっている。
（2）藩は、他藩に対して閉鎖的かつ排他的な封建社会を構成し、特に武力については、藩の秘密事とされていた。したがって、藩独自の流派が独立して存在し得た。
（3）芸能諸流が藩という国境を越えて、全国的な文化社会を構成したのに対し、武術諸流は、集約統一することが不可能であった。
（4）長い平和な時代が続いたため、どの流派が実力と権威を兼ね備えているのかを検証する場がなかった。

　これに対し他の芸能諸流は、早くから一般民衆に受け入れられるよう工夫が施され、手軽に楽しめる遊芸へと改良されていった。軍事に直接関わらない芸能諸流はやがて国境を越えて活動し、一定の家によって芸を世襲的に独占する「家元制度」が確立されていった。

3 — 流派の統合へ

　これに対し、免許皆伝とともにすべての教授権を弟子に譲り渡す完全相伝の形式を踏襲してきた剣術諸流は、全国的に展開する「家元制度」はついに成立しなかった。

　ただし、正徳年間（1711～1716）に直心影流が防具（剣道具）を開発し、しないで打突し合う打ち込み稽古法を採用すると、次第に流派の壁を超えて統合しはじめる。特に寛政年間（1789～1801）ころから盛んとなる武者修行によって、全国各地で竹刀打ちによる試合剣術が流行するようになると、試合の優劣が流派の消長に直接影響するようになっていった。

　こうして江戸時代後期には、俗にいう「江戸の三大道場」といわれる、千葉周作の玄武館、斎藤弥九郎の練兵館、桃井春蔵の士学館など、竹刀打ち剣術を中心とする流派に統合され、技の体系化も進められていった。

　そうした中で、千葉周作によって考案された「剣術六十八手」[3]は、竹刀打ち剣術の技を打突部位別に体系化した画期的なもので、現代剣道の技の体系のさきがけをなすものであった。ただし、千葉が説いた「剣術六十八手」は、竹刀打ち込み稽古にはそれ独自の目的があり、それを意識して技の体系化を試みたもので、常に「形」から入り、最後にまた「形」に帰ることを説いている。したがって、形稽古では学べない点を竹刀打ち込み稽古によって練り上げるために「剣術六十八手」を考案したことを謳っている。

4 — 大日本武徳会と形の制定

剣術諸流が組織として統合されるのは、明治28（1895）年に設立された大日本武徳会を待たなければならない。

また、大正元（1912）年に制定された「大日本帝国剣道形」（のちに「日本剣道形」となる）は、流派統合の象徴として制定されたもので、竹刀打ち込み稽古法からくる手の内の乱れや体の崩れ、刃筋を無視した打突を正すためにつくられたものである。

さらに、明治35（1902）年に制定された「武術家優遇例」（のちに「武道家表彰例」となる）により、範士・教士などの称号が定められ、大正6（1917）年には「剣道柔道階級規程」が改正されて、剣道も柔道にならって段位制を採用し、称号と段位の併用による階層構造が確立した。

ここに至って、古い家元は完全に解体され、大日本武徳会を頂点とする新たな家元制度的社会が構築されたのである。もちろん流派も解体され、称号・段位による新たな階級社会がつくられていくことになるのである。その頂点に大日本武徳会が君臨するという、芸道諸流の家元制度とよく似た新たな組織形態が、明治・大正期に成立していくのである。

（中村民雄）

[文献]
1) 今村嘉雄（1967）『十九世紀に於ける日本体育の研究』不昧堂出版、344頁。
2) 西山松之助（1980）『芸の世界—その秘伝伝授—』講談社、92-93頁。その他、『家元の研究』校倉書房（1959）、および『現代の家元』弘文堂（1962）なども参照した。
3) 小林義雄、他（1993）「剣道の技の体系と技術化について—北辰一刀流『剣術六十八手』の成立過程を中心として—」『武道学研究』第26巻第1号、24-33頁。

兵学武芸流派数一覧表

書名＼種目	兵学	弓	馬	剣	槍	砲	柔
(1) 武芸小伝	六	六	一	三五	二二	九	八
(2) 流祖録	四	一	四	五四	一〇	二	一三
(3) 諸藩学制	一五	一〇	二一	一四〇	五一	八五	五二
(4) 撃劔叢談				四七			
(5) 劔道史				二五九			
(6) 日本武芸小伝	四六	二四	三七	二一〇	八六	一〇六	
(7) 計	七一	五一	六七	七四五	一四八	一九二	一七九
(8) 異名同流	一七	一〇	六	一二三	二六	一九	一二
(7)〜(8)	五四	四一	六一	六二二	一二二	一八三	一六七

（注）(2)は(1)所収の流派を含まない。以下同じ。

図1　江戸時代の兵学武芸流派数一覧表（今村嘉雄『十九世紀に於ける日本体育の研究』不昧堂出版　昭和42年より）

1-2 防具（剣道具）の発明

1 — 防具（剣道具）の発明

「防具」という用語は、フェンシングや野球のプロテクターの訳語として、明治になってから一般化したことばで、もとは「道具」または「武具」と呼んでいた。

江戸時代に防具（剣道具）のことを書き著した史料や絵画は少なく、十分に跡付けることはできないが、少なくとも寛文3（1663）年2月、紙屋伝心頼春（直心流流祖、神谷伝心斎直光ともいい、紙屋は晩年の称）が大沢友右衛門に出した『紙屋伝心六十七歳ニテ一流見出シ直心流ト極致御伝授ニ付改＝兵法根元一』（稲川故吉写本）に、「他流ニテハ稽古之節、皮具足、面頰サマサマ道具ヲタヨリ稽古ス。直心ノ上テハ、イササカ身ヲフセク道具用不レ申」と記されている例は、防具（剣道具）に関する記述のもっとも早いころのものであろう[1]。

絵画では、天和2（1682）年菱川師宣によって描かれた『千代の友鶴』に、タンポ槍を持った若者と、面具・垂付き胴をつけ薙刀を持った若者とが試合をしている絵がある（写真1）。この絵などは絵画として描かれた最初のころのものといえよう。この絵で注目すべきは、面具に面布団や突垂が描かれてなく顔面を覆うだけのものであることと、胴は垂付き胴で竹製であったことである。これは、のちに「竹具足」とよばれる防具（剣道具）と同じつくりである。師宣はその後も『浮世続』（天和4年）に、同じくタンポ槍を持った若者と、面具・垂付き胴をつけた若者を描いている。

また、前述した直心流の二代目にあたる高橋弾正左衛門重治から道統を継いで、直心影流を名のった山田平左衛門光徳は、『兵法伝記註解』（稲川故吉写本）に次のように書いている。平左衛門自身は18歳のとき木刀による試合で怪我をし、その後剣術を中断していたが、32歳のとき弾正左衛門の流派が「面・手袋アリ而怪我ナキヤウニ、身ヲシトミ稽古スル」のを見て入門し、46歳のとき免許を得たと記している。平左衛門が入門した32歳のときは、没年から計算すると寛文9（1669）年に相当する。

これらの事例からみても、江戸時代もかなり早い時期から部分的ではあるが、防具（剣道具）が使われていたことがわかろう。

その後、平左衛門から直心影流二代目を継いだ長沼四郎左衛門国郷（1688～1767）の墓碑には、国郷は「木刀・皮竹刀」を改良し、「面・手袋」も「鉄仮面」や「綿甲・覆膊」に改良して、しないによる打ち込み稽古を始めたことが記されている。したがって、面・小手・胴・垂すべての防具（剣道具）が出揃ったのは国郷の時代、つまり正徳年間（1711～1716）ころのことで、まだ袋しないではあったが、防具（剣道具）を着用して、しないで打突し合う稽古方式が定着したことがわ

写真1　タンポ槍を持った若者と、面具・垂付き胴をつけ薙刀を持った若者
（『千代の友鶴』稀書複製会叢書、米山堂、1927年より）

かる。このことにより、直心影流は飛躍的な伸張をとげ、他流派においても防具（剣道具）を着用するかどうかは、流派消長の分岐点となっていった。

2── 防具（剣道具）の改良

国郷が防具（剣道具）を開発して50年ほど経った宝暦年間（1751～1764）には、一刀流の中西忠蔵子武も「鉄面ヲ掛ケ、竹具足ヲ用ヰ」たしないによる打ち込み稽古法を採用した。このことは中西是助の『一刀流兵法韜袍（とうほう）起源』（文久元年版）に、「抑モ中西家ニテ、シナヘ打合初リシ濫觴（らんしょう）ハ、宝暦年中ノ比（ころ）」であったと記されていることや、白井亨の『兵法未知志留辺』（天保4年版）に、「子定死シ、其子中西子武ニ至リ、勢法ヲ以テ道ヲ伝ル事ヲ迂ナリトシ、今天下流布ノ韜袍比較ヲ捷径ナリトスルニ至リ」とあることからもわかろう。

このころの防具（剣道具）のつくりは、『北斎漫画』（文化14年刊）に描かれている竹具足をみることによりその形態がわかる（**写真2**）。また、鏃噛軒古温の『似匠誤号之弁』（寛政6年写本）に、「たまたま具足といえばとて、布或ハ皮にわたを入、縫ひかためるに、竹なんどつづり付たる具足を着るより外はなし」と記されているように、竹具足は流派の壁を超えて普及していたようである。

しかし、何故か『北斎漫画』に描かれた防具（剣道具）には突垂がついていない。その点からすると江戸の流派はあまり突技をしなかったのかもしれない。そのことは、天保年間（1830～1844）に柳川藩の大石進が五尺三寸の長竹刀で、江戸の名だたる師範をことごとく突きまくったという逸話を残しているが、これなどは進が大石神影流の剣術のみならず、大島流槍術の師範でもあったことから、槍術の刺突技術を応用して江戸の剣術流派の弱点をついて勝ちを制したものであったということができよう[2]。

その後、これらの弱点を改良してより強固な一枚革の胴を考案したり、竹胴の上に鞣し革をはり、漆で固めた胴がつくられたりした。竹刀は四ッ割りのものが使われ、怪我をしない丈夫な防具（剣道具）に改良されていった。

なお、幕末期の防具（剣道具）は現代のものと比べると、面布団は肩先までしかない短いもので、小手は寸胴（すんどう）、胴は全体に平らで丸みがなく、小胸持ち出しがついたのも明治中期に入ってからのことである。それが、近年では「顔の見える」ポリカーボネート樹脂板を取り付けた面が登場し、防具（剣道具）も新たな改良期を迎えているようである。

（中村民雄）

［文献］
1) 中村民雄（2001）「防具（剣道具）の歴史」『剣道時代』第344号、11-20頁。他に、中村民雄（1994）『剣道事典──技術と文化の歴史─』島津書房、107-116頁も参照のこと。
2) 藤吉　斉（1963）『大石神影流を語る』自刊、21-38頁。

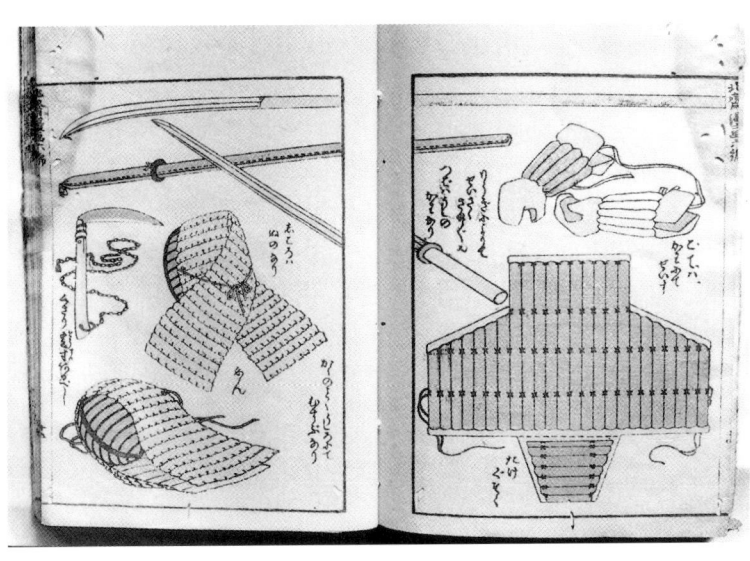

写真2　竹具足（『北斎漫画』文化4（1817）年より）

1–3 加藤田平八郎の剣術論について

　幕末期において、竹刀剣術の流行の一因となった武者修行で、有名な加藤田平八郎の剣術論について、鈴鹿家蔵加藤田伝書『初学須知』から紹介する。

　加藤田関係伝書は、『鈴鹿家蔵各藩伝来武道流派等一覧』（資料1）に収められている。この史料は、武道専門学校文科（俳文学）教授鈴鹿登氏所蔵の武道関係資料621点を武道専門学校同窓会と全日本剣道連盟のご尽力により、マイクロフィルムに収録されたものである。現在は、全剣連で保管されている。

1 ── 加藤田平八郎について

　加藤田は、加藤田新作武述が、享保7年に久留米藩剣術指南役となって以来、代々同藩の指南役を務めた。新作の養子平八武信の代より加藤田神陰流を称するようになる。平八の嗣子新八武陣は、率先して他流試合を創始し、その技を錬磨したとある。加藤田平八郎は、加藤十助の長男で16歳の時に加藤田新八の養子となり、名は重秀、字は潜卿・益亭と号した。22歳の文政12年5月9日、門下の奥村七助（のちの園田円斎）・太田友八を伴い、武者修行に出発し、中国・四国・近畿を中心に19ヶ国を遍歴して、同年12月9日に帰藩した。天保9年3月31日に再び出発し、江戸に出て田宮流窪田助太郎清音・直心影男谷精一郎信友、他数10名と試合をした。養父新作が没した弘化3年に加藤田神陰流十代の師範役となってから、明治8年に没するまでの28年間に教授した門人は2,828人といわれている[1]。

2 ── 『初学須知』について

　『初学須知』は、鈴鹿家蔵本中53号・加藤家伝と、54号・加藤田伝書の両方に収録されている。さらに持田盛二先生が、久留米加藤田家において筆写された同名本（福島大学中村民雄氏所収）を入手することができた。そこで、三種の写本を比較し、家伝本が、持田写本と相似していることから同本を底本として他の二種と校合しながら検討した。

　平八郎は、『初学須知』の序において「抑、剣術の法を知るは、猶工匠の規矩を先にするが如し…願は、後進の士一双眼を此に開きて、捷径に走らずして夷なる兵法の大道に由る事修行の大本也。是を以て初学の為に聊か條目を記して先師の法を畧知らしむると云爾」（資料2）と初心者のために基本となる点についての指導書を著そうとする意図を述べている。『初学須知』の著わされた万延元年は、渡辺一郎先生の『幕末関東剣術英名録の研究』に収載されている『万延英名録』の刊行された年であり、他流試合、武者修行の全盛期でもあった。

3 ── 加藤田平八郎の剣術論について

　幕末期に流行した試合剣術の草分的存在である加藤田平八郎は、基本となる「目付・足さばき・構え・太刀の持ち方」などは、宮本武蔵の『五輪書』[2]を読んだのではないかと思われるほど、非常によく似た文章表現が用いられ、同様の考え方を受け継いでいる。しかし、二度に亘る武者修行の体験などから「悪敷所作並に身癖之事・能き所作之事・上働之事・上当之事」などは、箇条書きにして分析的に理解しようと努めている。「互格試合之心掛・互格試合本数定・試合所望之節心得」では、試合に臨む心構えと稽古の進め方などについて具体的に述べている。また、「掛撃之作法」では、今でいう目上の人にかかる稽古についての作法と思われ、「待之作法」では、"待"とは、持田写本によれば、「アシライ」とふり仮名を記しておられることと、その内容から下の者を遣う引立稽古のようなものをさすと思われ、実戦的指導者としての経験的理論を披瀝している。さらに「…聞く所に拠れば、平八郎は達人と云うよりは、引立方が上手と云うので有名で沢山良い門弟を出したと云う…」[3]のように、「待（引立）之作法」にみられる初心者に対する細心の心配りからも納

得のできるところである。

このように平八郎の試合剣術に対する修行者的な態度と指導者としての卓見が、持田盛二先生をして筆写という大変な作業に走らせた事由であろうことは、想像にかたくない。

（村山勤治）

[文献]
1) 篠原正一（1981）『久留米人物誌』久留米人物誌刊行委員会、180-181頁。
2) 西山松之助、他（1972）「五輪書」『近世芸道論』岩波書店。
3) 園田徳太郎（1967）『剣士松崎浪四郎傳』久留米図書館友の会、108頁。

資料1『鈴鹿家蔵各藩伝来武道流派等一覧』

鈴鹿家蔵加藤田関係伝書は、整理番号53号から59号の7冊に合本整理されている。

内容は以下のとおり。

53号　加藤家伝　剣道伝書
- ○剣術鍛練心得書　○剣術修行要草
- ○初学須知　○神陰流・後巻目録口伝書
- ○免状八箇條解　○真面目印可　○秘書帰嬰書
- ○玉清集上泉直伝神陰流兵法秘伝

54号　加藤田伝書　兵法秘伝
- ○兵法秘伝五四ヶ条　○初学須知
- ○免状八ヶ條解

55号　加藤田文書　揚心流薙刀目録

56号　加藤田文書　剣術等級伝書

57号　加藤家伝書　剣道伝書
- ○剣道比試記　○加藤田平八郎東遊日記抄
- ○先師口授上下（夕雲の署伝書）
- ○一雲先師書翰之写

58号　加藤田文書　師系集伝

59号　加藤田文書　歴遊日記

＊53・57号は、加藤家伝とあるが、文中に加藤田重秀（平八郎）誌などとあり、分類の際に表紙の書き違いがあったものと思われる。また、この7冊は、家伝・伝書・文書の3種があり、内容の重複から3回に分けて筆写されたものと思われる。

資料2『初学須知』の「序」の原文

初學須知序

抑劍術ノ法ヲ知ルハ猶工匠ノ規矩ヲ先ニスルガ如シ知ラズンバ有ルベカラサルナリ

昇平久シク戈ヲ遠ザカル時ハ士氣ヲ自ラ撓ヱシテ武藝ノ道モ廢シ活眼晴ヲ見セザルモノ諸藝術ニ攜リテ人ノ師トナリ邪説僻見ヲ以テ妄リニ子弟ヲ導キ大ニ其毒ヲ流ス者多シ其ヲ毒酒ニ酔シ終身醒サル事有ルモ到ル者少カラズ寶ニ慨笑嘆嗟ニ堪ザル也願ハ後進ノ士一雙眼ヲ開キテ此ノ兵法ノ大道ニ據ル事ヲ修行ノ大本也是ヲ以テ初學ノ爲メニ聊カ條目ヲ記シテ先師ノ法ヲ愚知ラシメルト云爾

干時嘉永元庚申年初冬

益亭加藤田重秀誌

1-4 藩校における剣道教育について

　藩校が設立されたのは、天明期以降であり、これまでは、各々の師家道場で自由に行われていた武道教育が、形式にとらわれた流派的秘密主義を撤廃し、実力、実学主義が重要視されて、藩士やその子弟にとって有用な武道のみが盛んに行われるようになった。

　ここでは、膳所藩の藩校において行われた剣道教育について触れてみたい。

1── 膳所藩藩校遵義堂について

　遵義堂は文化6年に創設され、校舎は、「膳所家中町の俗に馬乗り馬場と称する所にあった。…表門と相対して立って居た大きな建物が御堂即ち遵義堂であった。芝生の左方に武芸の稽古場が二棟並んで立って居た。」[1]とあるように、武芸稽古場（図1）が併設され、弓術・槍術・剣術・柔術の師家道場が藩校に編入された。稽古場は、「いろいろな武技の流派に対する共同稽古所」[2]とあり、いわゆる「演武場」的なものであって、特定流派の専用道場ではなかった。したがって、1ヶ月に6日間稽古日が定められ、剣術は、一と六の定日に夕方7時より8時まで行われた。また大寒中には30日間の寒稽古が、諸流派とも午前2時から6時まで行われていた。

2── 遵義堂において行われた剣術流派

　今枝流は、寛永年間に一傳流の居合を学び奥義を究めた今枝彌右衛門良重とその子四郎右衛門良政が、丹後宮津京極家に仕えていたが、寛文8年に京極家が減知され、その後、藩主本多康将に召し抱えられた時から膳所藩に入った。また、その特徴は、「此流のおしへ、足のはこび甚だ六ヶ敷也。此も勝負にて仕立てる流也」[3]として、試合などの「撃剣」稽古を行う流派とされている。これは、今枝流二代目の四郎右衛門の甥である今枝佐中白台が、創始した理方一流系の後世における形態のことであり、膳所藩における古今枝流ともいうべき系統は、居合を柱とするものであったと思われる（図3）。

　幕末期に今枝流が行われていたのは、膳所藩をはじめとして越前の大野藩、美作の津山藩（ここでは理方一流という）、鳥取藩、小倉藩などであり、このうち大野藩と津山藩の今枝流は試合剣術を採用しており、膳所藩・鳥取藩・小倉藩の今枝流は試合剣術を採用した痕跡がみられないとされている。したがって、後者の三藩において伝統的な居合を中心とした技法が守られていたと考えられる。また、鳥取藩では、安政期には剣術が竹刀剣術のみとされ、今枝流は行われなくなった。これからすると膳所藩の今枝流は今枝の本流でもあり、かつ維新期まで続いたことにおいて非常に重要な流派であるといえる[4]。

　直心影流は、幕末期まで諸藩において最も興隆した流派である。正徳年間に直心影流二代目の長沼四郎左衛門国郷がいち早く先駆的な竹刀剣術を採用したことにより勢力を伸長し、その後、長沼の正統を受け継ぐ藤川弥司郎近義の系統、さらに文政期以降には、男谷精一郎信友の男谷派が加わり、非常な広がりをみせた流派である。そして、膳所藩には、まず長沼派が入り、その師範が広田亀助光章（翁右衛門）である。次に入ったのが男谷派であった（図4）。弘化5年に西尾藩の田代辰益によって編集された『諸国剣家姓名録』[5]の中には、膳所藩として「直心影男谷門下高橋権太兵衛、直心影流男谷門下岡田藤太郎」の名があげられている。これは、図4の系図の名と一致している。

　長沼派と男谷派の違いは、前者が形稽古を主として、試合の際には3尺3寸前後の短竹刀を使用して上段構えで行うのに対して、後者は、試合稽古を主とし、3尺8寸ほどの長竹刀を使用して中段構えで稽古・試合を行うものである。

　次に天心独明流と成孝流剣術などの流派は、いずれも極小の流派であり、おおよそ一流一藩的（その藩だけにあった他藩にはみられない）な流派[6]であったことが推測される。

膳所藩では、天保期に直心影流男谷派が入り、これ以降他流試合も活発に行われ、試合剣術では実力のある剣士を輩出しているが、一方では、今枝流のような居合剣術を採用していたことが特徴といえる。

（村山勤治）

［文献］
1）明治教育史研究会（1983）『杉浦重剛全集第6巻日誌・回想』思文閣、740-750頁。
2）榎本鍾司（1983）「天保―弘化期における諸藩の剣術流派『弘化5年2月諸国剣家姓名録』の検討」『アカデミア』自然科学・保健体育編第1巻、南山大学紀要、35-42頁。
3）三上元龍（1790）『撃剣叢談』、新編武術叢書武道書刊行会。
4）榎本鍾司（1982）「幕末諸藩における剣術流派と竹刀打込み試合剣術の伝播情況一覧（その1）」、日本武道学会第15回大会発表抄録集。
5）榎本鍾司（1984）「剣道における二重的性格の形成過程について」『武道学研究』第17巻第1号、104-105頁。
6）今村嘉雄（1967）『十九世紀に於ける日本体育の研究』不昧堂出版、332-375頁。

図1　膳所藩遵義堂武芸稽古場

図2　遵義堂演武場の印影

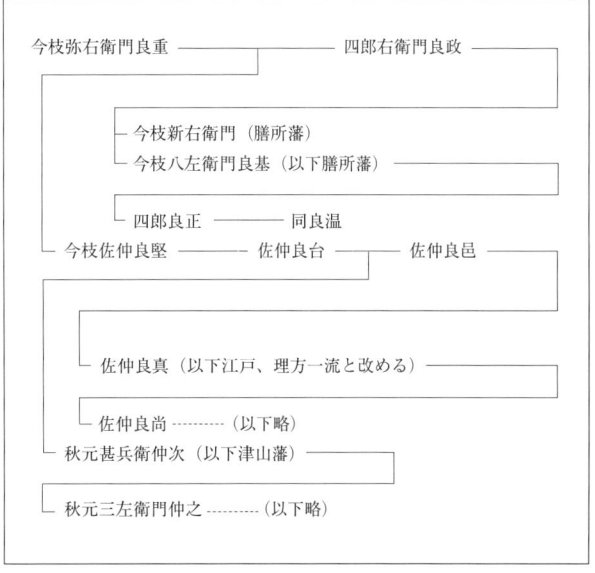

図3　膳所藩関係今枝流の系図

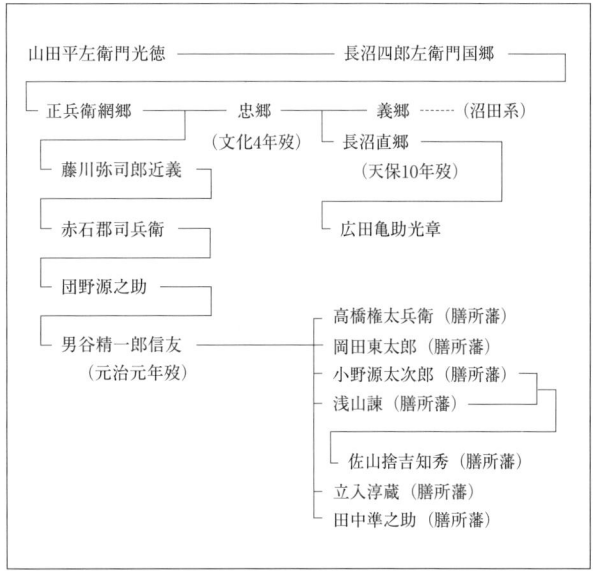

図4　膳所藩関係直心影流の系図

1-5　竹刀打ち込み稽古法の登場

1── 打ち合い形式の稽古法の原型

　下川潮がその著『剣道の発達』[1]の中で指摘しているように、新陰流やその系統に属する剣術流派では相当古くから袋しないを用い、素肌で（場合によっては顔面や小手などを覆う簡素な防具を使用して）自由に打ち合うという稽古法が存在していた。江戸時代に入って型による稽古法が重視されるようになると、一般にこのような古い打ち合い形式の稽古法は衰退したが、中には仙台藩の狭川新陰流のように、それを根強く継承している流派も存在していた。そして、この流派で行われていた試合の様子については『一貫青山狭川先生仕合始末』[2]から詳しく知ることができる。この史料は、寛延3（1750）年に狭川家を訪れた武者修行者が、狭川家の教えを受けた時の出来事を記録したものであるが、これによれば、狭川新陰流では顔面を覆う「面頬（めんほう）」と、手にはめる「手袋」を使用し、袋しないで自由に打ち合う試合を行っていた。

　ただし、ここで注意しなくてはならないのは、「めんほう手袋懸不申候ては、押放し候仕相候間、怪我出申し候故懸申候間」[3]とあるように、その防具が試合中の身体接触などによる負傷を防止することを目的とするもので、打撃部位を保護するためのものではなかったことである。さらにここでの打撃部位は「脇つぼ」、「衣紋脇」、「拳」など、甲冑を着装したときの「明処」に限定されており、この流派では素肌剣術とは異なる古い形式の剣術が伝えられていたことが知られる。

2── 防具を目当てに打突する稽古法の登場

　いっぽう、近世中期の亨保年間（1716～1736）には、江戸の直心影流のように、防具や竹刀に工夫・改良を加え、自由に打ち合う稽古法を積極的に採用する流派も現れた。この直心影流二代の長沼四郎左衛門国郷の墓碑によれば、「改制木刀皮竹刀而大。改制鉄仮面使不毀損。作綿甲覆膊使無打撲患」[4]とあるように、彼が改良した「鉄仮面」や「綿甲覆膊」などの防具は、狭川新陰流で用いられていた「面頬」、「手袋」などとは明らかに異なり、その強度と緩衝性を高めたものであった。このような稽古法を用いる剣術流派については、同じく亨保年間に記述された荻生徂徠の『鈐録』[5]に、「所作ノ見事ナルヲ専トシ、竹刀アタリ、シナヒノアタリモ痛マヌヤウニスルヲ面トシ」、あるいは「敵ノ頭ヲ目当ニシテ打ヲ第一トスル流ハ、治世ノ結構ナリ。尤、冑ヲ打ワル事モアルベケドモ、冑ニハ殊ニキタヒニ念ヲ入レバ、戦場ニハ遠キ流ナリト知ベシ」と記されている。このことは、防具が打突部位としての意味をもつようになるとともに、防具のある部位を目当てとして打ち込む剣術が行われるようになったことを意味しており、これは狭川新陰流のような古い打ち合い形式の稽古法とは大きく異なるものであったということができる。

3── 竹刀打ち込み稽古法の広がり

　このような新しい稽古法（竹刀打ち込み稽古法）はその後、次第に広まりを見せ、関東では18世紀の中期から後期にかけて、神道無念流、中西派一刀流、心形刀流、鏡新明智流など、竹刀打ち込み稽古法を採用する流派が増えていった。これらの流派のうち、中西派一刀流では、中西忠蔵子武が宝暦年間（1751～1764）に流儀の改革を行い、竹刀打ち込み稽古法を採用したが、その間の事情については『一刀流兵法韜袍起源』[6]に詳しい。これによれば、中西が竹刀打ち込み稽古法を採用した意図は、形式化して技の本質から離れてしまった型稽古の欠陥を補い、理業を合致させるという点にあった。しかし、門弟達はその真意をよく理解することもなく、多くがその新しい稽古法に飛びつくという結果になってしまったのである。江戸の有力流派の一つであった中西派一刀流が竹刀打ち込み稽古法を採用したということは極めて大きな出来事であり、それが他の剣術流派に与え

た影響は大きかったものと考えられる。また、中西が意図したところとは違って、門弟達の関心が竹刀打ち込み稽古法に集まっていったという経緯は、剣術の稽古の中心が型稽古から竹刀打ち込み稽古法へと移っていく、その後の時代の流れを象徴するものであったいうことができる。

(和田哲也)

[文献]
1) 下川　潮（1925）『剣道の発達』大日本武徳会本部、275頁。
2) 一貫青山狭川先生仕合始末（1750・寛延3）年、宮城県立図書館蔵。
3) 前掲書2)。
4) 全日本剣道連盟編（2003）『剣道の歴史』、256頁。
5) 渡辺一郎（1979）『武道の名著』東京コピイ出版部、301-302頁：荻生徂徠（1727・享保12）『鈐録』。
6) 中西是助（1822）「一刀流兵法韜袍起源」、前掲書5)、195頁。

コラム

本文中に取り上げた『一貫青山狭川先生仕合始末』には、狭川家を訪れた武者修行者と狭川家門弟の試合について次のように記されている。

右組終り私申候ハ、仕相被成候様二と申候得ば、面頬手袋被相懸御仕候様二と申候得バ、青山申候ハ、終めんほう手袋懸仕候儀無御座候間、懸不申由申候故、めんほう手袋懸不申候ては、押放し候仕相候間、怪我出申し候故懸申候間、御懸候様二と申候得共、左之通仕相壱本為仕見せ申候。
一、仕相壱組　　板橋嘉兵衛
　　　　　　　　犬飼伊左衛門
右之通御座候由申候得ばめんほうハ相懸け申間敷、手袋斗掛可申由申、手袋斗懸、左之通両人仕相仕候事。
一、仕相壱組　　中川半之丞　青山
　後脇つぼ壱本勝也　古田肥後内　境茂右衛門
一、同一組　　　一貫
　後右脇つぼ勝也　松原友八郎
一、同一組　　　青山
　後脇つぼ二而勝也　平八郎右衛門
一、同壱組　　　一貫
　右之方衣紋脇二而壱本勝也　奥山出羽
（中略）
一、仕相一組　　青山
　巻上候拳へ壱本　境茂右衛門
　引返右之方脇つぼへ壱本
　都合弐本

（中略）
　後右脇つぼ一本勝也　古田肥後家中　境茂右衛門
一、同壱組　　　原田権八郎事　一貫
　右脇つぼ壱本勝也　松原友八郎
一、同壱組　　　青山
　右脇つぼ壱本勝也　平八郎右衛門
（以下略）

狭川家を訪れた武者修行者（一貫・青山）は伊勢・亀山の藩士で、同じ新陰流を学んでいた。そして、「上方筋新陰流兵法只今ハ皆々末流二罷成、宜藝人も無之、あなた様之儀ハ於上方二、古き御家之所々御英名及承候間、御相見之ため遥々罷下り候」とあるように、当時上方では新陰流が衰退し、優れた剣術家もいないことから、彼らは高名な狭川家の新陰流を学ぶことを志し、修行を目的として仙台を訪れたのである。

また、この記録からわかるように一貫・青山らは「めんほう」や「手袋」を着けたことはなかった。また自由に打ち合う稽古法（試合）にも不慣れであったとみえ、試合はすべて狭川家門弟の勝ちという結果に終わっている。新陰流やその系統に属する剣術流派では古くから袋竹刀を用い、自由に打ち合うという稽古法が存在していたが、おそらく一貫と青山が学んだ新陰流にもそのような稽古法がかつては伝承されていた可能性が高い。しかし、時代とともに流儀の型の修行と理（理論）の研究に重きが置かれるようになり、その華法化が進むにしたがって、こうした古い形式の稽古法は伝承されなくなってしまったものと考えられる。

1-6　他流試合の活性化

1 — 他流試合の広まり

　竹刀打込稽古法の普及により、剣術試合の実施はより安全・容易となり、関東の剣術流派の中には18世紀末より、それまで禁制とされていた他流試合を積極的に行うところが現れるようになった。また、他流試合を目的として各地を巡る廻国修行者（武者修行者）も現れ始めた。このような現象は関東だけでなく、ほぼ同じ時期に西日本でも起こっていたが、当時は竹刀打込稽古法の採用という点で先進的であったとされる関東系の剣術流派は、まだそれほど西日本に進出しておらず、そこで他流試合を行っていた流派の多くは、古くから各地に伝承されていた、地域性の強い剣術流派であった[1]。したがって、この西日本における他流試合の活性化は、単に関東系剣術流派の直接的伝播によって引き起こされたものとは考えにくい。西日本には前述した狭川新陰流と同じく、古い打ち合い形式の稽古法を伝える新陰流系統の剣術流派がかなり存在し、それ以外にも四国の関口流のように、面・小手だけを着けて自由に打ち合う稽古法を用い、それによって野稽古や他流試合を行っていた流派が活発に活動していた[2]。おそらく、そのような古い打ち合い形式の稽古法の存在が、それらのローカルな剣術流派の他流試合への参加を容易にし、全国的な他流試合活性化の流れの中で、それらの流派がいち早く他流試合を積極的に志向するようになったものと考えられる。

2 — 他流試合の担い手とその身分

　当時、廻国修行に出る者は、いわゆる「剣術英名録」と称される小冊子を携行し、これに立ち会った日付や場所、相手の流派名、姓名などを書き記すのが一般的であった。この「剣術英名録」の一つである『撃剣試合覚帳』[3]のうちの文化期の記録によれば、他流試合が行われた場所は延べ201カ所、試合相手475名に上るが、そのうち、城下が試合場所となったことが確認できるのは「上州群馬高崎城下」の二カ所のみで、他はほとんどが城下を離れた村落部や各地の宿駅であった。さらに、試合相手のうちいずれかの藩に仕える武士であったことが確認できるのは、わずか6藩13名にすぎない。その他は武士以外の階級と見られる人々で、そこには名前のみで姓が記されていない人々がかなり含まれ、「伊勢屋」、「荒物屋」のように屋号や職業が冠せられた者、あるいは修験者や僧侶と思われる者もいる。この文化期においては、諸藩の剣術師家（藩士層を門弟とする剣術流派の師家）で他流試合を認めていたところはまだ極めて少なく、『撃剣試合覚帳』が示しているように、当時の他流試合の主たる担い手となっていたのは、農民、町民、あるいは郷士や在地の下級武士などの、いわゆる武士階級とは異なる身分の人々だったのである。

3 — 村落部の武術とその性格

　近世の武術を武士階級の専有物であるとする考え方は根強い。しかし、実際には村落部に居住する人々の間にも武術が伝承されており、その修練に熱心な人々が存在していたのである[4]。また、彼らの間で他流試合が活発に行われるようになったのは、城下よりも村落部のほうがいろいろな点で規制が緩やかであること、さらに武士階級に伝承された剣術流派のように、閉鎖的・保守的な旧格に縛られることなく剣術を行うことができたこと、などがその背景にあったものと考えられる。

　ところで、現代剣道では意図的・意識的発声（打突部位呼称を含む）、すなわち掛声を発するのが一般的であるが、この掛声については榎本による興味深い指摘がある[5]。彼によれば、近世に入って中央中心的な展開を遂げた一刀流や新陰流などでは掛声をあまり用いないが、中世的な性格を色濃く残す鹿島・香取などの神道流系統では掛声を用いる。つまり、掛声は中世的な武術の伝統が受け継がれたものであり、武士階級によって伝承された中央中心的な剣術流派では、そのような中

世的な呪術的・演技的様式は払拭され、剣術は「勝負法」としての武術に純化された。いっぽう、村落部において農民たちの間に伝承されたローカルな剣術流派では、彼らの生活様式の一部として、こうした中世的様式が継承されたという。これらのことは、発声をともないながら競技として行われる現代剣道の原点が、近世においてなお中世的な伝統を残していた剣術、特に村落部に居住する武士以外の階級の人々に伝承されていた剣術にあることを示唆するものであるといえるであろう。

（和田哲也）

［文献］
1) 榎本鐘司（1978）「文化文政期の西南地方における剣術他流試合の動向」『アカデミア』自然科学・保健体育編第3巻、1-19頁。
2) 和田哲也・友添秀則（1994）「近世後期における剣術のスポーツ的展開：武田家の関口流における野稽古を中心に」『体育学研究』第38巻第5号、337-348頁。
3) 『撃剣試合覚帳』伊予史談会文庫、愛媛県立図書館蔵。
4) 渡辺一郎先生古希記念論集刊行会編（1995）『武道文化の研究』第一書房、134-147頁：榎本鐘司・和田哲也「近世村落における武術史研究の現状と課題」。
5) 榎本鐘司（1991）「剣道における『掛声』の史的研究―「武道史から武術史へ」のための序説―」『スポーツ史研究』第4号、1-4頁。

コラム

次の写真は、本文に取り上げた『撃剣試合覚帳』のうちの文化期廻国英名録の一部で、相模国淘綾郡西ノ久保（現神奈川県大磯町西の久保）から駿河国駿府城下鷹匠町（現静岡県静岡市鷹匠町）までの行程で行われた試合の相手が記載されている。また、史料中には「中段」というように、相手の構えに関する記述も見られる。師匠として天然理心流の近藤三助、神道無念流の戸ヶ崎熊太郎、岡田十松の名が見えているが、これらの流派は、18世紀末より関東の村落部を中心に活発に他流試合を行うようになった代表的な新興流派である。

このうち近藤三助方昌（1774〜1819）は天然理心流初代近藤永裕の養子となり、同流二代目となった人物である。また、三代目近藤周助邦武の養子となり、天然理心流を継いだのが、新撰組を組織したことで有名な近藤勇昌宜である。

また、戸ヶ崎熊太郎暉芳（1744〜1809）は神道無念流の初代福井平右衛門嘉平に学び、その二代目を継いだが、彼は安永7年江戸に出て麹町に道場を構え、大いに世に知られたという。岡田十松はこの戸ヶ崎熊太郎に学び、免許皆伝となった高弟の一人であるが、彼は後に師匠の戸ヶ崎熊太郎より江戸の道場を任され、戸ヶ崎の長男（二代目熊太郎胤芳）の教導にもあたっている。

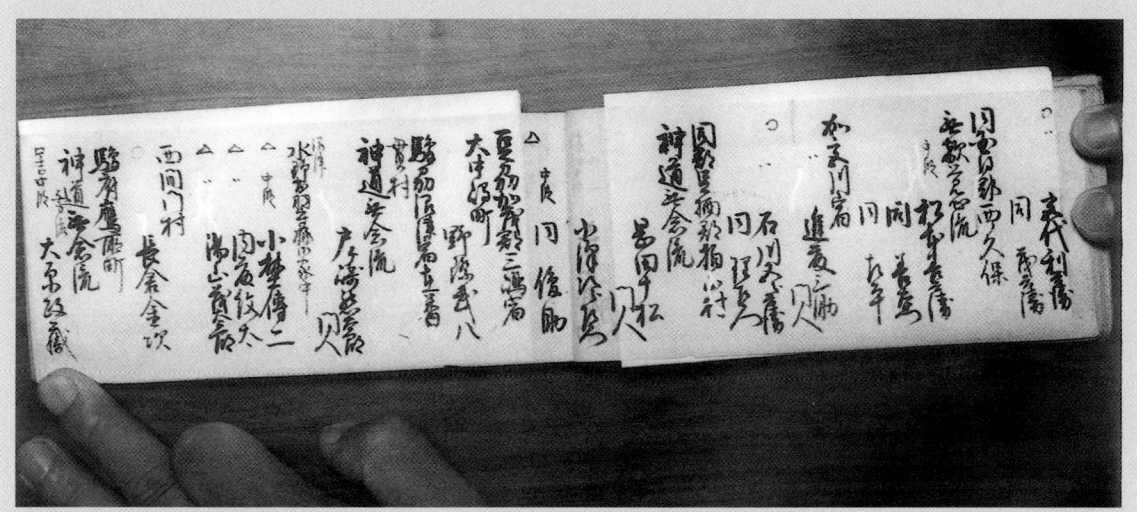

写真1　『撃剣試合覚帳』

1-7 伝統の保持と新法採用

1 ── 岩国藩の剣術流派と他流試合の活性化

　18世紀末より盛んに行われるようになった剣術他流試合の主たる担い手は、武士以外の階級の人々であった。いっぽう、諸藩の武士階級を門弟とする剣術流派は一般的に閉鎖的・保守的な性格が強く、当時は伝統的な稽古法（型）を守っているところがほとんどであった。しかし、他流試合活性化の動きは次第に武士階級へも広まっていくことになる。ここでは、その一例として周防の岩国藩を取り上げることにしよう。

　岩国藩の藩士層を門弟とする剣術流派には、桂家の新陰流、筏家の愛洲蔭流、そして片山家の片山流の三流派があり、これらはいずれも藩初より同藩に伝承されていたものである。この岩国藩で他流試合活性化の動きがいつ頃から起こったのか明らかではないが、寛政期に著された片山家の資料[1]に、素性の知れない武者修行者を受け入れて他流試合を行う剣術家や、防具を着けて竹刀で試合う武者修行者に対する強い批判が述べられていることから、18世紀末の寛政期には、岩国藩にも新しい稽古法を用いて他流試合を行う者が現れていたことが知られる。

　しかし、当時は上記の三流派ともに伝統的な型による稽古法を固く守っており、この地域で他流試合を行っていたのは武士以外の階級の人々であった。伝統を保持することを重んじる流派にとって、新しい稽古法を取り入れ、禁制とされていた他流試合を行うということは、流儀の大幅な改変であり、それは簡単に認められるようなことではなかったのである。

2 ── 藩士層への他流試合の広がり

　しかし、文化期を過ぎて文政期になると他流試合はさらに活発に行われるようになり、岩国藩史の年表ともいうべき『岩邑年代記』[2]によれば、文政期末には藩士の中にも廻国修行者を受け入れて試合を行う者が現れ始める。また、こうした動きは天保期になるとさらに顕著となり、他国からの修行者との交流に刺激されて、藩士の中にも他流試合を行う者が増加していった。そして天保末年には、剣術師家のうち新陰流の桂家と愛洲陰流の筏家が新法の採用に踏み切り、他流試合を認めることになるのである。

　岩国藩と最も関わりの深い本藩の萩藩では、天保11（1840）年に藩校明倫館で他流試合が公認されており、当時は岩国藩でも新法採用の気運が高まっていた。また、この両流派はともに新陰流系統の流派であり、かつては袋しないで自由に打ち合う稽古法が伝えられていたことから、新法の採用は比較的容易であったと考えられる。一方、残る片山家だけは頑なに伝統を守り、新法の採用を認めようとはしなかった。

3 ── 藩校設立と他流試合の公認

　こうして岩国藩の剣術稽古の主流は、次第に竹刀打ち込み稽古法に移っていったが、弘化4（1847）年の藩校養老館設立に際して、岩国藩は正式に新法の採用と他流試合実施の方針を打ち出し、これによってその流れは決定的なものとなった。この時藩は片山家に稽古法の変革を求めたが、片山家はやはり伝統保持の姿勢を崩さず[3]、結局、藩校稽古場では新法を採用した桂家、筏家と、旧法を守る片山家とが併存する形となった。しかし、現実には片山家門弟の中にも新法を試みる者は多く、その中には長谷川藤次郎のように廻国修行を行い、藩内にその名を知られた遣い手もいたのである[4]。師家である片山家が新法を認めない状況では、彼らが藩校の他流試合に加わることはできないため、藩は片山家に彼らの離門を認めるよう沙汰を下し、これによって一挙に44名もの片山家門弟が離門している[5]。

　また、藩校設立にあたって片山家に稽古法の改変を求めた藩の達し状には「ケ様之勢ニ候得バ、行々片山ノ稽古場ハ先ハ衰勝ニ至可申歟」[6]とあ

るように、新法を採用するかどうかということは既に流派の盛衰にも関わる問題となっており、旧法を守っていただけでは入門者も減少して、流派の維持さえ困難になっていたものとみられる。片山家もこうした時流には逆らうことができず、安政元（1854）年にはついに新法を採用することとなり、こうして岩国藩剣術師家の流派はすべて他流試合を行うことになったのである。

　竹刀打ち込み稽古法と他流試合が武士階級に広まっていった経緯は藩によって様々であるが、多くはこの岩国藩の事例のように、先行していた武士階級以外の人々の活動に刺激される形で進んだものと考えられる。しかし、新法の採用については伝統を保持しようとする流派からの反発も強く、流派としての対応は必ずしも一様ではなかった。

（和田哲也）

［文献］
1）事理習錬集（片山家文書、岩国徴古館蔵）。
2）岩邑年代記（三浦本第四冊、岩国徴古館蔵）。
3）藤田　蒹：岩国沿革志・養老館（岩国徴古館蔵）、所収「武者修行之掟」。
4）藤田　蒹：岩国沿革志・傑特士（岩国徴古館蔵）。
5）藤田、前掲書3）。
6）岩井徳郎了簡書（片山家文書、岩国徴古館蔵）。

コラム

　片山流の伝書『事理習錬集』には「武者修行之掟」という箇条が付属されている。これは、防具を着けて打ち合う竹刀打ち込み稽古法と他流試合が岩国藩に広まりつつあった状況を背景に、寛政年中に記されたもので、それを認めない片山流の立場から、流儀の格式や伝統に則った他流試合のあり方を主張したものである。

　「武者修行之掟」によれば、武者修行は「士分ノ次男或ハ三男離国流浪ノ輩身柄吝勤（ありつき）ノ為ニ諸国巡回」するものであるという。また、それを引き受ける家には「先祖ヨリ修行人へ応対ノ旧式」があり、それに従わない輩は引き受けるべきではないとしている。片山流の主張する、この「旧式」に沿った武者修行は主君を持った武士に限られ、修行の申し入れから、訪問、師家への挨拶、音物の贈答、試合、帰国に至るまで、武家社会の慣習に沿った細かな手続きを踏んで厳格に行われるものであった。また、そこでの試合は木刀を用いることになっているが、実際に当てることはなく、いわば寸止めによる型試合とでもいうべきものであった。

　いっぽう、新しい稽古法によって他流試合を行う者を「勧挽ノ仕相家」と呼んでいるが、それは「風来ノ修行者イヅレノ者タリトイヘトモ悉皆申受テ格別ノ式法ナキ」ものであり、藩の剣術師家としての格式を重んじる片山家からすれば、とても認められるものではなかった。また、片山流では防具を「具足」の一種と見なしており、これを着けて立ち会うことは流儀の本則に外れることでもあった。

　片山流は居合と剣術を一体のものとして伝えた流派で、易学を理論的な柱とする独特な思想を流儀の根本思想としていたところに大きな特徴がある。そして、その主要なテーマは治世の維持ということにあった。この思想からすれば、

当流ハ下伝居合ノ術ハ乱世合戦ノ為ニ設ズ。治平祈術也。是以テ着具シテ乱世ノ姿ヲ以テ示スコトハ、治世ノ期ニ対シ不敬、無礼　是ニ過モノナシトシテ用ズ。若着具シテ修行セズンバ無益ノ稽古ト論ゼバ、何ゾ真剣ヲ以テ試術ハセザルヤト云ヘ。

とあるように、「具足（防具）」を着けることは治世にあって「乱世ノ姿」を示すことに他ならず、防具を着けて試合うことは認めることができなかったのである。さらに、これを批判する理由として「真剣ニテ試ミズンバ修行ニハナル間敷ヲ手内（しゅない）ヲ遣フ、何ノ義ナルゾ。鎬ノ味モ試ミズ痛ミノ程モマヌカレテハ稽古トハイフベカラズ」とあるように、防具を着けて竹刀で稽古することでは本当の技術の向上は望めず、心の鍛錬にもならないということもあげられている。片山流からすれば、防具を着けるのは痛みを避けようとする「柔弱之者」の行いであり、それでは修行にならないとする修行観がその根底にあったということができる。

1–8 剣術の競技化と新しい技術の登場

1 — 競技化の進展

　近世剣術流派における技術は型によって伝承された。型は流派によって異なり、そこに用いられる技術もまた流派によって様々であった。したがって、近世の後期において他流試合が広く行われるようになった当初は、やはり伝統的な流派の型に規定された、流派の特色を色濃く残した技術が用いられていたものと考えられる。しかし、流派間の交流が活発化し、他流試合がますます盛んに行われるようになると、「切る」ことを念頭に置いた型的な技術ではなく、相手を打って試合に勝つための新しい競技的な技術が工夫・考案されるようになった。それを象徴する出来事が、筑後柳川藩の大石進による江戸武者修行であった。

　大石進は天保4（1833）年に廻国修行として江戸に下り、江戸の剣術流派と他流試合を行ったが、そのとき彼は五尺有余の長大な竹刀を用い、胴切りや片手突きなどの独創的な技を用いて、江戸の剣術流派に大きな衝撃を与えた[1]。元来、竹刀の長さは刀に準じるのが本則であり、当時、江戸の剣術流派で用いられていたのは、定寸とされる三尺三寸程度の竹刀であった。また、伝統的な剣術流派の技術には胴技や突き技はほとんど見られず、しかも片手で刀を操作するということは、特別な場合を除いてはまず考えられないことであった。したがって、大石の用いた技術は伝統的な剣術の技術とは全く異なり、相手を打突することを目的に編み出された、極めて競技的な技術であったということができる。

2 — 竹刀の長大化と競技的技術

　このように大石進の編み出した競技的技術は、その長大な竹刀によって特徴づけられるが、実は既に文政12（1829）年には、久留米藩士加藤田平八郎が三尺八寸程の長竹刀を用いていたことが記録から確認できる[2]。つまり、九州の剣術流派には大石以前からこの竹刀の長大化現象が起こっていたのである。そして、このことが示すように、九州の剣術流派は競技的技術の創出に熱心であり、競技化という点で、当時は他の地域に先駆けていたということができる。剣術の型は、一般的に敵の仕掛けに応ずる「後の先」の技術となっているが、自由に打ち合う試合では、先を取って仕掛けることが重要となってくる。また、その場合には間合が勝敗を決定づける大きな要素となる。この竹刀の長大化は、先を取って遠くから打ち、突くことができるという、間合における有利さが、試合に勝つために有効であると認識された結果であるということができる。大石の江戸武者修行以後、江戸の剣術諸流派にも長竹刀の使用が急速に広まったが、このような傾向はやがて全国に波及していったのである。

　もちろん長竹刀の流行に対して、そのような長寸の刀は実戦で用いられるものではなく、実用から離れたものであるとする批判も少なくなかった。しかし、そのいっぽうで、従来の伝統的稽古法よりは、むしろ長竹刀を用いて十分な勢いで打ち込む竹刀打ち込み試合剣術こそ、武士の体力・胆力を強化するのに優れており、その体練的効果において実用的であると主張する者もあった[3]。そして、この長竹刀に関する議論は、安政3（1856）年に幕府によって設立された講武所において三尺八寸を上限とすることが定められ、一応の決着をみる[4]。しかし、このことは同時に竹刀を刀の定寸に戻すことが、当時はもはや不可能であったということであり、長竹刀を用いた競技的な試合技術が剣術の主流となっていたことを示すものであるといえる。

3 — 現代につながる競技的技術

　長竹刀は間合における有利さから用いられるようになったが、遠い間合いからより素早く打つためには大きく振りかぶるよりは、むしろ振りかぶりを小さくして打つ方が効果的である。幕末には振りかぶりの局面をほとんど伴わないで、突き刺

すようにして打つ「鳥刺し面」と呼ばれる技が流行したが[5]、これも素早く打つために考え出されたものであるといえる。この技は打撃時の手の内の働きを良くするためのものでもあったが、そこには「切る」という意識は全く欠如している。また、体の移動と足遣いについていえば、伝統的なすり足による移動ではなく、遠くから飛び込んで右足を強く踏むような足遣いが合理的である。このようなところから用いられるようになったのがいわゆる飛び込み足（踏み込み足）であるが、これは、伝統的な剣術ではむしろ好ましくない足遣いとされたものであった。

こうして、近世末期には試合に勝つために様々な競技的技術が生み出されたが、これらによって勝敗を争う試合剣術の中に現代剣道の原型が形作られていった。そして、それが現代にまで引き継がれているのである。

(和田哲也)

［文献］
1) 富永堅吾（1972）『剣道五百年史』百泉書房。
2) 加藤田平八郎『歴遊日記』加藤田文書、鈴鹿家蔵。
3) 渡辺一教授退官記念会（1988）『日本武道学研究』島津書房、344-371頁：榎本鐘司「幕末剣道における二十的性格の形成過程—競技性の顕在化および伝統性と競技性の折衷」。
4) 中村民雄（1994）『剣道事典』島津書房、100-101頁。
5) 中村、前掲書4)、307頁。

コラム

ここにあげた図は、四国の阿波美馬郡脇町を中心に活動していた武田家、の関口流で行われていた野稽古の陣図の一つである（『武田尺龍先生十七回忌追薦稽古帳面』、文化2年、武田家蔵）。ここでの試合は五つの体系（陣形）を取って行われたが、試合は集団戦ではなくすべて一対一で行われた。出場者の名前に付されている番号は、試合を行う順番を示したものであり、角から順番に中央の「戦場（試合場）」に出て行くようになっている。

また、中央の「目付」二名は同流の最高位である「龍司」に至った高弟で、床机に腰掛けていた。これは図中に「目付両人采拝ヲ以勝負分ツ」とあり、また、この史料の下書きには「負タルハ采ヲ以テ追、相討ノトキハ地ニ伏」、あるいは試合者について「采配ノ合図ニ心ヲ付、負タル者ハ面ヲ取、五間跡へ可引去」などとあることから、現在の審判員と同じく、勝負の判定を司る者であったことがわかる。剣術試合の審判の歴史については不明な点も多いが、現時点ではこれが最も古い審判に関する記録である。

この野稽古は見晴らしのよい吉野川の中洲で行われ、会場には他流派の者の見学席も設けられていた。その公開性と競技的な試合の実施形式は、当時の剣術が競技的な方向に進みつつあったことを如実に物語っている。

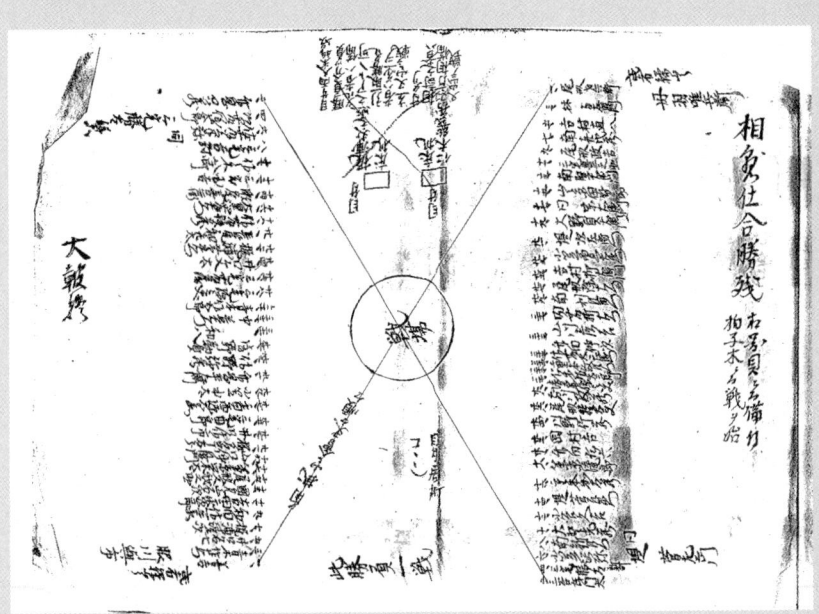

写真1　野稽古陣図

1-9 剣道の道場

1 ── 道場の成立

道場という語は、梵語のbodhi-mandaの訳語で、諸仏成道の場所たる菩提樹下の金剛座をさす言葉である。菩提道場あるいは菩提場ともいう。のちに、仏道修行の場所、あるいは仏を祭り仏の教えを説く所―寺・寺院―を道場というようになった[1]。

これが転じて、武芸の稽古場をさして「道場」というようになったのは、江戸時代になってからのことであろう。

江戸時代のはじめは、戦場での甲冑武術を想定して、稽古場も野外の広場が利用されていたが、やがて、甲冑武術から素肌武術へと移行し、形や組太刀の考案とともに、庭先や土間が使われるようになった。さらに、風雨を避けるため屋内の廊下や納屋などが利用され、次第に常設の稽古場へと発展していった。

そこに、単なる稽古場という観念から、次第に修行の場という意識が芽生え、「道場」といういい方が一般化していった。

2 ── 道場のつくりと構造

江戸時代につくられ、現存する藩校道場の中でそのつくりや構造が明らかなものは、松代藩文武学校の剣術所、津和野藩の剣術・槍術教場、萩藩の他国修業者引請場など、わずかしか残っていない。

また、民間の道場でも、埼玉県秩父郡両神村の甲源一刀流耀武館、群馬県多野郡吉井町の馬庭念流効士館など、幕末期に建てられたものが二、三残っている程度である。

建物としては現存していないが、絵図として残っているものに、名古屋市立蓬左文庫所蔵の『薩州府下演武場之図』、大分市弥栄神社所蔵の『府内藩校游焉館図』の2枚が、藩校における武館の配置やその様子をみるのに好都合である。また、東京都立中央図書館所蔵の『小川町講武所総絵図』は、板張りの様子など構造がよくわかる設計図である。

その内、松代藩の文武学校は安政2（1855）年に開校したもので、現存する建物は、門、番小屋、文学所、御役所、剣術所、東序、西序、柔術所、弓術所、槍術所、文庫倉からなっている。幕末の藩校で建築当時の姿をほぼ完全に留めているのは、松代藩の藩校くらいしかなく、剣術・柔術・弓術の三道場が揃っているのもここだけである。

剣術所は校門を入ってすぐ右手にあり、平面積164.825平方メートル、稽古場面積は102.68平方メートルの板間で、入母屋造りである。稽古場の両側には一段高い畳敷きの高座が七部屋あり、そのうちの三畳の間が藩主御覧所で、両脇の高座よりさらに一段高くなっている。腰は板張で窓はすべて高窓である[2]。

萩藩の他国修業者引請場は、39畳（19.5坪）の板間の剣術所と、54畳（27坪）の土間の槍術所が一棟の下につくられている。それぞれの道場には藩主の上覧（御覧）場が付設されており、腰は板張りで無双窓、屋根は入母屋造りの平屋建てである[3]。

絵図として残されている幕府講武所の剣術・槍術稽古場は、小川町講武所（安政7年、築地より移転）の建築図で、敷地の総面積1万3980坪、道場の広さは、5間（9m）に12間（21.6m）であった。床は厚板張りで、これに2間幅の見分所が付設されていた。現行の試合場よりも横幅が少し広い程度の狭いものであった。それでも当時もっとも広い設備の整った道場であったと思われる[4]。

（中村民雄）

［文献］
1）望月信享（1960）『仏教大辞典』世界聖典刊行会。
2）中村民雄・長谷川弘一（1992）「道場―その成立過程の研究―」『武道学研究』第25巻1号、1-12頁。
3）中村、前掲書2）。
4）中村、前掲書2）。

第Ⅰ部／第1章　歴史

写真1　現存する松代藩文武学校の剣術所

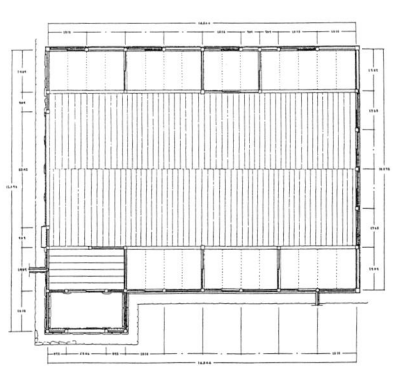

松代藩文武学校の剣術所の構造
(『国指定史跡旧文武学校文学所外七棟と門・土塀修理工事報告書』長野市、1978年より)

写真2　萩藩の他国修業者引請場

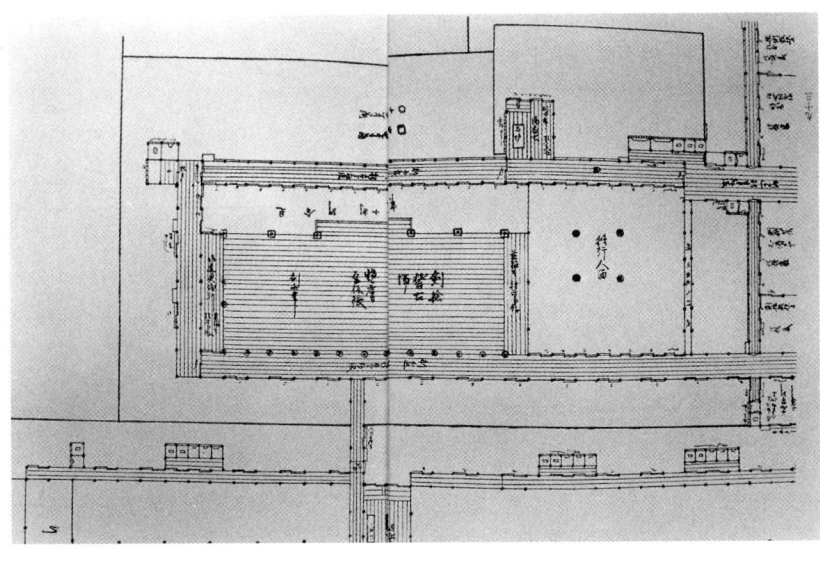

小川町講武所剣術・槍術稽古場
(『古板江戸図集成・別巻』中央公論美術出版、1960年より)

1-10 幕末期の試合剣術を書簡から読みとる

幕末期の試合剣術の内容を知る手がかりとして、加藤田伝書『剣道比試記』（武者修行中の武藤為吉・松崎浪四郎等が師の平八郎に宛てた書簡が中心で、試合や剣客評などの記事が多い）から読み取る。この『剣道比試記』は、「第1章-3：加藤田平八郎の剣術論について」で紹介した加藤田伝書57号『加藤家伝・剣道伝書』の中に収められており、「徳永乙五郎於大村斎藤歓之助試合勝負」「武藤為吉尺牘」など9項目に整理されている。なお、項目には欠落しているが、安政2年5月から同年9月までに浪四郎が、平八郎に宛てた9通の書簡も存在している。

1 — 武藤為吉尺牘について

『剣道比試記』には、為吉の武者修行の行程が、「天保十五辰春年御供にて江府へ出立、弘化四年十一月十八日帰藩。嘉永酉年九月二十一日山本平四郎同伴にて再び江戸へ発足三十四歳。安政二年五月五日帰藩三十六歳。」となっている。

「武藤為吉尺牘」としての平八郎への書簡は、嘉永2酉年11月6日便を含め、5通である。これらの記事から、実態の把握に努めた。

藤堂侯江戸藩邸での試合は、江戸有数の剣客の集合した大試合[1]であったと思われる。為吉は、最後の取り組みで、栄次郎と組み合わされ、「日本一に成るとなりぬ晴勝負と覚悟を極め立揚る、余程構合候得共、運拙くして仕負申候、実に天狗株譲り申候」（資料1）と意気込んだが、勝負は敗れている。やはり、当時一流といわれるほどの剣客に勝たなければ地方から出てきた者は、名を上げる機会がなかったのであろう。また、剣客評では、久保清吉郎、千葉栄次郎、阿部右源次等の名をみることができる。久保は、島田虎之助の門人で、「此者内心には津藩の飯を喰度宿志の相見」とあり、剣術の腕前を各藩に売り込もうとする剣術家であった。千葉は、江戸一の遣手が上中下段の構えをいずれもこなし、誓眼にての試合のときは、踏み込んで突を撃ち、その早さと打ち方はい

うことがなく、「曲遣いの元祖」[2]と評されているが、為吉は、そのような遣われ方をするほうが、未熟者であると述べている。阿部は、小柄ながら天晴の武観を持ち、手堅く、また業前も素早く、他の試合をよく見て研究心もあり、「池田侯の師家程相見申候」と評されている。

2 — 松崎浪四郎書簡について

松崎浪四郎は、約5ヶ月間に9通23試合を平八郎に報告している。その内訳は、中川修理大夫邸（10回）桃井春蔵・千葉栄次郎邸（各2回）など、江戸の有名な道場が網羅されている。これは、江戸藩邸における試合数の増加や道場間の交流が盛

資料1　「嘉永四亥五月十九日於藤堂侯邸に大集会」における千葉栄次郎との試合について

> 実以上ニ成進左右八郎新々郎将曹正一郎ニ弁吉栄次郎為吉不見不知初対面之初合戦日本一ニ成るとなりぬ晴勝負と覚悟極め立揚余程相見得共運拙くして仕負甲以実ニ天狗株譲り申候一応終石候御望出甲以繁馬左右八郎進将

資料2　「松崎浪四郎安政二年五月二十一日便来書略」にみる五月八日中川修理太夫屋敷での試合内容と本数の記録

> 松崎浪四郎安政二年五月廿一日便来書略
> 五月八日中川修理太夫様御屋敷へ罷出候処千葉栄次郎内弟子四人召連罷出手合申以大八格別高く無御座以得受横一張り至而大夫進退気之扱お手軽キ事実ニ頤り撃剣者御座以徹之助より今少手弦相覚甲以拾三本之勝負内七本皮四本勝相打弐本敷々之歩合惣縮謠石下以何試合共ニ中

んになったことを示すとともに、浪四郎の江戸行きは勤番がらみではなく、純粋な剣術修行であったことがうかがえる。

「松崎書簡」には、「十三本勝負の内七本負四本勝相打二本」（資料2）「壱本位は打勝候」などのように、本数の記載された箇所をみることができる。しかし、すべての試合が本数で示されているのではなく、「散々打負け」「五歩位には取合」などのように歩合で記された所もある。また、対戦相手と「試合」と表現している所と本数に多少の相関はみられるが、「手合」「組合」などと区別できるほどではなかった。打突部位は、「武藤尺牘」「松崎書簡」のいずれにも、面・籠手・突の表現がわずかにみられただけであったが、「嘉永七寅十月六日於学館大村候御覧試合勝負附」（資料3）には、斎藤歓之助と徳永乙五郎の試合での打突部位が記されている。歓之助方には○印と「軽ク左脇腹ヘ届」「横面」「左胸ヲ抜」、乙五郎方には●印と「突－面打」「籠手」「面打」「突」、両者の間に「合」が2ヶ所記されている。この表現は観戦者が記録したものと思われる。

このような観戦記は、「松崎書簡」に様島哲蔵等の三種が存在している。哲蔵が、栄次郎と浪四郎の試合を報告したものには、「…勝負は試合中浪四郎籠手を打候処、栄次郎軽しと言ひければ、直に先を遣候得共、籠手の当たりは我人共に当りに相違無之見受申候、右の籠手を歩に入候得ば…」（資料4）という表現があり、試合者相互の審判と観客の判定という2つの評価をみることができる。

（村山勤治）

[文献]
1) 堀　正平（1934）『大日本剣道史』剣道書刊行会、358-359頁。
2) 堀、前掲書1）、357-358頁。
- 村山勤治（1984）「鈴鹿家蔵加藤田伝書『剣道比試記』について」『武道学研究』第16巻第1号、60-61頁。
- 村山勤治（1984）「鈴鹿家蔵加藤田伝書『剣道比試記』にみる幕末期における試合剣術について」『大阪武道学研究』第1巻第1号、10-11頁。

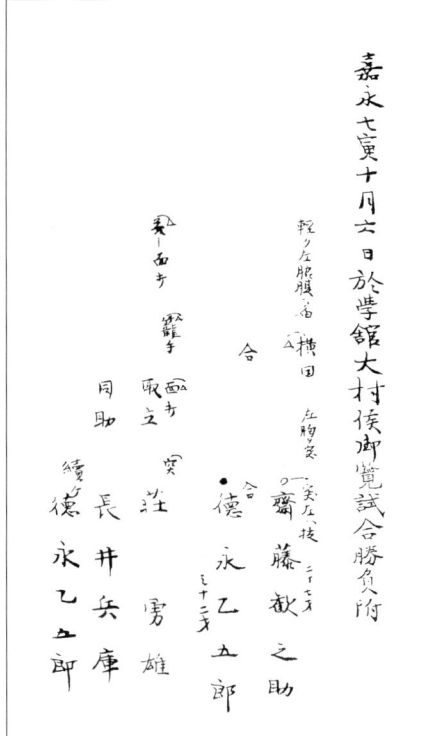

資料3　「嘉永七寅十月六日於学館大村侯御覧試合勝負附」の記録

資料4　様島哲蔵の千葉栄次郎と松崎浪四郎の試合の観戦記

1-11 女性と剣道

1 ― 女性と剣道の歴史

　女性の剣道愛好者が増加し、剣道界に進出してきたことは戦後の大きな特色の一つである。言うまでもなく、戦前までの女性の武道は薙刀が中心であり、剣道を行う者はごくまれであった。

　戦後の剣道全面禁止の時期を経て、昭和28年に剣道が復活して以来、徐々に女性の剣道愛好者が増加し、全国規模の大会も開催されるようになった。

　昭和37年、全日本都道府県対抗剣道優勝大会の第10回大会を記念して、第1回全日本女子剣道優勝大会（昭和46年から選手権大会）が開催された。その後、第26回大会（昭和62年）から独立開催となり現在に至っている。また、都道府県対抗剣道優勝大会は第46回大会（平成10年）から女子2名を加え、1チーム7名編成とし、新たな選手構成で実施され、女子の成績がチームの勝敗の鍵を握るようになった。

　また、世界剣道選手権大会においても女子個人戦の部および団体戦の部が設けられるなど、国際的にも女性の剣道は広がりを見せている。

　しかし一方では、一般の女性が剣道を行うには多くの制約があり、特に全国的な大会の出場に関してはなかなか門戸が開かれない状況であった。そのような中、家庭の主婦に門戸を広げるという主旨で、昭和59年8月、第1回全国家庭婦人剣道大会が開催された。

　現在では、この全国家庭婦人大会や国体をはじめ、女性だけの大会や講習会が毎年開催されており、女性の剣道はますます盛んになってきている。

2 ― 社会人女性と剣道

　家庭婦人大会のような女性独自の全国規模の大会は増加しているものの、家庭を持ち、あるいは家庭と仕事を持って家事や育児に追われる家庭婦人にとって、剣道を行う環境は決して恵まれているとは言えない。

　剣道を行っている社会人女性に対して行った調査によると、半数以上の者が剣道を一時中断したことがあると答えている。その理由として、「妊娠・出産・育児のため」が最も多く、次いで「近くに適当な道場がない」、「時間がない」等の環境面の問題が多くなっている。

　いったん中断した剣道を再開した理由は、「子どもが始めたから」、「子どもに手がかからなくなったから」、「子どもの指導のため」が半数以上を占めており、子どもを理由に中断した女性が再び始めるのもまた子どもがきっかけとなっている。

3 ― 増加する高段者

　昭和51年度から平成14年度までの段位別女子登録者数の推移を見ると、それぞれの段位において、年度によって多少の増減はあるものの徐々に増加してきている。

　初段については平成元年に過去最高の登録者数を記録したがその後徐々に減少し、現在、やや増加傾向を示しているものの、いまだ平成元年段階には達していない。二段～五段についても、一時減少したが、その後は徐々に増加している。

　全国統一審査をクリアーしなければならない六・七段については、昭和50年代には合格者がいない年もあったが、58年以降毎年合格者を出し、平成に入ってからはその数もますます増加してきている。

　また、各段位の全合格者に対する女性合格者の割合を見ると、初・二段では三人に一人、三段では四人に一人が女性である。さすがに四段以上になるとその割合は低いものの、今後さらに増加することは明らかである。

4 ― まとめ

　大会や講習会の充実、高段者の増加、あるいは高体連や学連における女性審判員の登用など女性剣道家の活躍は、これからの女性剣道の担い手である女子生徒や学生に夢を持たせ、目標となって

いくものであり、ますますの発展が期待できるものである。

（境　英俊）

[文献]
- 岡村忠典（1995）「剣道人口の減少『高等学校の実態と問題点』（武道学会シンポジウムから①）」『月刊武道』2月号、100-107頁。
- 境　英俊（1995）「女性と生涯武道の課題（2010年の武道像を考える第12回）」『月刊武道』9月号、64-67頁。
- 財団法人全日本剣道連盟（1982）『財団法人全日本剣道連盟三十年史』、168頁。
- 財団法人全日本剣道連盟（1992）『剣道界と全剣連のあゆみこの十年』、296頁。
- 財団法人全日本剣道連盟（2003）『財団法人全日本剣道連盟五十年史』、359頁。

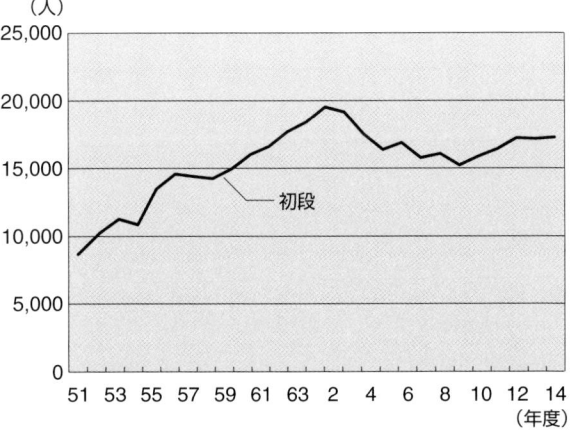

図1　年度別女性登録者数（初段）

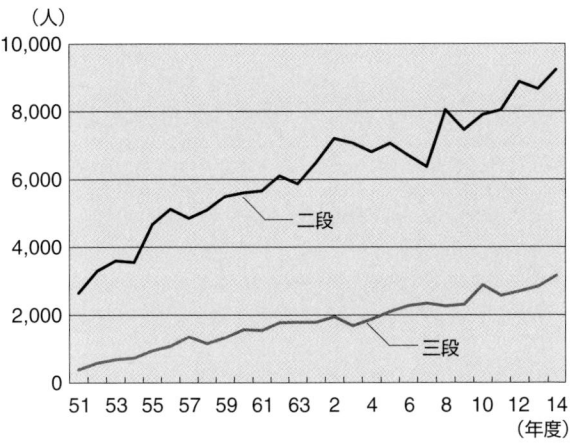

図2　年度別女性登録者数（二、三段）

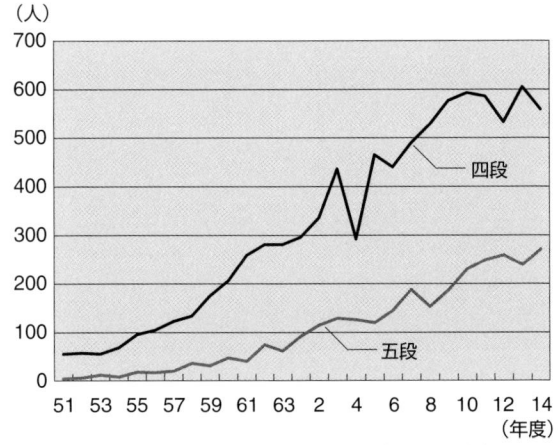

図3　年度別女性登録者数（四、五段）

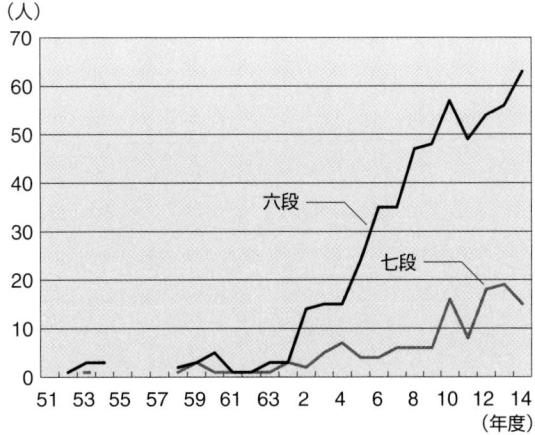

図4　年度別女性登録者数（六、七段）

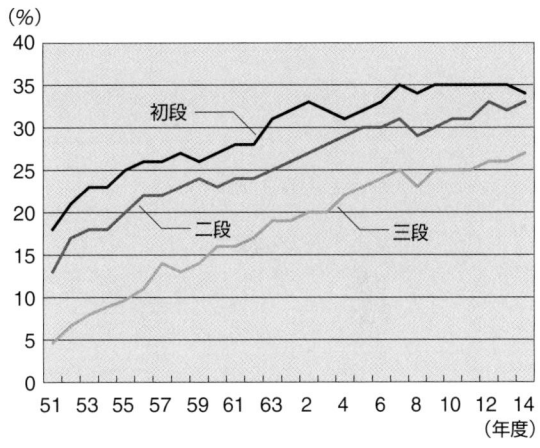

図5　女性合格者の割合（初、二、三段）

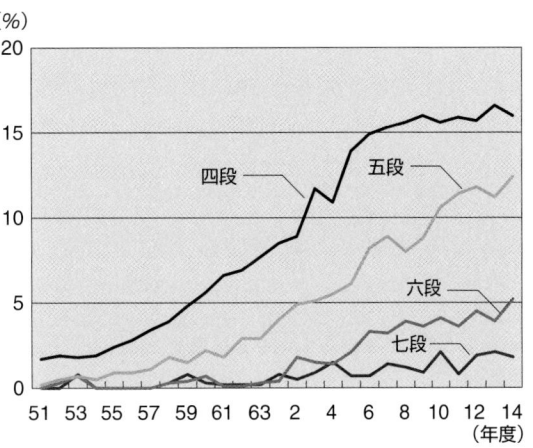

図6　女性合格者の割合（四、五、六、七段）

第**2**章　**思想・原理**

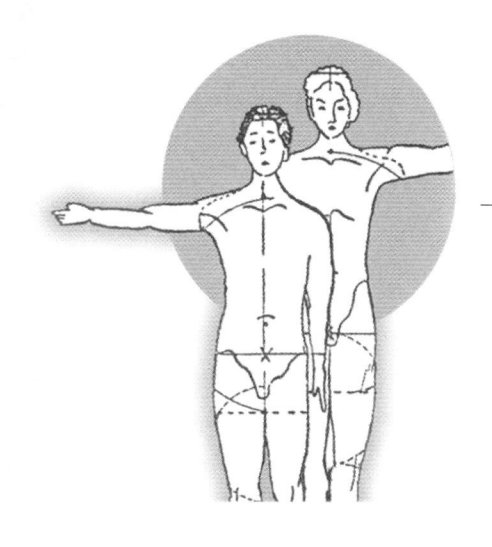

2-1 武の精神誌

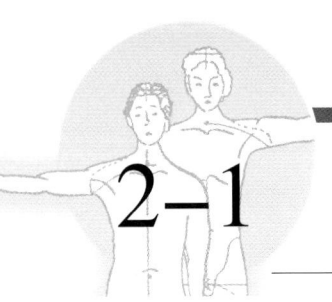

　「武」は「文武不岐・文武両道」など、「文」とセットで使われている。「武」は時代の変遷とともに「術」「芸」「道」といった概念と結びつき今日に至った。基底には、今も昔も、人間が人や物に対峙して「勝負」に挑む姿が潜んでいる。時代を超越した身体性の問題が横たわっているのである。

　「勝負」を前提とし「勝負」を超える世界、そこに「武」の精神を見ることができる。

1──「武」の原義をめぐって

　「武」という文字は、中国最古の字典『説文解字』によれば「戈（ほこ）＋止（とどむ）の会意文字」と説明され、日本の武芸論においても、しばしばそのように説明されてきた。しかし、中国語言語学者の藤堂明保は「止とはとめるではなくて、趾（あし）で進むこと」だと言及し、『「武」の漢字「文」の漢字』（徳間書店）で「武」について以下のような説明をしている。

　そもそも、『説文解字』の「武」は『春秋左氏伝』を典拠としていて、左氏某が、彼自身の作り上げた「武」に対する考え、彼の「戦争観」を述べているにすぎない。本来、「武」というのはその語源からみて「戈（武器）をもって止（あし）で進むこと」、つまり、妨害をおかし、困難を切り開いて、荒々しく突き進むことなのである。さらに、武〜賦〜舞は同系のことばであって、そこには「無理をおかして荒あらしく前進する」という意味が流れている。『春秋左氏伝』をはじめ、歴代の儒家の書は、この「武」の原義をわざとねじまげている、と言わざるをえない、というのである。

　また、佐藤通次も『武道の神髄』（日本教文社）で藤堂説と同様に「戈を止むる義とする説が立っているが、これは漢人に特有な、後世の道義的解釈であろう。作字の際にそんな理念的解釈があったとは考えられない」とし「作字の原意に溯って、止が趾（あしゆび）の本字であることから、歩武堂々などというときの武が、その原意であると考える。敵を討滅しようと兵器を執って立ち出る勇ましい姿が、武の本義である」と述べている。

　筆者も「足を踏みしめ戈を執って出で立つ」ことが武の本義であると考える。なぜなら、武の精神は、「突き進む」という行動を基盤とし、日本の武家社会にあって、お互いが向き合って突き進む関係の果てに何が生まれるのか、という身体性の問題と密接に関わって語られるからである。そしてその内容は、近世剣術の組太刀（型）や現代の剣道に受け継がれるのである。

2──闘争の果てに見えた世界

　個々の闘いの技は、平安末期の武士によって、武器をもって荒々しく前進する「術」として、共有できる技術として整備された。彼らは、武者と呼ばれる「弓馬の芸」に長けた職能者の集団であった。鎌倉時代に入り、弓馬の技術修練だけでなく、現在もよく使われる「一騎当千」「正々堂々」といった精神をも育んだ。

　室町時代になると、騎射の戦闘から「太刀打ち」による戦闘に変化し、剣槍が戦場の主役となった。長大な野太刀が作られ、槍とともに「打ち物戦」の時代をむかえたのである。

　非力な者にとって長大な太刀の操作は困難を伴うであろうし、体力の消耗も激しかったことであろう。したがって、体力に見合った長さの刀をもって長大な野太刀に勝つ工夫や、短い刀で中太刀に勝つ工夫がなされたのは当然の成り行きだったと推察される。体力にのみ依存することのない術の追求、それが流派剣術発生の始源となったのである。やがて、室町時代後期、天文12（1543）年の鉄砲伝来を契機に戦場の主力武器は鉄砲となった。このことは、戦闘様式の変化だけでなく、「一騎当千」「正々堂々」といった武士の精神までも揺るがすことになったのではなかろうか。また、刀槍が主力戦闘武器としての実用的意義を失い、刀槍の操作技術の存在価値が問われることにもな

ったのである。

　日常が死と背中合わせともいえる戦国の世を生きぬいた「武士（もののふ）」の精神は、「武士の学ぶおしへはおしなべて　其究（きわまり）は死のひとつなり」と塚原卜伝の歌に示されているように、「生死」の問題解決を主題に培われたものであった。それはまた、「戦場にして敵に戦ふ時身をわする」（『平家物語』）という源平時代の「もののふ」の精神を受け継いでいることでもある。敵と我は常に五分と五分、正々堂々と同じ条件で闘わねばならぬからこそ、武術の錬磨に励み、もし運良く強敵に遭遇し勝ち残れば、それは自らの誇りでもあった。それゆえ、討った敵を丁重に供養するのが武士の作法でもあった。

　それは、格闘技やスポーツの世界で、ライバルのことを他の誰よりも研究し相手を知っているのは自分であり、逆に自分のことを最もよく知る者は自分のライバルである、という闘った者のみが味わう世界と共通するものである。

　ところが、鉄砲の出現は、刀槍の「間合」での「命懸けの勝負の場」で展開される特殊な世界を根底から覆すものであった。自分は身を隠し、相手を一発で撃ち倒すといった戦法は、自分へのリスクを少なくし、相手へ最大限のダメージを与える点では有効である。しかしそこでは、それまでの武士の精神的風土として重要な位置にあった「生死」のことなど問題になろうはずもなく、それまで培われてきた武士を武士たらしめている勇者としての誇りと精神までも否定することにつながったのではなかろうか。

3──闘争の「術」から武の「芸」へ

　命のやりとりを余儀なくさせる、戦闘という異常な世界に身をおいた者だからこそ見出せた一筋の光明。つまり、死の恐怖から超脱しなければ戦場で働けないことを自覚した者のみに与えられた生の輝きと自らの心と体の不思議なカラクリ。さらにそれは、「いのち」の根源への自覚を深めることへと進んだのであった。そのような心のある武士たちは、刀を殺人の武器としてではなく、活人の武器として、単なる剣術の截相の場を「いのち」の消息を自覚させる場に変容させたのである。

　剣技不要の時代到来を予測した上泉伊勢守、柳生石舟斎師弟は、それまでの武術を殺生の術から人を活かす術として整理・再編し、「無刀」「転（まろばし）」を中核とした技法・心法の体系化を図った。「機を見る心」の養成を目的とし、「十文字勝ち」という具体的な技の修練を内容とした芸の体系を創り上げたのである。

　それは平和な時代を目前に控えていた徳川家康の評価に耐えるものでもあった。やがて剣術は武士教育必修の表芸となり、武者の精神を内包させながら新たな意味と価値を持つことになったのである。相手に向けられた刀の刃は己自身の内側にも向けられ、質実剛健、矜持を持った武士を育てる手段として、武術は武芸へと転換が図られたのである。

　西山松之助は「近世芸道思想の特質とその展開」（『近世芸道論』、岩波書店）で「殺すことに武器の生命がかかっている時は殺したものが勝ちで、どんなに哲学や理論にすぐれていても、それは全く意味をなさない。だから、刀や槍が殺しの武器であった時代には、絶対不敗の技法などあり得ないから、殺しの技法の決定的な権威たる型は成立しえなかったのである」と武術の核心をついている。

　また、「芸道の道」は「最も抵抗少なく、しかも無駄なく確実に、かつ速やかに目的地へ行くことの出来る通路として設定されてきたもの」であり、階段的上達の究極において「入神の技」とか「無念無想」「遊戯三昧」「無心・無位」といわれる、宗教的悟道にも似た人間的至高の存在に昇華するといった考え方がある、とその特徴を挙げている。またそれは、所詮個人的な実践哲学であり、自ら辿る以外にない道だとも指摘している。

　剣術は、戦国武士の命のやり取りという究極の場に見立てられ、相手の刃の下に自分の身も心も投げ入れることによって「気」を練り「肚」を作り上げる場へと変容した。「生死を明らめる」芸、それが剣術であった。現代剣道はその思想を「剣の理法」として受け継いでいる。

（大保木輝雄）

2-2 武道的身体知の系譜

　戦闘者の実存がいかなるものであったか、それは戦闘を体験した者にしかわからない。しかし我々は、彼らの残した「言葉」からそれがどのようなものであったのかを類推することは可能である。

　ここでは、戦国の世に身をおいた戦士の体験が言葉としてどのように語られ、それが近世武芸にいかに反映され、現代の我々とどう繋がるのかを身体性の観点から考えてみたい。

1 ── 戦闘に臨む者達の体験知

　戦国武士の残した言葉を取り上げて、武士道について剣術との関連で端的明瞭に述べたものに、三田村鳶魚の『武家の生活』がある。特に「一切は御破算になる」と「切先を合わせてからの鼻歌」という箇所に勝負に臨む者たちの体験を紹介している。

　上杉家の家臣で後に加藤清正に仕えた斑鳩平次という人物が「その場になって自由に働いたことを、あとから考えてみると、最初の目算から離れ、名誉とか利益とかを考えていたことも忘れて、身命を顧みなくなっている」と自らを語り、「武功によって名誉を取り、栄誉に誇ろうとすることを考え、その余慶を子孫に残そうというような欲心があっては、すぐれた働きができるものではない、必ず戦場に臨むごとに、ここが死所だと思い定めて、身命を顧みぬ時に、自然と武功ができるのである」と若い者に言ったという。

　鳶魚は「本当に功名手柄を立てる時は、身命を顧みなくなっている」ということを「大いに考えてみなければならぬこと」だとしている。

　また、『続武将感状記』に登場する部将高畑参河は一日に十三度の功名をなしたが、一人との「せり合い」ですら体力気力が萎えるのにどうして十三度も可能だったのか、という問いに対してこう答えたという。

　「わしも戦場に出て行く時は、言うまでもなく一切の思慮を費さぬ、胸の中が落ち着いているから、人はいくら躁いでも自分は静なもので、ゆったりと構えている、槍を合わせ、刀で切り結び、左に躍り右に飛んで、勝負のつかぬうちからありったけの力をだしてしまうことを、わしはしない、それだから、皆は疲れてもわしは疲れぬ、わしが敵に遭う時は、こちらがやられるか、向うをやるか、天命の定ったところと思うから、はじめのうちはゆっくりやる、そうしてトドのところへきて少し早くやる、そうすると、一槍二槍というところで勝負がつく、僅かなところだから、さのみ力も入らず、気を苦しめるようなこともない、楽なものだ、だから、日に幾度敵に遭っても、肚の中はすこぶるひまで、さし詰めたこともない、多分そのためだろう」。

2 ── 剣術家の身体知

　鳶魚はこれに続けて鉄舟の言葉を紹介し、次のように結んでいる。「本当の真剣でパチリと切先を合わせる、そうなるとどちらも引けませんから、ジリジリ詰め寄る気味合になって、身体から油汗が出てくる、截込いもせぬうちに息が詰って、それが五分十分と長くなると、尻餅をつくようなことになってしまう、しかし、そのパチリと切先を合せたところで、鼻唄が出るようでなければ駄目だ」と。ちょっと聞くと嘘のような話だが「実際山岡翁は始終こう言っておられた」と鉄舟の実話を鳶魚は聞いているのである。それゆえ鳶魚は、高畑参河の言葉を「なるほどそうか」と納得できたのである。さらに「剣術や柔術の許しに、禅坊主のいうようなことが書いてあるのは、形容するために坊主の言葉を借りたり、ありがたみをつけるためにやったりするのではない、実際そこまでゆくのです。真剣の斬合いであっても、功名手柄であっても、全くそれになりきった時は、一切が御破算になって、念がけているそのことさえも空虚になってしまう、というところまで必ずゆくと、私は思っている」と言及し、その精神性、つまり「一切を忘れ、忘れ尽したところで、はじめて十

分な働きが出来る」ということをよく考えて欲しい、と結んでいる。

ここに紹介された戦国時代に生きた戦士の体験は、あくまでも特殊な個人的体験ではある。しかし「十分な働き」のできた人は、鳶魚の指摘するように「欲しい、惜しい、生きたい」といった「根ッ子」のすべてを捨て去り、一切を「御破算」にするという共通の術を会得している。そして、その術は個人の枠を超え、普遍性を持ちうる。

戦国武士の体験知は、鳶魚もそう捉えていたように、剣術の大家であった鉄舟の体験知とも共通しているのである。

3──剣道に受け継がれたもの

先にみたような実戦で培われた「十分な働き」のできる身体の在り方は、平和な時代の到来とともに剣術の場で訓練され、特に武芸者によって受け継がれた。戦場での命懸けの勝負の場は、お互いに刀をもって対峙する剣術の場に見立てられ、そこで一切を捨て去る工夫がなされたのであった。

剣道について鈴木大拙が『東洋的な見方』(岩波文庫)で提示したように、近世の武芸家達は「命の取り合いというきわどい間際に自分をどう忘れうるか」といった命題に対して、武芸の稽古を通じて、「情性を深化し霊性的透視を深めてゆく」努力を重ねることによって答えを出そうとしたのである。それを身をもって実践した代表的人物が山岡鉄舟であった。

鉄舟は、明治天皇の侍従ともなり、幕末から明治に生き、剣・禅・書の大家としても知られた人物で、明治15年に春風館を開設し、剣術に託された伝統的精神の普及に努めた(奇しくも、嘉納治五郎が柔術の近代的再編を図り、柔道と命名し講道館を開設した年でもあった)。鉄舟は剣術修業の目的を「此法ノ呼吸ニオイテ神妙ノ理ニ悟入」し「万物大極ノ理ヲ究メル」ことだと考えていた。そして明治13年3月30日、それが成就したと自覚したのであった。その自覚内容を鉄舟は人に次のように語ったという。「居士嘗て人に語って曰く、予剣を学ぶ茲に年あり、其技の未だ熟達せざるに当たりてや敵の眼前に遮障を見る、其漸く錬達するや敵の姿態髣髴として猶ほ其物ありて眼前に横はるを見る。其精微を極め神髄を得るや又一

物の眼前に遮ぎるものなし、此に於て始めて其深奥に達せるを知る。技是れより一上一下縦横進退総て自在ならずと言ふことなしと。」(山下素治『明治の剣術』新人物往来社)

この言説は、柳生新陰流の「木人花鳥」、秋斎樗山の「猫の妙術」、そしてその原典となっている荘子の達成編に見られる「木鶏」の話に繋がるものである。

鉄舟は秋斎樗山の『猫の妙術』を愛読していたし、剣術の「心法」は柳生新陰流に学ぶべしとも述べている。また、安政5(1858)年(鉄舟23歳)に書かれた覚書には「世人剣法を修むるの要は、恐らくは敵を切らんが為の思ひなるべし。余の剣法を修むる然らず。余の剣法を学ぶは偏に心憺錬磨の術を積み、心を明らめて以て己亦天地と同根一體の理、果たして輝然たるの境に到達せんとするにあるのみ」と記している。このときより明治13年の大悟までの二十年間、その問題を追求し続けたのであった。そして鉄舟の体験知の世界は以下のように語られる。

まず第一に千日間の稽古で「体(たい)─中心鎮静ニシテ私邪ナキヲ謂フ」が備わり、その後「彼我呼吸ノ間ニ機会ヲ知ル」ようになり、これを敵を知るという。さらに進むと、敵の巧拙がわかるようになり、これを敵と我を知るという。さらに進むと敵のなすことが自分の心に響かなくなる、これを敵を忘るという。ここに至って初めて「無心」が成就すると述べている。

我々は、相手と自分、心と体、物(剣)と身体が混然一体となり、全身が一種の結晶作用をひきおこしたかのような不思議な「力」が生じ、何とも表現しがたい一本を体験することがある。自他ともに認める「無心の一本」とでも言うべき経験である。鉄舟の身体知は、我々に身体を介した技術追究の極みに何がおとずれるのか、その方向を指し示しているのではないか。

(大保木輝雄)

2-3　剣道気論の成立

　近世各時期の武芸伝書に見られる気の用例を検討してみると、近世前期・中期・後期と時代が進むにつれて、「気」という用語は、それぞれ、イメージとしての実体概念・形而上学的な哲学概念・身体内に感じられる実体として語られ、勝負の場で「臨機応変」に対処できる心身のあり方を解くキーワードとして登場してきたのだと言える。そして、心と体、自他の関係、物と身体のあり方、大自然の運行を司る主体など、心との関連で論じられてきたのである。

　現代剣道でも、気は「気剣体一致」（直心影流）や心気力一致（北辰一刀流）といった言葉として使わている。また、「充実した気勢」という表現で、有効打突「一本」を規定している重要な要素として位置づけられている。勝負に臨み自分の持てる力をいかに発揮するか、そのためにどうすべきかを課題とし、力と結びついた概念として考えられている。

　すばらしい技術を身につけていても、イザというときに力を十分に発揮できなければ意味がない。場の雰囲気や状況にかき乱されることなく、逆にそれをエネルギーに転化させ、持てる力が存分に発揮できたら何とすばらしいことだろう。ここでは、武芸伝書に見られる「気」という用語の扱われ方に焦点をあて、先人達の叡知を把握しておきたい。

1──「機」への着目と逆対応（江戸前期）

　戦闘経験者である柳生宗矩（1571～1646）の著した『兵法家伝書』では、戦闘の時代を反映してか、仏教的な「機」（きざし、はたらき）という言葉が使われ、「機を見る心」「機前のはたらき」といった自他の間で展開されるやりとりのタイミングをテーマとした論理が展開されている。その論旨は以下のようである。

　「心」には「本心」と「妄心」がある。本心は、自己の本性であり、気が身体全体に伸びひろがった「元気」な状態をさし、妄心は、迷いの心であり、気が一カ所に凝り固まった「病気」の状態を意味する。気が停滞すると「病気」となり、気が流行すれば「無病」つまり「元気」になる。さて「機を見る心」は本心であり、妄心は「機をみる心」を塞ぐものである。妄心は「心の病」であり、それは「気」の集散によって生ずる。逆に、気の集散をコントロールし妄心を排除すれば、本心は自ずから現われるのだ、と述べている。「立ち合い」に際しては「機にからめられて不自由」にならないよう「敵の気をよく見て、其の気の前にて、あふ様」に自らの心身の状態を整えておかねばならないのだ。つまり「内心に気をはたらかし、うごかし、油断無くして、外はふためかず、静にする。是陽内にうごき、陰外に静なる、天理にかなふ也。又外きびしく懸なれば、内心を外にとられぬように、内を静にして外懸なれば、外みだれざる也。内外ともにうごけば、みだるゝ也。懸待、動静、内外をたがひにすべし」といった心身の逆対応的調和が必要なのである。体を動かさないときには、いつでも即座に動けるように総身に気を行き渡らせておき、激しく動くときは、心を静かに保ち、体が崩れないようにしなければならない、と述べている。また「兵法にていはば、下作によくかためたるを志と云ふべし。はや立相ひて、きつつきられつつするを気と云ふべし。下作にとくととりしめて、気を急々懸々にすべからず。志をもって気を引とめ、気に志をひきずられぬ様にしてしづまる事、簡要也」と述べているように、兵法でいう「志」とは「下作によくかためたる」ことなのだと述べる。この「下作」が気の集散を統御し「機をみる心」を養成すると言うのである。

2──「気」の心法論と「道」（江戸中期）

　戦闘体験者がいなくなった1700年代には、朱子学的修養論である「気質の性」から「本然の性」へといった「気質変化論」を背景としながらも陽明学的気論によって、道の思想としての武芸心法論が確立された。

その端緒は熊澤蕃山（1619～1691）の『藝術大意』であったが、後に佚斎樗山（1659～1741）の『天狗藝術論』にその内容は受け継がれ、武芸心法論の決定版として世に流布した。樗山は藝術（剣術）の本来的意義を中国古典（『荘子』）に求めつつ、「道」の思想（道教）と融合させながら、気を中核とした心法論を形而上学的に展開させた。剣術の低迷していたこの時期、樗山は「人は動物なり、善に動かざる時は不善にうごく、此念此に生ぜざれば彼念かしこに生ず、種々転変して止まざる者は人の心なり」と述べ、迷妄するのが人間の常であるから「気」を練る工夫をして「心」を養えと提唱し、「収気の術」や「仁王禅」を紹介している。剣術も「練気養心」にその目的があるのだと力説する。さらに「気は生のみなもとなり、此気かたちをはなるる時は死す、生死の際（あいだ）は此気の変化のみ」と生命の源である「気」の働きに着目し、剣術の稽古を媒介として「生死」の問題を解決せよ、と啓発したのである。大自然の運行を司っている「一元気」の働きを自分の身体内で自覚するならば、それは「道」の自覚に繋がると考えているのである。

　この生死の問題に気を介在させた樗山の思想は、その後、白幽仙人から授かったといわれる「内観の秘法」を公開した白隠（1685～1768）の『夜船閑話』とともに、幕末の剣術家に多大な影響を与えることになったのである。

3──「気」と身体感覚（江戸後期）

　現代剣道のルーツである防具を使用した竹刀打込試合稽古が流行した1800年代になると、道教的「練丹の法」を採用する流派も現われ、「気」は身体性に密着した実感的なもの（身体内部感覚）として記述されるようになる。

　幕末に活躍した窪田清音（1791～1866）の著作（剣法初学記・見聞集・剣法梯伝録）について「気」の用例をみると、「心気理の研究は初学に益なし業を習ふの数多きに如かず、其業未だ熟せずして理気の工夫を専らすれば迷ひを生じて熟達し難し」と言い、「業を励むは鏡を磨くが如く、鏡は心なり、業に随ひて心明らかなり」と述べる。また「人必ず自ら足らざる所を知る。自ら足らざる所を知れば、業も気も心も共に進みて益々上達すべきなり」と言い、まずは「業」＝技の習練に努めよと述べる。

　また「気と共に太刀を運らす」「足は気に後れざるを要とす」「手の締りは小指の先に少しく気を用い」といった表現からみると、「気」が身体の内部感覚や意識に即した実体として語られている。

　また、清音は『つるぎの枝折』で「立逢ば場間のはからひに心をくばり行末を見て立あいかまえて備ふべし」といった対敵空間を前提として「心気の術」について述べる。

　「彼が心と気とを見るべし」「常に心を慎め気を下し学ぶ時は、次第に曇りなきに至り、気のおこる所をのつから（おのづから、筆者注）もとめずして知る妙なる位に至る」という表現から判るように、そこでは「気」が「立ち合い」場面に即した相手と自分、自分の心と身体との間に実感される実体として扱われているのである。さらに「いまだ勝負わからざる内、かまえを中段又は下段に備、いかにも堅固にして気を押さえ、次第に場をつめ進まばいかがせん」といった状況の中で「居つき居つかざるは心気のめぐりにあること也」と述べ、「生涯の勝を取は、心気と法術とにあり」と言及し、相手を観察する心が自分の内部で働いている気に悪影響を及ぼさないように「心気」の鍛練が重要だと強調している。そして「かた」や「試合」の実践を重ねることにより、「あしのふみかた広からずせまからず、心気納まり、臍下にみちて腹を出し、腰のつがい正しく胸をはり、肩落、頭のすはり正しく、いずれの所といへどもたらざる所なし」といった姿勢が「気」の問題との関連で捉えられ、そのような理想的な身体と心の「備え」によって「気の充実」が達成できれば自分の力を自由自在に発揮できると述べている。

　働くものの実体、つまり心－身、彼－我の間に流れる動的実体を「気」と認識し、相手の攻めに影響を受けて気が動転しないための身体技法が問題となっているのである。

（大保木輝雄）

2-4 「一刀」という思想

　「戦闘」という非日常的状況下で、「今、この場において、どのように行動したらよいか」という命題は、戦士にとってはそれこそ命がけの切実な問題であった。極限状況に追いこまれたとき、慌てふためかないで、その状況を正しく認識し、的確な判断を下し、迅速な行動がとれるためにはどうすればよいのか、ということが具体的な課題だったのである。究極的には、鎌倉幕府執権北条時宗の父、時頼が詠じたともいわれる「心こそ心まよわす心なれ　心に心　心ゆるすな」と古歌に示されたような「心」の問題をどう解決するかということであった。この古歌は近世剣術の主題として取り上げられた。

1──戦闘の場と剣術の場

　戦闘の時代に終止符がうたれた江戸時代の初期になると、戦いを経験した武芸者達は、一対一の対敵時空間、つまり剣術の世界に、戦場という極限状況の中で会得した自己の心身の在り様を凝縮させた。その時空間での技術のやりとりを通じて、対象の正確な認識、的確な判断、迅速な対処の方法を、具体的に示そうとしたのであった。

　お互いに日本刀を携えて相対峙し、切り合う（打ち合う）といった状態は、「命のやりとり」という、人間の極限情況を象徴するものである。気の張りつめた、それこそ真剣な「勝負」の場で、身法・技法・心法の三位一体の「はたらき」を体得させるための装置、その体系が「型」である。そしてそれを創り上げた人物がいわゆる流祖なのである。

　この流祖の原体験が古流武術の原点となる。「事理一致」した「むり、むだ、むら」のない見事な流祖の技能は、「型」という伝達媒体をもって後世に伝えられる。言語を介することなく身体運動をもって、直接伝達するのである。学ぶ側は、自分の身体を「型」にすっぽりはめ込むことによって、流祖の技能を追体験し、心の在り様を自得することになる。「以心伝心」的コミュニケーションはそのようにして可能になる。

2──古流武術と撃剣を支える思想

　戦闘体験のある武芸者が世を去り、平和な時代になると、士風も変化し、「型」に秘められた真のメッセージを汲み取ることは困難となったようであるが、それを補完するかのように、武芸の本来的意義を説く佚斎樗山の啓蒙書が「心」の在り方を指し示してくれたのであった。日常万端世間の事と剣術の事は別物ではない、と説き、剣術の技を使うときに心の「邪正真偽」を吟味し、それを「日常応接の間」に試し「正が邪に勝ち真が偽に勝つことを自得せよ」と強く迫る。

　佚斎樗山は、非日常的な剣術の世界と日常の生活世界とはその根源において地続きであり、相互補完関係にある、と核心をついて説いている。樗山は、「勝負」とは、量から質へと転化することなのであり、剣術の「勝負」の場を通じて、「生死のことはすべて気の変化のみ」といった「人の気」を質的に変化させることだ、と流祖の体験知を理論化し、当時の人々に理解し易く説いたのであった。

　樗山が「19世紀を展望した人間教育の在り方」に対して提起した問題は、「心・気」の持ち様によって人生を至福のものにできるのだ、ということである。だから、模擬的「生死の場」である剣術を通じて「心・気」の持ち様を変化させろと述べる。この樗山の思想は『猫の妙術』として世に問われた。

　いっぽうこの頃、形稽古を補完するものとして現代剣道の原型ともいえる竹刀打ち込み稽古が考案されたのであった。やがて試合剣術（撃剣）の時代を迎え、その全盛期ともなると、型の意味もなし崩し的になったのである。幕末明治というまさに撃剣の時代に生き、剣術の真の意味をひたすら追求した人物の一人に山岡鉄舟がいる。樗山の『猫の妙術』の思想は、この山岡鉄舟によって剣術の極意書として読み込まれ、無刀流の理念であ

る「心外無刀（心の外に刀無し）」として結実し、近代剣道に引き継がれた。さらに無刀流の理念は現代の「剣道の理念」制定に大きな影響を与えているのである。

このような歴史的経過を眺めてみると、剣道を支えている伝統的思想が何であったか、見え始めるのではないだろうか。

3──一刀の意味を求めて

剣道の「型」は、流祖の「一刀」を原型として体系化したもので、それを受け継ぐ者にとっては、その「一刀」を身につけるための装置となる。興味深いのは、柳生新陰流や一刀流では、それぞれの極意太刀である「十文字勝ち（合撃）」「切落し」が初心者に対しても最初の技として実施されることである。

柳生新陰流二十一世宗家柳生延春氏は「十文字勝ち（合撃）」のことについて次のような話をされている。「まず、最初に私どもの門に入った方が習うのが、この最高に難しい合撃です」「これは一番初めの技であり、最高の技であるわけです」「合撃にしても十文字勝ちにしても、偶然勝ったんじゃないんです。勝つべくして勝つ技をやっているということなのですよ」（『柳生新陰流道眼』）。

また、笹森順造著『一刀流極意』には次のように述べられている。「一刀流は古来から、切落しに初まり切落しに終わると教えた程の必殺必勝の烈しく強く正しい技である。切落しは切組の多くに応用される技であるから、先ずこの一本目でよくよく習い覚え、充分に呑みこみ、体得し熟達しなければならない。―略―相手から切りかかる太刀のおこりを見ぬいて、少しもそれにこだわらず、己からも進んで打ちだすので姿においては一拍子の相打の勝となるのである。―略―正しく打つ事が同時に敵の太刀をはずすことになり、敵の太刀をはずすことが同時に敵を切ることになり、一をもって二の働きをするから必ず勝つのである」

上記の内容から、流祖の示した「十文字勝ち（合撃）」や「切落し」は極意の「一刀」であると同時に、初心者が学ぶべき至極シンプルなお手本、つまり基本の「一刀」なのだということが理解できる。また、さまざまな変化を持たせて繰り出される打太刀の太刀に対して、その「一刀」が通用するか否かを繰り返し繰り返し吟味する仕組が流派剣術の「勢法・組太刀」、つまり「型」なのである。この吟味の過程で、日常的な心身の在り方は別の心身関係に組み替えられ、その行き着く先は「逆対応的な心身の調和」である。元来、この調和の会得の度合いは、「十文字勝ち」や「切落し」といった「一刀」の技のできばえと相即不離の関係にある。眼に見ることのできない自らの心身の状態は、具体的に見たり感じたりすることができる「一刀」のでき具合によって推し量ることができるのである。

古人の述べる「一刀」は、一人でできる単純な一振り、相手とのやり取りの中で限定された一振り、そして、相手の所作に対応しながら自由自在に使える一振りと、実に単純な一振りの技ではあるが、その内容は順次深さと豊かさを増していく。そして、その技の究極を『兵法家伝書』は次のように述べている。

「一刀とは、刀にあらず。敵の機を見るを、一刀と秘する也。大事の一刀とは、敵のはたらきを見るが、無上極意之一刀也。敵の機を見るを一刀と心得、はたらきに随て打太刀をば、第二刀と心得べし。是を根本にして、様々につかふなり」（是極一刀之事）

究極の一刀とは「敵の機を見る」心のはたらきなのだ、といっている。この内容については3節の「第2章-3：剣道気論の成立」（32頁）を参照されたい。

敵が何をしかけてこようが動じることなく、何物にも囚われない自由な対応ができる人間形成、つまり、一刀の会得が剣術の「型」習いの本義であった。

そのような流祖の「一刀」は近世後期から明治、大正、昭和初期に盛んとなった竹刀と防具を使用する剣道（撃剣）の「一本」へと受け継がれ、究極の一刀である「機を見る」思想は日本剣道形に表現されたのである。

古流剣術の示した偉大なる「一刀」を現代剣道にどう生かしうるか。また、我々は「21世紀を展望した剣道の在り方」をどのように示せるのであろうか。

（大保木輝雄）

2-5 剣道の「一本」と「機」

　先にも述べたが、「機をみる心・機前のはたらき」について「気」との関連で説明した最初の書物は、柳生宗矩の『兵法家伝書』である。そこには、「機前と云ふは、何としたる事ぞなれば、敵の機の前と云ふ心也。機と云ふは、胸にひかへたるもちたる気也。機とは、気也。敵の気をよく見て、其気の前にて、あふ様にはたらくを機前と云ふ也。―中略―内にかくしてあらはさゞる見難き機をよく見てはたらくを、機前の兵法と云ふ也」と述べている。

　迫りくる敵からの圧力に屈することなく、敵の心を冷静に察知し、臨機応変に対処するために自分自身の心身の構え（主体）はいかに在るべきか。つまり「一刀」の修練が、宗矩以来今日に至るまで、剣術・剣道の共通の課題である。

　彼我の間、心身の間にあって、常にそれらを結ぶ「はたらき」そのものを指し示している「気」というキーワードを介在させて説明し、答えを出しているのである。お互いが対峙することによって生ずる「間」や「場」、そこでの「主体」の在り方が「機・気」と深く関わっているのである。

1 ── 現代剣道と「機」

　剣道では、「一本」の有効打突を「充実した気勢、適正な姿勢をもって、竹刀の打突部で打突部位を刃筋正しく打突し、残心あるものとする」（剣道試合審判規則第12条）と規定している。「一本」は、「充実した気勢、適正な姿勢、残心ある」という条件を満たしていなければならないのである。これは、一本が決まる瞬間に至る経過と、打突後の備えを含めて評価することを表明している。ここには「気剣体一致」といった伝統的な考え方が反映されている。そのような「一本」は、例えば、フェンシングのポイント制とは異質な思想に支えられ、即物的な結果のみを重視して評価されるのではなく、そこに至った経緯と相手との関係性をも含んだ評価なのである。その人自身の心身の在り方、相手把握と相手支配の有無が「一本」の評価対象の重要な視点として捉えられている。つまり、「気剣体一致」の「一本」は、「打つべき機会」を捉えているかどうかによる。

　昇段審査でも、段位が高くなるにつれて「機会」を捉えた打突の有無が評価の重要な観点となっている。また、「日本剣道形」太刀の部でも、技を仕掛けるときに、一本目から七本目まで、いずれも「機を見て」と表記されているのである。

　このように見て行くと、剣道は「機会を捉えた一撃」を最も重要な課題としていることが理解できる。そのために「充実した気勢」と「適正な姿勢」が必要不可欠な条件とされているのである。

2 ── 間と場と機

　相対し、目と目を会わせ、お互いの出会う「場」が人間の関係を成立させていると言ってよい。この特別な空間（場）が「機・気」の世界を成立させている。そして相手と自分との距離はお互いの気分に影響を与えていることに気づく。向かい合った相手との距離が近くなると気持ちに変化が生じ、三つの地点で気持ちのモードが変換されるのである。

　まず第一の地点は、相手以外に他の介在を許さぬ、二人だけの意味ある特別な時空間の始まりを告げる場所であり、自分の意識が切り替わる距離でもある。

　第二の地点は、第一の場より、よりプレッシャーを感じ始め、様々な情動が働きだし、体の持つ防衛本能と精神機能が混在し、迷いを生ずる距離である。

　さらに第三の地点は、自分の意志よりも防衛的反射機能が優先する距離となる。

　要は人間二人が向かい合って近づくと、心身の関係が切り替わる三つのポイントがあり、その地点を契機に身体機能が無意識的に、より深いところに向かって作動し始めるのである。

　さてそれはどういうことなのか。

　自分と相手が形成する空間の「遠近」は自―他

の関係を決定づける。そして自己の心身関係に動的な変化をもたらす。その動的なある種の感覚に対して「気」という言葉をあてはめると、そこに起こる事象が説明しやすい。すなわち、自一他の間をつなぐ実体を「気」とするならば、相手との空間の遠近は「気」の密度に濃淡を生ずることとなり、三つの感覚変換の地点で「機」が生じ、それが自己の心一身の間に流れる「気」に影響を与えることになる。

　この辺りの消息は、18世紀後半に著された『武功論　事理或問』（柏淵有儀著）にも見ることができる。「彼よりも来るべく、我も往くべき、これを間際（まあひ）と云。かれ位を取り、我よりも位を取る。是則ち権際（つりあひ）なり。彼に気あり、我に気有て、機をなさんとす。是所謂気際（きあひ）」と書かれいる。この伝書に見られる「まあひ・つりあひ・きあひ」の説明は、お互いが一点に集中しながら接近し、勝負にいたるまでの微妙な心身の変化をよく表わし伝えている。相手と自分との「間」によって意味のある「場」が形成され、「気・機」が生ずるのである。その「機・気」の前（勝負）で、自由にはたらく心身の養成をはかることが剣道修業の目的となる。

❸──剣道身体論の考え方

　身体を介した技術追究の極みに何がおとずれるのか。相手と自分、心と体、物（剣）と身体が混然一体となり、全身が一種の結晶作用をひきおこし、不思議な「力」が生ずる。

　そこには人知を超えた、人間に本来的に備わっているエネルギーのようなものの存在を認め、嗅ぎわけているようである。

　剣道では、相手からの圧力を感じると自分の心と体に変化が起こり、内的統一性が乱されてしまうが、調子のよい時や、初心者を前にすると、相手の動きがよく見え、心・足・手が一致して働き、内的統一性が乱されることなく存分に自分の力が発揮される。どうやら対外的能動性は内的統一性に比例するものらしい。それゆえに、自分に対し強大な圧力をかけてくる相手との稽古はとても勉強になるのである。強い圧力をかけてもらい、自分の内的統一性を崩さない工夫が自己創造につながり、技術のみならず、最後は人間性の向上にま

でつながっていくのではないか。自己を再点検再構築し、再びその人に稽古をお願いし、自分が工夫したことを試してみる。そのような繰り返しがあってこそ、剣道人の成長が可能となるのではないか。自分に立ち向かってくる相手や事柄に対し、逃げないで対応し、いかに切り抜け、目的を達成するか。そのような力、つまり「気力と機をみる心」を養成することが、古今を問わず、剣道修練の主題となっている。より具体的には、よりよき「一本」の追求こそがそれを可能にしていると言える。

　無意識領域にあって普段は表に現われない自分の姿が、剣道における「一足一刀」の間合、つまり第二の地点で情動が自動的に我知らず働き出し、赤裸々にさらけだされる。その場にあって、「呼吸」や「姿勢」といった意識と無意識の間にある領域に着目し、日常の場での心身のあり様とは趣きを異にする心身のコントロール（気のコントロール）の仕方が工夫され、新たな自己形成を可能にしているのである。

　さて、これまで見てきたことを具体的に検証できるであろうか。

　「運動者が、自分のプレイを味わう、すなわち、パフォーマンスのできばえではなく、プレイを遂行する際の心の動きや身体の感じ等を実感しながら運動するとき、運動への気づきが変化すると共に、心理的な変容も生ずると考えられるのである。このようにみると、体育・スポーツは人間の心理的な発達を促進するために極めて重要な役割を果たす可能性を秘めていると言えよう」（体育学研究42、1997）。これは心理学者星野公夫氏が『動作法から見たスポーツ選手の心身の自己コントロール』で述べていることである。

　「一本」の錬磨を媒介にして、技→心、心→技といった円環反復運動の中で確かな自己形成がはかられることを我々は体験知として了解している。この動作法の視点は、剣道的体験知と剣道的身体論の「からくり」を読み解く鍵となるのではなかろうか。

（大保木輝雄）

2–6 剣道による〈身体二重性〉の克服

　剣道発生の段階から、剣道実践者にとっての稽古（学習）の課題は「身体二重性の克服」[1]であった。つまり、自己の「思いどおりに動く身体」と「思いどおりに動かない身体」、この身体の二重性を、稽古でどのように克服（統一）していくかが稽古の課題（目的）であったといえるのである。

　このような視点に立つことは、剣道実践者にとっての「剣道の文化史」が見え始め、剣道の「思想・原理」、そして「いま・ここ」の実践への「取り組み」として意義のあることである。

1――「取り組み」の鮮明化

　まずは、剣道実践者「自身の身体」を介しての「思い得る」ことを明確化し、次いで、「動き」と「思い」と「身体性」それぞれがどのように影響しつつ変化・進展していくかの論理構造を明らかにすることである。

　稽古とは、古（いにしえ）を稽（かんが）えること、といわれてるように、ここでは、徹底した自己省察によって見えてくるものの中身が何かを問うことになる。そしてまた、その自己省察にもとづいた気になる人達（先達者達）の自叙伝に見られるような言説（「心身一如」や「気剣体の一致」など）や実践インタビュー（「勝てて満足でした」や「修行不足でした」など）も視野に入ってくる（右ページ図1参照）。

　その際、剣道の「動き」と「思い」と「身体性」に関する科学的な認識（それが自然科学や統計的な認識であったとしても）は、ひとたび意識（思い）として剣道実践者の実践の仕方に影響を与えているとなると、その認識はここでの取り組みの対象となる。また、もちろん、実践者の信念や信条、思い込み（それが迷信や誤謬であったとしても）も、剣道実践の仕方に影響を与えているとなると、これまた取り組みの対象になる。

2――見えてくるものの性格

　取り組みの性格によって、取り組みから「見えてくるもの」の「性格」は異なってくる。

　例えば、今、まさに、相手の面に打ち込もうとしているとき、その人は何を、どのように思い（意識し）、そのときの身体性（あらわれ）はその人にどのように捉えられているのであろうか。当然のことながら、事実（現象）の中にはその本質が潜んでいる。この場合の現象の本質の解明には、意識の存在を欠かすことができない。しかし、今までのいわゆる科学的認識では、その実践者の意識は自明のこととして問題にされることがなかったか、もしくは意識そのものが適正であったかどうか（判断）のみに関心が向けられてきた。

　ここでの取り組みから見えてくるものの性格は、そういった認識的判断をいったんは停止し、実践者の意識としての「思い」「動き」「あらわれ」という性格で視野に入ってくるのである。いわゆる「判断中止（エポケー）」を行うことによって、現象とその本質の理解に向かおうとするのである（現象学的手法）[2]。

3――見えてくるものの中身

　取り組みの切り口は、剣道の試合でもいいし、演武でもよい。また、地稽古、形稽古、学校や道場での学習や指導の場面でもよい。

　実践者にとっては、稽古では「思いどおりには動かない身体」の故に、「思い」を変化させていくことになるか、または、「身体性」を変化させていくことになる。試合や演武では、その変化させたことの実効性が検証され、学習や指導では、その変化の可能性が追及されることになる。

　以上のような視点に立つことで、もっとも興味深いことは次のことである。

　剣道実践者（学習者・指導者を含む）にとっても、剣道研究者にとっても、その実践そのものが現象学的手法の研究となり、現象学的手法そのものが稽古となるという双方向性で剣道が見えてくる。

（松村司朗）

[文献]
1）松村司朗（1982）「剣道の身体二重性克服過程に関する研究」『武道学研究』第14巻第2号、35-36頁。
2）松村司朗（1980）「剣道実践についての現象学的状況―運動認識のひとつの視点をめぐって―」『宇都宮大学教育学部紀要』30-1、97-114頁。

剣道実践での思いの中身（身体二重性で見えてくるものの例）

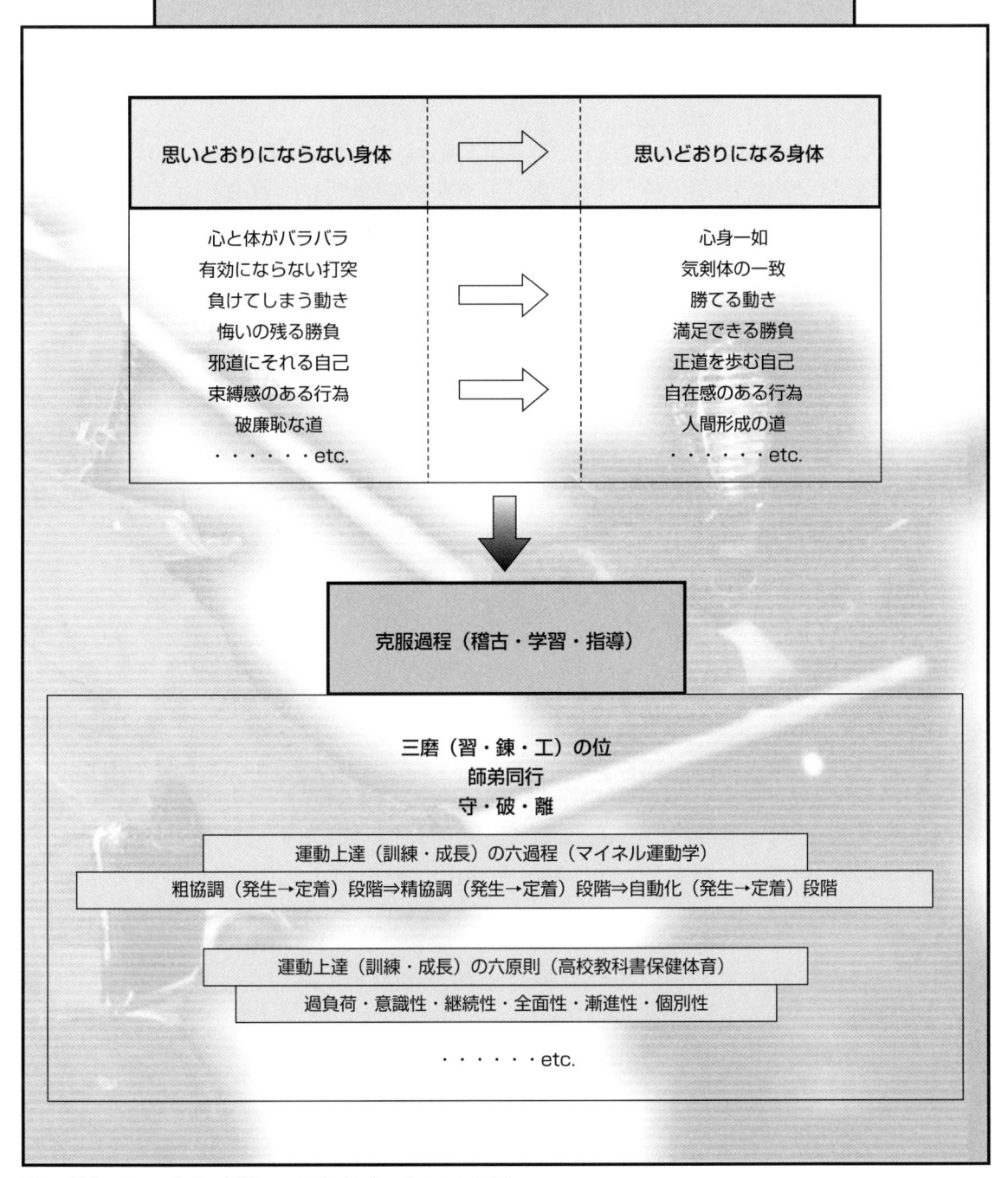

思いどおりにならない身体	思いどおりになる身体
心と体がバラバラ	心身一如
有効にならない打突	気剣体の一致
負けてしまう動き	勝てる動き
悔いの残る勝負	満足できる勝負
邪道にそれる自己	正道を歩む自己
束縛感のある行為	自在感のある行為
破廉恥な道	人間形成の道
・・・・・・etc.	・・・・・・etc.

克服過程（稽古・学習・指導）

三磨（習・錬・工）の位
師弟同行
守・破・離

運動上達（訓練・成長）の六過程（マイネル運動学）
粗協調（発生→定着）段階⇒精協調（発生→定着）段階⇒自動化（発生→定着）段階

運動上達（訓練・成長）の六原則（高校教科書保健体育）
過負荷・意識性・継続性・全面性・漸進性・個別性
・・・・・・etc.

図1　剣道による＜身体二重性＞の克服（見えてくるものの例）

2-7 剣道における「水月」について

　剣道では古来より心のあり方が重要視されている。例えば、敵と対したときの理想的な心のあり方として、高野佐三郎は、「心に思う所あればこれに拘はりて心も手足も自由の働きを失う。心を砥ぎ澄せる明鏡の如くし、撃つべき機會の起り来るや、電光石火の如く敵も知らず、己れも知らざる如く、撃つべしこれを明鏡の勝ちといふ。」[1]と無心に技を遂行することを説いている。また、三橋修三は、「明鏡止水は、いかなることにも心をとどめなければ、相手の心境及び動作などがことごとく鏡にうつるがごとくにわかるものであるが、この精神状態をいうのである。水の流れが止まることのないように心に何一つ止めることなく、無念無想の心境になれば相手の心境及び動作などはことごとく鏡にうつるように知ることができる。」[2]と相手の隙を見抜く冷静な状況判断を説いている。どちらも「明鏡止水」を説いているが、このような心のあり方は、近世武芸伝書に「水月」と表現されているものである。

1 — 唯心一刀流『一刀斎先生剣法書』における「水月」

【本文】
　移（左より右へうつる意也。）とは、月の水に移るがごとし。是を捧心（捧心とは、心の物に付くの意也。敵と我と立会に、過不足なく程よくすゝむ意なり。）の位と云。着くの事也。写とは、水の月を写すが如し。是を残心の位と云。離るの事也。理を以て是を示す時は、水月の伝授と云事にて、是を伝ふる時は、移写と云也[3]。

【現代語訳】
　移とは（左から右へ移動するという意味であるが）、これは月が水面に（その姿を）移動させるようなものである。これを捧心（捧心とは心が物につく意であり、敵との立ち合いにおいて過不足なく進む意である）の位という。（これは相手の心に）着いた状態である。写とは、水面が月を写すようなものである。これを残心の位という。（これは相手から）離れた状態である。道理でこれを示す際には、水月の伝授という比喩があり、（技術で）これを伝える際には、移・写というのである。

2 — 小野派一刀流『一刀流兵法仮字書』における「水月」

【本文】
　水月の事、水にうつる月也。其月影を亦汲器に明にうつす処也。月は汲つる水を亦汲といへども、影うつらずと云う事なし。自心体さはひで、見分けざるにより、汲つる水に月なきと見ゆる。是を狐気の心と云。心誠にて汲て見よ、汲つる水にも同月在。
歌に、
「敵をただ打と思ふな身をまもれ　しぜんにもるはしづがやの月」
或は賤といへども、己が菴漏ると思はねども、事不足してふく（＝葺く）故に、は一天にあれども、自然に影もる也。其如く、敵を討たんと思はねども、己が一身をよくまもりぬれば、悪き処を知ずして己と勝理也。手前の守る事を忘、敵を討たんと思ひ、心躰少々さはぎぬる時は負大ひなるべし[4]

【現代語訳】
　水月のこと、水に映る月のことである。その月は（水のはいった）汲器にも明らかに映るものである。月に映った水を捨て、亦水を汲んでも、月が映らないということはない。自己の心身が落ち着き無く、（物事の判断）が見分けることができないときは、汲んだ水に月が見えない。これを、狐気の心という。心を誠にして見れば、汲んだ水にも同じ月がある。

　「敵をただ打つことだけを考えずに、自分の身を守ることもせよ。それは、あばら屋に自然と月の光が漏れ入ってくるようなものである。」あるいは（たとえ自分の家が）あばら家だとはいっても、自分の家に光が漏れ入ってくる（ほどのボロ家）とは考えもしないが、技術不足で屋根を葺いているために、月は空にかかっていながら、そ

の光が自然と漏れ入ってくるのである。そのように、敵を攻撃しようと考えなくても、自分の身をしっかり守っていれば、悪い点がないために自分が勝利するという理屈になる。(これは、屋根をしっかりした技術で葺いたこと、つまり堅固な守りのあることで月の光が漏れ入ってこれない状態で、しっかり守るゆえに勝利するということ)自分の守りを忘れ、敵をただ攻撃しようとして、心も体もいささか浮き足立つ時は、ひどい敗北となることであろう。

　このように、唯心一刀流伝書『一刀斎先生剣法書』と一刀流伝書『兵法仮字書』に表現される「水月」は、運動時の理想的な心のあり方を説いている。唯心一刀流伝書『一刀斎先生剣法書』の「水月」は、水面に月の姿が写っている状態(文中の「写」の状態)を示しているが、これは無心に写すがゆえに相手(＝月)の存在にこだわらず、相手を意識しない状態(文中の「離るの事」)を表現したものである。つまり、修得した技で無心に相手を攻撃することを意味するものであり、前述の高野の示す心のあり方である。また、一刀流伝書『兵法仮字書』は、小さな隙も作らず、守りを固めることの重要性を説きながら、理想的な心なあり方を示している。これを笹森順造は『一刀流極意』の中で、「清く静かな心を養うと相手に少しでも隙があると、それが心の明鏡に写つて打てるようになる。これが水月の教である」5)と解説している。つまり、相手の隙を見抜く冷静な状況判断を意味するものであり、前述の三橋の示す心のあり方である。
　しかし、「水月」と表現されても、柳生新陰流では意味が大きく異なる。

3──柳生新陰流『兵法家伝書』における「水月」

【本文】
水月　付　其影の事
敵と我との間に、凡何尺あれば、敵の太刀我身にあたらぬと云つもりありて、その尺をへだてゝ兵法をつかふ。此尺のうちへ踏入、ぬすみこみ、敵に近付を、月の水に影をさすにたとへて、水月と云也。心に水月の場を、立あはぬ以前におもひまふけて立あふべし。尺のことは口伝すべし6)。

【現代語訳】
　敵と自分との間合いで、おおよそ何尺ほどあれば、敵の太刀が自分の身にあたらないという心づもりを持って、その距離をへだてて剣術をつかうのである。この距離のうちに踏み込み、盗み入り、敵に近づくことを、月が水面に姿を映すことに喩えて、水月というのである。心の中に水月の間合いを、相手と立ち会う前に想定しておいて、それから立ち会いにのぞむべきである。尺のことは口伝するように。

　このように、柳生新陰流伝書『兵法家伝書』の「水月」は、唯心一刀流や一刀流の伝書で示される「水月」と大きく異なる。「水月は、立合場の座取也。」7)とも示されるように、敵と自己との間合いを意味する。しかし、「心は水の中の月に似たり。…神妙剣の境地を水にたとえて、自己の心を月にたとえて、心を神妙剣の境地にうつすのである。心がうつれば、身が神妙剣の境地にうつるのである。」8)とも示され、水と月の比喩は、心のあり方とも解釈されている。

（竹田隆一）

[文献]
1) 高野佐三郎（1915）『剣道』島津書房、165-166頁。
2) 三橋秀三（1972）『剣道』大修館書店、249頁。
3) 今村嘉雄編（1982）『日本武道大系2』同朋舎、263頁：古藤田俊直「一刀斎先生剣法書」。
4) 今村嘉雄編（1982）『日本武道大系2』同朋舎、136-137頁。
5) 笹森順三（1986）『一刀流極意』体育とスポーツ出版社、450-451頁。
6) 今村嘉雄編（1982）『日本武道大系1』同朋舎、113-114頁：柳生但馬守宗矩「兵法家伝書」。
7) 今村嘉雄編（1982）『日本武道大系1』同朋舎、116頁：柳生但馬守宗矩「兵法家伝書」。
8) 今村嘉雄編（1982）『日本武道大系1』同朋舎、117頁：柳生但馬守宗矩「兵法家伝書」。

2–8 剣道における「事理一致」について

　剣道では、運動実践が人間形成という目的のための手段と捉られ、伝書において運動学習の内容が強調されているとは言い難い。しかし、古来から言われる「事理一致」は、運動学習における運動習熟を示したものであり、興味深い名辞である。そこで、本論では、近世武芸伝書に示される「事理一致」について、運動学習の視点から検討するものである。

1 ——「事理一致」は『不動智神妙録』に由来

　元来、「事理」は仏教用語であり、「事は個別的具体的な事象・現象、理は普遍的な絶対・平等の真理・理法」[1]と定義される。この「事理一致」の名辞が武芸伝書の中に著されたのは、沢庵の『不動智神妙録』が最初であろう。『不動智神妙録』の中で沢庵は「理を知りても事の自由に働かねばならず候。身に持つ太刀の取まはし能く候ても、理の極り候所の闇く候ては相成まじく候。事理の二つは車の輪の如くなるべく候」[2]と示し、「事理一致」を強調している。しかし、「事理一致」についての記述はこれだけに止まり、詳細に論じられていない。沢庵以後、多くの武芸伝書が著されるが、この沢庵の「事理一致」の発想を継承し、さらに論を展開しているのは、『一刀斎先生剣法書』であるといえよう。『一刀斎先生剣法書』は、現代剣道に大きな影響を与えた一刀流の伝書であり、近世の武芸界において一大流派をなした、一刀流流祖伊藤一刀斎の門人古藤田勘解由左衛門俊直を祖とする古藤田家の伝書で、寛文4 (1664) 年に成立したものである。

2 ——『一刀斎先生剣法書』の「事理一致」

【一刀斎先生剣法書】
夫れ当流剣術の要は事也。事を行ふは、理也。故に先づ事の修行を本として、強弱・軽重・進退の所作を、能く我が心躰に是を得て、而る後其事敵に因て転化する所の理を能く明らめ知るべし。たとへ事に功ありと云ども、理を明に知らずんば勝利を得がたし。又理を明に知りたりと云ども、事に習熟の功なきもの、何を以てか勝つ事を得んや。事と理とは、車の両輪・鳥の両翅のごとし。事は外にして、是形也。理は内にして、是心也。事理習熟の功を得るものは、是を心に得、是を手に応ずる也。其至に及んでは、事理一物にして内外の差別なし。事は即ち理也、理は即ち事也。事の外に理もなく、理を離れて事もなし[3]。

【現代訳】
　そもそも当流派の肝心な点は技にある。技をつかう（ために必要である）のは正しい道理である。そのため先ず第一に技の修得を基本として、強弱・軽重・進退などの動作を十分に自己の身体に会得して、そこではじめてその会得した技が敵に応じて変化するという道理を明確に理解すべきである。たとえ技に習熟していても、道理を明確に理解していなければ勝利を手に入れることは難しい。また、道理を明確に理解していたとしても、技に習熟していないものは、どうして勝つことができようか（到底できはしない）。技と道理とは、車の二つの車輪や鳥の二つの羽のような（不即不離の）ものである。技は外面的なものであって、これは形である。道理は内面的なものであって、これは心である。技と道理とに習熟することができた者は、これ（＝道理）を心に修得して、これ（＝技）を手に応用して（技に熟練して）いるのである。その（技に習熟する）極みに達した場合には、技と道理とは一つのものであって内面、外面の区別はなくなる。（この場合）技は、とりもなおさず道理であり、道理は、とりもなおさず技である。技以外のところに道理もなく、道理から離れたところに技もない。

3 ——「事」は「外」であり、「わざ」である

　元来、「事」は現象界の事象を意味するが、この伝書においては、運動課題の解決のために遂行され、可視的で有意味なひとまとまりの運動と著されている。つまり「わざ」ととらえられる。類

似概念に「技術」があるが、「技術」についてマイネルは、「特定の課題解決に現在のところ最も合目的的だと判断された、ある具体的な運動の仕方。…さらに、ある個人によって、実際に行われた運動経過それ自体は運動習熟といわれる。…個人的に実現されたあるすばらしい運動習熟が他の人に伝播され、そこに個人的特殊条件によって左右されない、一定の公共性をもった運動形態が認められたときに、はじめて運動技術が問題になる。」[4]と示している。すなわち「技術」は、伝播可能で、公共性をもつ、運動課題解決のための合目的的な運動の仕方であり、「事」は「技術」ではなく、習熟の位相をもち、練習対象となる目標運動である「わざ」といえる。

4 ── 「理」は「内」であり、「心」である

「理」は、「事」の道理であり、広義には大自然の中のすべての現象における普遍的な原理や法則といえる。しかし、運動学習の世界に限定すれば、狭義には、課題解決のための合目的的、経済的な運動の仕方と理解される「技術」の理論といえる。

この、「理」について、湯浅晃は、『武道伝書を読む』の中で、「原理や法則としての「わざの理」は客体的に認識しているだけでは不十分であり、行動主体としてのわざを自己に同化させてゆく過程で主体的に認識しなければならない。」[5]と示している。また、金子明友は、『わざの伝承』の中で、「才能に恵まれた人がたえざる工夫とたゆまざる修練を経て、私の運動感覚能力を動員して、カンをとらえ、コツをつかみ、ついにわざとして結晶化させているのだ。そこに、いわば個人的な私の所産として、私の運動のかたちが立ち現れる。」[6]と示している。つまり、「理」は、「事」の試行錯誤を繰り返しながら、個人の運動感覚を研ぎ澄まし、主体的に認識していくものであり、伝書の中で、「内」や「心」の問題と示されるものである。

5 ── 「事理一致」は「運動の自動化」の段階

「事理一致」、「事理一物」、「事理不偏」は、湯浅晃が、「わざの習熟の極みにおいて見いだされる世界は、そのときの状況にもっともふさわしい自己のあり方が、「〜であるべき」という意識さえ消え去り、その自己のあり方こそが「自然である」というように…」[7]と示すような状態を意味するものである。これは運動学習において、「運動の自動化」といわれる段階である。この段階は、「運動する者の注意はもう運動経過や手足の操作の個々に対しては向けられずに、今度は他の目標に、たとえば、運動の結果や球技ならその戦術に、競技する相手などに集中されるようになる。その注意は新しい課題に対して自由に開かれているのである。」[8]と示される運動学習における最終の習熟段階である。

『一刀斎先生剣法書』における剣術修行は、「事」の試行錯誤による「理」の体得の営みであり、最終的に「事理一致」することが目的となる。そして、運動学習に限定すれば、狭義に「事理一致」は、「運動の自動化」を意味するものと理解される。このように、現代のスポーツ運動学でいわれる「運動の自動化」が、近世の武芸伝書ですでに説かれていたのである。

(竹田隆一)

[文献]
1) 中村 元・福永光司、他編 (1989)『岩波 仏教辞典』岩波書店、455頁。
2) 今村嘉雄編 (1982)『日本武道大系9』同朋舎、64頁:沢庵宗彭「不動智神妙録」。
3) 今村嘉雄編 (1982)『日本武道大系2』同朋舎、261頁:「一刀斎先生剣法書」。
4) 金子明友・朝岡正雄 (1990)『運動学講義』大修館書店、257頁。
5) 湯浅 晃 (2001)『武道伝書を読む』、日本武道館、113頁。
6) 金子明友 (2002)『わざの伝承』明和出版、40頁。
7) 湯浅、前掲書5)。
8) クルト・マイネル/金子明友訳 (1981)『マイネル・スポーツ運動学』大修館書店、401-402頁。

2-9 剣道における「残心」について

　「残心」は、剣道でよく耳にする言葉であるが、有効な一本のためにとらなければならない姿勢で、打突後、相手に対して構えることという認識ではなかろうか。

　剣道の世界で使用される運動用語には、主観的な技法や心法を表現する語句が多く、さまざまな流派によって使用され、同じ語句であるが、意味が異なる語句が多い。「残心」もそのような用語の一つといえる。このような語句を明らかにすることは、文化論的にも、また、指導上も意義あるものと思われる。

1 ― 近世武芸伝書における「残心」のとらえ方

①柳生新陰流伝書『月之抄』の場合

勝たりとも打はづしたりとも、とりたりとも、ひくにも掛るにも、身にても、少も目付に油断なく心を残し置事、第一也[1]。

【現代語訳】

　勝っても、打ちはずしても、取っても、引いても、掛かっても、また身構えにおいても、少しも目付に油断なく心を残しておくこと、これが第一である。

②小野派一刀流伝書『一刀流兵法仮字書』と北辰一刀流伝書『北辰一刀流兵法初目録聞書』の場合

【小野派一刀流伝書『一刀流兵法仮字書』】

心を残と云は、唯きをひ過たる処なく、勝べき所にて左右なく勝事也。雖然（然りと雖も）一発不留と云時、勝所に及ては、一足も不留心（心を留めず）、不残（残さず）万心すてて一心不乱也。残心と教しは、只稽古の内、兵法たかぶり、りきみ出来、競過るに依て、残心と仕えり。其知を得て勝べき所には、必残心不可有（有るべからず）[2]。

【現代語訳】

　心を残すということは、ただ気負い過ぎたところなく、勝つべき点でためらうことなく勝つこと（をいうの）である。仮にそうだとすると、ひとたび起こして（余勢）を留めずということは、勝つべき点に至っては一足たりとも心を留めず、残さず、全ての心をすてて一心不乱になることである。これ（＝このすべてを捨てきった一心不乱の攻め）を残心と教えたのは、ただ稽古の折に兵法に高ぶりが出たり、りきみが出たり、競い合う気持ちが勝ちすぎたりすることが起こるために、（言葉上は）残心としたのである。知恵を働かせて勝つべきところには、残心ということはあり得ないのである。

【北辰一刀流伝書『北辰一刀流兵法初目録聞書』】

　同じく近世に著された北辰一刀流伝書『北辰一刀流兵法初目録聞書』では、残心について

此は打にも、突にも、払にも、心残なく十分に精神を入れてする中自然と残り心ありて、又生ずるものあるを云也。…一説に、打にも、突にも、充分心を入れてする事にて、残心ある事のなき様にと、戒められたると云ふは非なり[3]。

【現代語訳】

　これは打つにも、突くにも、払うにも、心を残さないで、充分に精神を入れておこなえば、自然に残り心があって、また（運動）が生ずるものであることを云うのである。…一説に打つにも、突くにも、払うにも、充分に心を入れることによって、残心がないようにと戒めることは間違いである。

③一刀流古藤田派『一刀斎先生剣法書』の場合

移（左より右へうつる意也。）とは、月の水に移るがごとし。是を捧心（捧心とは、心の物に付くの意也。敵と我立合に、過不及なく程よくすむ意なり。）の位と云。着くの事也。写とは、水の月を写すが如し。是を残心の位と云。離るの事也。理を以て是を示す時は、水月の伝授と云事にて、是を伝ふる時は、移写と云也[4]。

【現代語訳】

　移とは（左から右へ移動するという意味であるが）、これは月が水面に（その姿を）移動させるようなものである。これを捧心（捧心とは心が物

につく意であり、敵との立ち合いにおいて過不足なく進む意である）の位という。（これは相手の心に）着いた状態である。写とは、水面が月を写すようなものである。これを残心の位という。（これは相手から）離れた状態である。道理でこれを示す際には、水月の伝授という比喩があり、（技術で）これを伝える際には、移・写というのである。

　このように、近世武芸伝書に著される「残心」は、柳生新陰流伝書『月之抄』で示される打突運動後の身構え・心構えとしての「残心」、また、小野派一刀流伝書『一刀流兵法仮字書』と北辰一刀流伝書『北辰一刀流兵法初目録聞書』に示される打突時の心のあり方としての「残心」、さらに、一刀流古藤田派『一刀斎先生剣法書』に示される自己の心に相手の像を投影するという意味の「残心」ととらえられる。

2 ── 近代武道書における「残心」のとらえ方

　近代になると、打突運動後の身構え・心構えとしての「残心」が、斎村五郎・金子近次の『新制剣道教科書　全』（1931）や小川金之助の『改訂帝国剣道教本』（1936）で示される一方で、「残心」とは、打突運動後の身構え・心構えとしての「残心」と打突時の心のあり方としての「残心」の二つの意味であるとする解釈が示される。高野佐三郎は、『剣道』で、「残心といふは、敵を打ち得たる時も、安心して心を弛め後を顧みざるが如きことなく、尚敵に心を残して若し再び敵が業を施さんとするを見れば、直に之を制し得るをいふ。撃ちたる後も突きたる後も常に油断なき心を残すをいふなり。又心を残さず廃たり廃たりて撃つことをも残心といふ。」[5]と示している。このようなとらえ方は、富永堅吾の『剣道の理論と実際』（1925）、縄田忠雄の『剣道の理論と実際』（1937）、野間恒の『剣道読本』（1939）などの近代指導書にも著されている。そして、高野佐三郎は、「字義より見れば反対なるが如くなれども実は同一の事を指すなり。心を残さず撃てば心よく残る。全心の気力を傾け尽くして、少しも心を残さず撃込めば、能く再生の力を生ず。心を残さず撃ちて、撃ちたる太刀は其儘撃ち捨つれば、自然に敵に対

し油断無き心が残るなり。」[6]と示している。つまり、二つの「残心」は別個のものではなく、心を残さないで打てば、「再生の力」によって、自然に相手に対しての心が残ると解釈するものであり、茶碗に水をいれて、勢いよく水を捨てると水は残るという比喩で、児玉市蔵の『剣道の術理』（1912）や千葉長作の『国民剣道教範』（1915）にも示される解釈である。

　つまり、近代において「残心」は、打突運動後の身構え・心構えとしての「残心」と打突時の心のあり方としての「残心」を指すが、この二つの「残心」は別個のものではなく、互いに関連するものと解釈されている。

3 ──「残心」の正しい理解を

　「残心」は、各流派で独自に解釈され、古来から意味が統一して使用されてきたわけではない。多様な解釈がなされ現在に至ったものである。

　水面が月を写すと示される「残心」は、相手を自己の心に無心に写し、写しながら、相手とは心が離れ、相手を意識しない状態を表わしている。つまり、相手と対峙したときの心のあり方を示したものである。

　また、心を残さず打突することを意味する「残心」は、充実した打突運動形態を形成させるための指導言語ととらえられ、その結果として、打突後の身構え・心構えとしての「残心」が形成されるのである。さらに、この打突運動後の身構え・心構えとしての「残心」は、打突運動との組み合わせの運動であり、次の運動を遂行するために有効な運動であるといえる。

（竹田隆一）

［文献］
1）今村嘉雄編（1982）『日本武道大系1』同朋出版、166頁：柳生十兵衛三厳「月之抄」.
2）今村嘉雄編（1982）『日本武道大系2』同朋出版、137頁：「一刀流兵法仮字書」.
3）今村嘉雄編（1982）『日本武道大系2』同朋出版、309-310頁：「北辰一刀流兵法初目録聞書」.
4）今村嘉雄編（1982）『日本武道大系2』同朋出版、263頁：古藤田俊直「一刀斎先生剣法書」.
5）高野佐三郎（1915）『剣道』島津書房、192頁.
6）高野、前掲書5）.

2-10 武士の身体

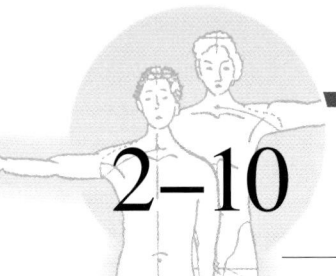

1 ── たたかいと武士の身体

　戦国乱世を生きぬいた武士は、「勝つ」ことをたたかいの第一義とし、自らの生命をも投げ出して悔いることのない精神性をもっていた。

　このことを千葉徳爾は『たたかいの原像』のなかで、「合戦の場合でも個人対個人としては全能力をあげて闘争することに変わりはない。したがって、相手が強弱いずれであろうとも、喧嘩としてのたたかいと同じく、自己の死と引きかえに相手に致命傷を与えようとする。少なくとも相討ちに終わらせようという望をもって、双方ともに必死に努力する点では、合戦も喧嘩も個人的には変わりがない。」と述べている[1]。

　元和偃武（げんなえんぶ）（1615年、大坂夏の陣を最後に戦乱がやんで平和になったこと）により、「死」は日常的なものから非日常化した。

　「死」の非日常化は、養老孟司が指摘するように、「江戸すなわち近世社会は、そこから身体を徹底的に排除した。なぜなら、身体とは人が持つ自然性であり、自然性の許容は、乱世を導くと考えられたからである」と。また、「この社会では、人間とはなんなのか。それは心である」という、人間は心であって身体ではないという唯心論に行きついた[2]。

　したがって、江戸時代の武の問題は「心」の問題としてこれ以降追求されていくことになる。

2 ── 活人剣の思想

　江戸時代も太平の世になるとともに、情念のおもむくままに生きる武士の生き方は、外に向かってのいくさを封印することにより、武術という一対一の小さな兵法（内に向かってのいくさ）に転換していった。

　これが、柳生宗矩によって行われた、殺人刀（せつにんとう）から活人剣（かつにんけん）への意識の転換であった。宗矩は『兵法家伝書』の中で、「一人の悪に依りて万人苦しむ事あり。しかるに、一人の悪をころして万人をいかす。是等誠に、人をころす刀は、人をいかすつるぎなるべきにや」と述べ[3]、内なる自己に向けた内省の剣への昇華を求めた。

　活人剣としての武術は、「型」化することにより技の伝承を可能にし、技を心の支配下におくことができるようになった。たたかいの場で身につけた身構えや技、あるいは心構えは、それぞれ身法・技法・心法として一体化され、それを会得する手段として各流派は独自の形を再編する動きが起こってくる。「型」はまた、流祖が自らの生命をも投げ出して体得したものを「かたち」として具現化したもので、身体は技に置き換えられ、技は心にしたがって動く事理の一致が求められるようになる。今日の剣道における「一本」の価値もそうした考え方から生まれてきたもので、そこには中途半端を否定した相討ちと「いさぎよさ」の精神が込められている。

　剣道において重要視される「刃筋」の問題は、本当に斬れるか斬られるかよりも、その一振りに自他の生死を自覚させる契機が含まれているから重要視するのであり、攻めるにも護るにも互いに全身全霊を捧げた一刀によって決めようとするから重要なのである。ここから理想とする技の完結性を意味する「一本」という発想が生まれ、人を活かす剣の思想とも通じるものがあるのである。このことを自覚しなければ、竹刀はあくまで道具でしかなく、ただ当てた当たったの技競べにしかすぎなくなってしまう。

　「一本」はまた、技の完結性という視点から見れば、「イチかゼロ」でしかなく、半分と半分を足してイチという発想は本来存在しない。したがって、ポイントを重ねることによる優劣判定とは相容れない価値観をもっているのである[4]。

3 ── 礼

　武士の身体技法に「礼法」が加わることにより、日常と非日常とを区別する身構えの所作事が生ま

れ、自己を見つめる内省の手段へとますます転化していった。こうして近世の武士のたたかいは、殺人刀から活人剣、さらには無刀へと至る新たな展開をしていくことになるのである。

そこでは気をコントロールする、あるいは心を練るということは求められても、身体を鍛えるという発想は生まれてこない。また、気を集中させる意識の中心には、臍下丹田が重要な意味を持ってくる[5]。

のちに、礼はまた「正坐」という基本姿勢を採り入れることにより、あらゆる運動の原点をその低い姿勢に据え、待つ姿勢や居ずまいを正す姿勢となっていった。さらに、「正坐」は相手と対峙する姿勢であるとともに、自分自身に対しても自らの生死を直視しうる基本姿勢となっていった。この姿勢は、剣道にとって結果的に最も安定した姿勢であったことから、相手の尊重や正々堂々とたたかう精神に結びつき、武道の基本姿勢に位置づけられていった。

こうした基本姿勢は、武道という運動構造の基礎をかたちづくり、その根幹をなすものであるから重要なのであり、個々の技や技術はその先に枝葉として開くものであることを自覚して指導することが求められよう。

（中村民雄）

[文献]
1) 千葉徳爾（1991）『たたかいの原像』平凡社、80頁。
2) 養老孟司（1997）『身体の文学史』新潮社、44頁。
3) 柳生宗矩著・渡辺一郎校注（1985）『兵法家伝書』岩波文庫、20頁。
4) 中村民雄（2003）「今、なぜ武道か―文化と伝統を問う―」『月刊武道』日本武道館、2003年1月より連載中。
5) ブルーノ・タウト／篠田英雄訳（1976）『建築芸術論』岩波書店。

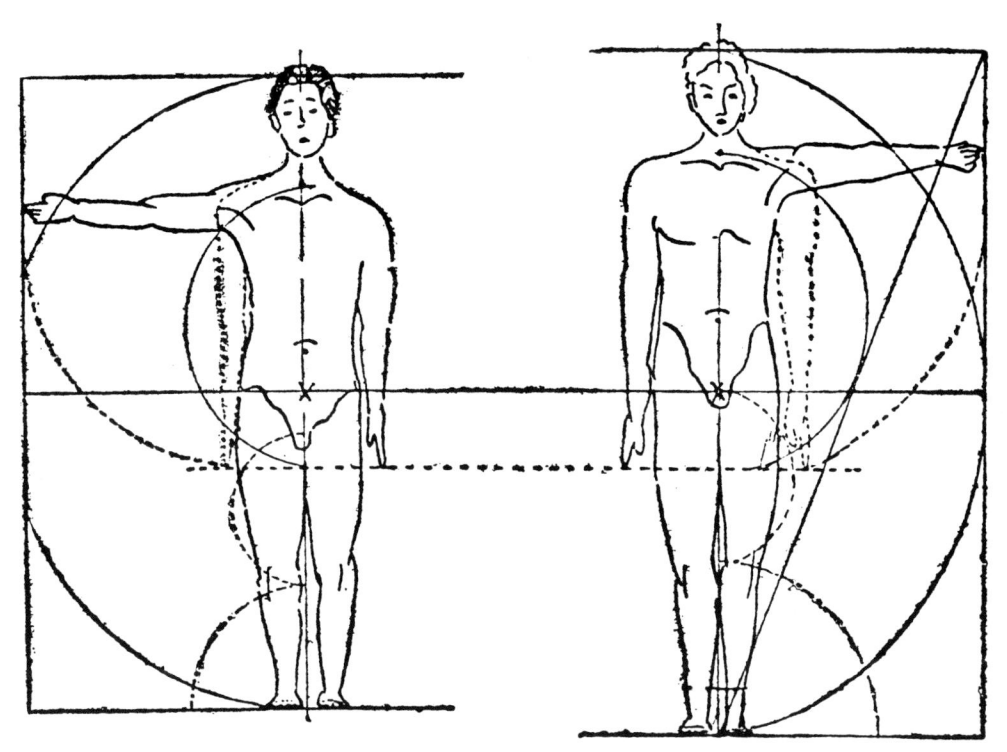

図1　日本人と欧米人との体格の比較（ブルーノ・タウト／篠田英雄訳（1948）『建築芸術論』岩波書店、1976年第11刷）

第 **3** 章　比較文化

3-1 騎士と騎士道

1 ── 騎士について

　封建制度という軍事組織を維持し、その中心となったのは騎士であった。英語のknightに相当するフランス語はchevalierであり、スペイン語ではcaballero、イタリア語ではcavalièreであるが、ノルマン・コンクェスト以前のイギリスには騎兵が存在しておらず、knightの語源である古英語のcniht (cnyht, cnite, knechtとも綴る) は、徒歩で戦う兵士であった[1]。cnihtは、最初若者の意味であったが、後に軍務に従事する家来（military servant）、さらに信頼できる従者（trusted servant）の意を経て、ノルマン・コンクェストの頃、最終的に「主君に身を委ね、その旗の下で戦う小土地所有階級」、騎士の意をもつに至る。

　征服王ウィリアムの息子ヘンリーがイギリス人を妻とし、ノルマン人とサクソン人の融和の中で、サクソン人のcnihtasが馬に乗ることを覚え、ノルマン人のchevalierがknightになったのである。

　余談ながら、日本の侍の語源について、曽根は「武士のことをいう"侍"は、"さぶらい"の転化したもので、主君のかたわらにあって、御用を伺うべく待機しているもの」の意で、「元々その本領とするところは、奉仕＝サービス (service) であり、身分的にはサーバントであった。そして、たまたま戦乱の世にあっては、武力によるサービスが高く評価されたことから、勢い"武士"＝"サムライ"の総称の位置を占めたのであろう[2]」と述べており、洋の東西を問わず、武士、騎士がともに"military servant"の意味を持っていたことは興味深い。

2 ── 騎士道の定義とその内容

　「騎士道」という言葉はchivalry（英）、chevalerie（仏）、cavalleria（伊）などの訳語である。これを制度として捉えるか「理想化した倫理概念」と捉えるかによって、その意味は大きく変わってくる。制度とみなす側にはH.O.テイラーらが、逆にこれを単なる制度ではなく、封建制度を作り変え、完成へと導いた理想と考える立場にあるのは、L.ゴーティエ、J.A.シモンズ、ラクロワらである。

　英語のchivarlyの語源は、ラテン語のcaballariusであり、中世英語にはイタリア語を経由して入ってきたので、本来の歴史的発音は [tʃivalri]が正しい。これが一般に[ʃi valri]と発音されるのは、現代フランス語のchevalerieが英語化されたと誤解されたためである。

　言葉としてchivalry、あるいはchevalerieの意味は、Old English DictionaryおよびGrand Larousse Encyclopéiqueを一読していただくこととして、騎士道とは「高邁な廉恥心、危険や死の蔑視、冒険心、弱者や被圧制者への同情、寛容、自己犠牲、愛他主義などの諸要素の複合物」[3]であるとミルマンは定義している。しかし、これも結局は、騎士道の理念の部分の説明でしかない。

　理念および制度の両面の存在を認め、騎士道に二つの定義づけをしているのは、クランシャンである。すなわち、「騎士道はキリスト教の仁愛と戦士の力というまったく相容れない理念から生まれ、しかもそれらを結び付けようとしたものである」という理念としての騎士道が一つであり、他方、「騎士道は、キリスト教徒戦士同士の友愛であり、同輩の一人によってそこに招かれ、認められれば、騎士として万人に認められる」[4]という

写真1　ノルマンコンクェスト
(Le Moyen Age, Histoire 4e, A.Bossuat / J.Dedvisse, Collection d'Histore Hatier p.39, 1963)

制度としての定義である。

　制度としては「水平軸に並んだ平等な存在」であるにもかかわらず、騎士道は、封建制度との関係で理念の上では、支配と庇護、忠誠と保護というたて系列の関係に縛られ、さらに宗教界、婦人、詩人などからの積極的な働きかけの影響の下で形成されていくのである。

　騎士道を形成した要素は、
1) 戦争：勇気、体力、戦闘能力、気前よさ、忠誠心、思いやり
2) 宗教：キリスト教および教会の守護者としての献身、自己犠牲、信仰心
3) 女性への丁寧な態度や愛：礼儀、親切、優雅な物腰

の三者であり、これらの要素が交錯しあって、騎士の時代といわれる中世の戦士の倫理を形成したのである。

　最後に、騎士道精神の存続について、レゲットは、「騎士道は、紳士の理想像を形成する一大要素であった。しかし、そのような理想像が貴族以外のものにまで普及したのは、騎士という名の職業戦士階級が死に絶えた後になってからであるということは、銘記されなければならない。」[5]とだけ述べている。これに対して、クランシャンは、騎士道精神を部分的であっても、より正しい形で再び見出すことができるのは、スポーツとボーイスカウトという二つの運動の中であるとし、「スポーツマンは試合において、騎士のように、欲得をはなれ（アマチュア精神）、公正でなければならなかった。スポーツというこの戦争の代用品が、かつての騎士のいろいろな美点が実際に発揮できる場を提供するのは確かだが、その美点は副次的なものにすぎず、明らかに肝心なもの、信仰心がそこには欠けている。」[6]と述べている。

　しかし、騎士道の歴史的価値を論じるとき、クランシャンの説明では、騎士道を研究してきたものの一人として、正直のところあまりにも空しいので、騎士道を教育との関係の中で捉えたF.J.C.ハーンショウの論文の一部を載せておくことにする。

　「騎士道という制度に関していえば、教育という言葉は、大変重要である。なぜならば、騎士道が、人生の完全な生き方であり、人格を形成し、ゆりかごから墓場まで、その人の運命を決定するという事実の中に、騎士道の効力と恒久的重要性が存在しているからである。訓練の形態として、名誉の作法として、よい形の標準として、礼法の学舎として、熱狂的ではないが儀礼を重んじた忠誠の基準として、これらすべての点で、騎士道は後期中世のみならず、その後のすべての時代にわたり、西洋文明に長期的影響を与えた。特に、イギリスにおいては、偉大なパブリックスクールの伝統として、不朽のものとなっている一種の気風を植えつけた。非永続的偶発性から解放され、不条理や不順さを取り除かれ、騎士道という教育システムは、12世紀の貴族の城や騎士の館の中で確立し、発展してきたが、それこそまさに、ウィンチェスター、イートンそして、その後のパイオニアとなった多くのパブリックスクールのカリキュラムの中に受け継がれ、その中で成長したシステムそのものである。パブリックスクールは、キリスト教的騎士道が教えてきた名誉、スポーツ、武術の訓練、社交、礼儀と慣用、尊敬と奉仕の騎士的訓練に、修道院学校の古典学識を接木したに過ぎない。」[7]

（塩入宏行）

［文献］
1) F. J. C. Hernshaw, (Ed. Edgar Prestage) (1928) *Chivalry*, Alfred A. Knopf, pp.3-4.
2) Kimio Sone (2003) 『*SAMURAI—a man of backborn and spirit.*—』新風社、18頁。
3) Milman H.H., *Latin Christianity*, Vol.Ⅳ, 204.（F.J.C. Hernshaw, p.3による。）
4) P.P.クランシャン／川村・新倉訳（1963）『騎士道』白水社、11頁。
5) Trever Pryce Leggett（1973）『紳士道と武士道』サイマル出版会、111頁。
6) P.P.クランシャン、前掲書4)、119-120頁。
7) F. J. C. Hernshaw, ibid., pp.21-22.

3-2 ヨーロッパの剣術

　両手で剣を保持し、相手と正対する形で戦い、防御よりも一刀両断的技術を大切にしてきた日本の剣道と比較して、常に半身の姿勢を保つヨーロッパの剣術は、特に、その歴史を知らない多くの日本人から、しばしば防御的であるとか、小手先だけの技術ばかりを追求しているのではないかとの偏見をもって見られてきたようである。現在のフェンシング競技においては、軽妙な斬突（touche）によって勝負が決まることは事実であるし、決闘においては命のやり取りをする代わりに、最初に血を流した者（au premier sang）を負けとして名誉を守る習慣があったこともその一因と考えられる。

　ヨーロッパの剣術は"science of defence"と呼び習わされてきた。英語の"fencing"の語源が、「防御」または「守る」という意味の"defence"の頭音消失形に由来し、古フランク語で同じく「防御」を表わす"skirmjan"が、"escremie"または"eskermie"を経てフランス語の"escrime"となったものである[1),2)]ことを考えれば、フェンシングと防御の概念が、語源的に直結していることは否定できない事実である。

　しかし、教会や国王によるたびたびの禁令にもかかわらず、命をかけた決闘が頻繁に行われ、例えば、1588から1608の20年間に、剣を用いた決闘による死者の数が、フランスだけで1万人近くもあったこと[3),4)]や、殺し合いにこそ至らなかったものの真剣を用いた決闘が、歴史的視野から見れば、ごく最近とも言える第二次世界大戦後の1958年[5)]、1967年[6)]に行われていることから、フェンシングの技術が長い年月をかけ、文字通り"命をかけて"、"真剣に"修練されてきたことが推察される。

　ヨーロッパの剣術史の金字塔とされる名著『剣術流派と師範たち』（Schools and Masters of Fence）を残したカースルは、「逆説的に思われるかもしれないが、剣術の発達は、火器の発明の結果であり、したがって、剣術史は15世紀より前まで遡る必要はない」[7)]と断言している。

　古いギリシャ、ローマの剣術理念では、とても中世を生き抜くことはできなかった。また、中世の戦いは、ほとんどの場合戸外で行われ、騎士は鋼鉄鎧を着用するのが一般的だったため、剣は攻撃専用とみなされ、防御は鎧兜に頼り切ることになった。決闘や馬上での戦いの場では、脇に抱えた重く、長い槍を操作して相手を突く技術や、鎧兜の上から長大な剣で相手を強打できる腕力が勝敗を分けた。

　火器の発達は、防御を重い甲冑に頼る戦闘から、身軽な軽装備の戦闘への転換をもたらし、剣の軽量化を導き出した。剣の軽量化は、それまで防御をもっぱら鋼鉄製の頑丈な鎧あるいは盾に頼っていた戦い方から、相手の攻撃を自分の剣で受け流す防御（英parry、仏parade）と突き返し（riposte）を可能にし、剣技の画期的な変革、剣術の体系化

写真1　フルーレを使っての練習風景
(Lacaze, Pierre: En Garde, du duel à l'escrime, Depot legal, Imprimerie Kapp Lahure Jambart à Evereus, 1911)

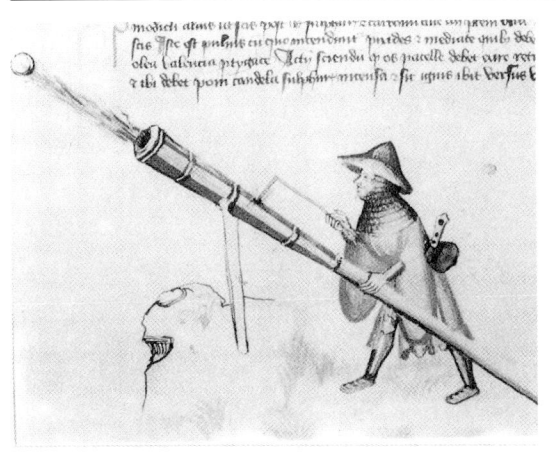

写真2　15世紀初頭、ドイツの火器
(German Medieval Armies, 1300-1500. Christopher Gravett, p.19, Konrad Kyeser MS)

をもたらした。さらに、全身を守る鎧が使われなくなると、刃の部分で"切る"技術よりも切っ先で"突く"ことの有利さが際立つようになり、突きの習練から、本来の剣術が発生する。この結果、古い流派は廃れ、より貴族的なレイピア(rapier)での練習が主流になる。レイピアは、バランスがすばらしく、攻撃には適しているが、重いので、防御は籠手や巻きつけたマントに護られた左手、あるいは同じく左手に持った短剣で払い除ける、体をかわす、身を沈めるなどの形がとられた。各国に多くの剣客が出現し、剣術の研究が行われるようになるのも、16世紀以降のこととされる。奇しくも、この時期は、日本における剣術流派発生の時期（戦国時代中期）と一致する。

　ヨーロッパにおいて、いち早く剣術を体系化し、支柱的存在になったのはイタリアであり、イタリア式剣術は、フランス、イギリス、ドイツ、北欧の国々の剣術の基礎となった。いっぽう、イタリア剣術花盛りの中で、独特の剣風で、異彩を放っていたスペイン剣術も注目に値する存在であった。

　近代フェンシングは16世紀のイタリア、スペインに端を発し、武具の改良や用具の改革、それに伴う技術革新などの試行錯誤の後、ようやく現在の形に落ち着くのであるが、フェンシング発達史のなぞを解く鍵は16世紀にあると言えそうである。

　17世紀後半に、短く軽い剣がルイ14世の宮廷で使われ一世を風靡する。この短い剣は最初、馬鹿にされていたが、間もなく攻防に理想的な武器であることが判明する。すなわち、剣を操作するのはすべて片方の手だけ、攻撃は剣先で突く、防御は刀身で受けるという本来のフランス式剣術が完全にイタリア式剣術にとって代わることになるのである[8]。また、17世紀中ごろにフランスで開発された練習用の剣（**写真1**）フルーレ（fleuret）は、練習中の怪我や事故を減らし、フランス剣術の普及に弾みをつけた。

（塩入宏行）

［文献］
1) Lacaze, Pierre (1991) En Garde, du duel à l'escrime, Depot legal ; Imprimerie Kapp Lahure Jambart, à Evereux, p.11.
2) 伊吹武彦、他編（1991）『仏和大辞典』白水社、981頁。
3) Lacaze, ibid., p.37.
4) Mandell, D. Richard (1984) Sport, a Cultural History, Columbia Univ. Press, p.116.（Fontenay-Marevilの記録により、1601年から1609年にかけてフランスでは2,000名の貴族が決闘で死亡したとある。）
5) Lacaze, ibid., p.114.
6) Billaçis, Françis, Edited and translated by Trista Sejous (1990) The Duel, Its Rise and Fall in Early Modern France, Yale Univ. Press New Haven & London, p.203.
7) Castle Egerton (1885) The Schools and Masters of Fence, From the Middle Ages to the 18th Century, 5.
8) Encyclopaedia Britannica, Vol.IV, p.723.

3–3　イタリアの剣術

　最初に発行されたイタリアの剣術書は、マンチオ（Pietro Mancio）の『剣術論』（Opera di Scherma, 1509）とされるが、18世紀のイタリア人の著作に引用されているだけで、現物は確認されていない。したがって、現存する最古の剣術書は、マンチオリーノ（Antonio Manciolino）の『新剣術書』（Opera Nova, 1531）であるが、専門書としては、5年後にヴェニスで出版され、版を重ねたマロッツォ（Achille Marozzo）の『新編剣術書』（Opera nova dell'Arte delle armi, 1536）のほうが高い評価を得ている。マロッツォは11の基本の構えを示した。それらは現在のフェンシングの構えのように一定のラインを閉じる防御を考えたものではなく、剣を持った姿勢を次々と変えながら、相手の反応を見極め、その隙を攻撃するための準備動作的意味を持っていた[1]。彼は、斬撃主体の攻撃を指導し、刺突による攻撃はほとんど無視している。

　剣術家であると同時に、建築家、数学者、技師であったアグリッパ（Camillo Agrippa）は、現在でも剣術用語として使われている第1、第2、第3、第4の構えの記述を残し、その著『剣術論』（Trattato di scientia d'arme, 1553）の挿絵の多くは、彼の友人であったミケランジェロのものとされている。アグリッパは、剣先（突き）を刃（斬撃）と同じくらい重要なものと考えた。マロッツォ時代の盾（target, buckler）に代り、左手に短剣が保持されるようになったことが確認される。

　1570年にヴェニスで、後に英仏独の剣術の指針ともなった『確実な武器操作の理合』（Ragioni di adoprar sicurament l'arme）を出版したグラッシ（Giacomo di Grassi）は、自分の剣で相手の剣を払い除けるパラード（parade）を決定的な動きと定義したこと、自分の剣で相手の剣に触れること（sentiment de fer; tocchi de spada）が、その意図を感知する手がかりになること、剣術におけるラインの概念を最初に導入した[2]ことなど、ラブレー（F. Rabelais）の説いた"昔の剣術"の完成者としての評価を得ている[3]。

　ヴィッジァーニ（Angelo Viggiani）は1575年に出版された『剣術書』（Lo Schermo）において、斬撃に対する刺突の有利さを主張し、剣先の使える様々な構えを細かく分析している。ヴィッジァーニが指導した、"常に右足を前に、左肩を引いた半身の構え"は、攻撃にさらされる面を少なくし、左手に持っていた防御用の短剣を無用のものとする流れを生んだ。しかし、彼の最も重要な剣術への貢献は、アグリッパが話題にしていた「肩から突く」という考えを発展させて考案した"ランジの原型"—彼はこれを"突き下ろし"（punta sopramano）と呼んだ—を発明したことであろう。ヴィッジァーニの業績を非常に高く評価するワイズは、「剣を持った右腕を相手の胸めがけて完全に伸ばし、右足を進め、同時に左腕を後方に伸ばすことにより、この動作に対して逆のバランスを

写真1　マロッツォ著『新編剣術書』の表紙（筆者所蔵）

とりながら、攻撃するもので、18世紀におけるランジの動きさえ、これを超えて発展することはなかった」[4]とヴィジャーニが既にランジを完成したかのような表現をしている。

これに対して、カースルは、「剣術師範としての名声を考えると残念なことであるが、ヴィジャーニはすべての攻撃に彼の有名な原則を当てはめるだけの勇気を持たず、その結果、現代的流派の創設者となる代わりに、マロッツォの後継者の1人にとどまることになり、ランジの有利さを初めて明確に説明し、ほとんどの攻撃にこれを応用した剣術師範としての名誉はジガンティ（Nicoletto Giganti）に与えられた。」[5]とし、「カーポ・フェッロ（Capo Ferro）もランジのメカニズムを詳しく説明したことは事実であるが、時間的優先権はあくまでもジガンティにあることは明らかである」[6]とランジ論争を締め括っている。

16世紀の剣術理論と実践の最高の部分を結晶させ、同時に新しい剣術理念を構築した[7]として高い評価を得ているのはファブリス（Salvatore Fabris）である。彼はアグリッパ、ヴィジャーニ、グラッシから直接指導を受けただけでなく、マロッツォ自身からも教えを受けていると考えてよい[8]。事実、ファブリスが剣術指導を始めた時期は、晩年のマロッツォがボローニャで指導中、アグリッパはヴェニスで存命、ヴィジャーニもグラッシも健在であった。フランス、スペイン、ドイツを歴訪したファブリスは、サン・ディディエ、カランサ、マイヤーらの実践を学んでいる[9]。最終的にファブリスは剣術愛好家のクリスティアン4世によってデンマークに招かれ、王侯同様の地位を与えられ、『剣術概論』（De lo Schermo overo Scienza d'Arms, 1606）を出版する。2巻からなる同書の第1巻では、レイピアのみ、レイピアと短剣、あるいはレイピアとマントを持った状態での最もアカデミックな構えを取り上げ、過去と現在の方法論に批評が加えられている。第2巻では、隙のない動き、すなわち、「剣が鞘を離れた瞬間から、止まったり待ったりすることなく、相手に攻撃できる法則」が論及されている。ファブリスによって、従来、攻撃動作の起点としか考えられなかった構えの概念が変わり始める。すなわち、構え自体が防御に繋がることを暗示したのである。ファブリスの功績について、カースルは「ジガンティやカーポフェッロらによって行われていたランジを、もし、ファブリスが弟子たちに教えていたならば、彼の方法はレイピアに関して工夫された最も完成度の高いシステムとして、完璧だったろう。」[10]と述べている。彼のシステムは、彼の時代の最も実践的な原則をすべて含み、17世紀の剣術に起こる洗練、簡素化のすべてを示唆し、一般的なものから、特殊なものへと進む合理的なものであった[11]。

（塩入宏行）

［文献］
1) Castle, ibid., pp.43-44.
2) Arthur Wise (1971) *The History and Art of Personal Combat*, Hugh Everyn Limited, p.47.
3) Castle, ibid., p.52.
4) Wise, ibid., p.44.
5) Castle, ibid., p.62.
6) Lacaze, ibid., pp.94-95.
7) Wise, ibid., p.66.
8) Wise, ibid., p.66.
9) Pierre Lacaze, Histoire de l'Escrime, Maîtres et Traité ; Institut National des Sports ; Supérieure d'Escrime, Cours de maître, p.15（未出版）.
10) Castle, ibid., p.102.
11) Castle, ibid., p.97.

3-4 スペインの剣術

　新しいイタリア剣術の概念の影響が最も少なかったのがスペインであった。その理由は明らかではないが、ヨーロッパの他の国々との交流が難しい半島という地理的条件、および、誇り高いスペイン人の気質が、他国の剣術を受け入れにくくしたのであろう。スペインでは、独特の剣風が育ち、決闘者としてスペイン人の評価がかなり高かったことは、ワイズやカースルの記述からも明らかである。次のカースルの言葉からも読み取れるように、スペイン剣術は複雑、難解で覚えにくく、マスターするには、長い時間と労苦を必要とした。

　「系統的剣術誕生の地とされるスペインにおいて、より実践的な剣の操法についての進展はほとんど見られなかった。イタリア人と、彼らに習ったフランス、ドイツ、イギリス人らは、単純化が完成への道であることを次第に理解していったのに対し、スペイン人は剣術をますます神秘的な技術に仕上げようとしたようである。」[1]

　剣術を技術と捉えたイタリア人と異なり、スペイン人は剣術を儀式と捉え、死を賭して剣を振るうとき、生命の神秘や、不変、無形の宇宙の法則との関係が生じると考えた[2]。

　このスペイン剣術の礎を築き、教習形態を確固たるものにしたのが「スペイン剣術の創始者」、「スペイン剣術の父」と称されたカランサ（Jeronimo de Carranza）とその弟子ナルバエス（Don Luis Pacheco de Narvaez）であった。カランサは『剣術の理論』（De la Filosofia de las Armas, 1569）の中で、身体的に劣るものも完全な理論を身につけることにより、勝利することができると述べている[3]。ナルバエスはカランサを「剣術の発明者」（primer inventador de la ciencia）と称し、以後カランサの理論はスペイン剣術の代名詞となる。その原理を細部に至るまで再現し、具現化したのがナルバエスの『剣の偉大さ』（Libro de las Grandezas de la Espada, 1600）で、同書はカランサの論文に示された多くの秘技に解説を加えたもので、ナルバエス自身、「この本があれば、誰でも師匠を必要とすることなく剣術の独習が可能である」[4]と自負している。

　一見した限りでは、そのような人為的原則に基づいて教えられる剣術が、実際に役に立ったのか信じがたいかもしれないが、事実16、17世紀全般を通じて、スペイン人は「決闘の相手として非常に危険である」との名声をほしいままにした。系統立った剣術観によって培われる冷静さを失わない習慣、それらの原則から始まる基本の"巧みさ"（destreza）を身につけるための豊富な練習量が、スペイン人がこのような名声をもたらしたものと考えられる[5][6]。

　さらに、後述のイギリス人剣術師範シルヴァーは、「スペイン以外の国の人々がレイピアで戦うときは、一生かかっても完全にマスターすることの難しい数多くの複雑な技術を頼りにしているのに、スペイン人が戦うときは、身の安全を守り、敵を危険にさらすという二つの目的のために、たった一つの構えと二つの受け方に集中して練習するのでこれをマスターできる」[7]と、レイピアを手にしたスペイン人の強さを説明している。

　スペイン式剣術が実際にはどのようなものであったかを伝えるフランス人剣術家ティボー（Girard Thibault）の言葉を紹介しておこう。

　背筋をまっすぐに伸ばし、足幅を狭く、半身となり、ダンスをするときの要領で、足の動きを止めない。敵の顔または体に向けてまっすぐに腕を伸ばし、勇気を持って立つ。あの種の戦い（決闘のこと）をやり遂げられるのは、この方法以外にない。このように腕と剣をまっすぐに伸ばして構えられたら、いかなる敵といえども、これを傷つけることはできない。なぜなら、彼のレイピアの柄が体から遠くに保持されているので、いかなる斬突も、剣を少し動かすだけで、完全にこれを避けることができるからである。なお、それに加えて、こちらの剣先は相手を攻めている。このようにして、スペイン式の戦い方が完成するのである[8]。

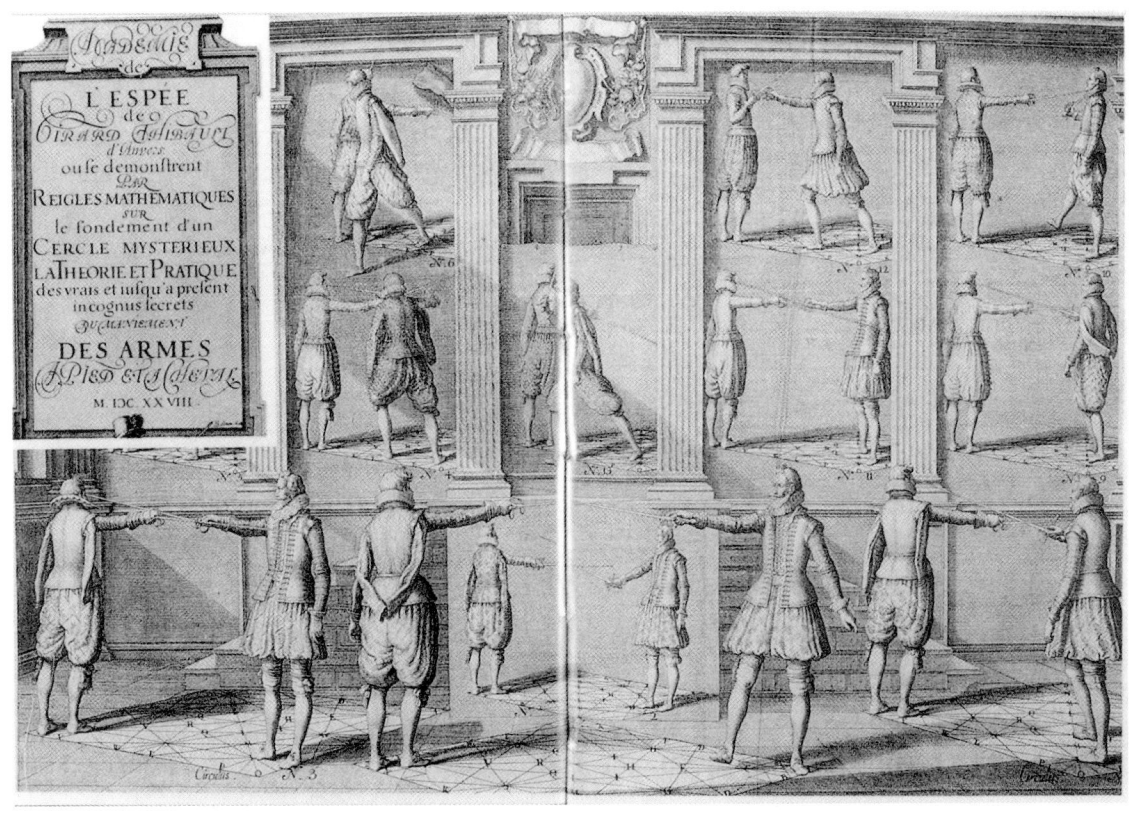

写真1　ティボーの著作とスペイン式剣術の構え（Lacaze, ibid., pp.86-87）

　彼の著作『剣術学』（Academie de l'Espée, 1628）に見られる多くの挿絵と、ファブリス、カッポフェロらの挿絵を比較しただけでも、スペイン式の剣術とイタリアのそれがまったく別物であることがわかる。ティボーの挿絵の背景にある贅沢な建築物は、スペイン人剣術師範たちが剣技を儀式的に捉えていたことの反映であり、この考えは今でも闘牛の中に残されているという[9]。

　ルイ12世の宮廷人たちに剣術を教授し、サンディディエ以来最初のフランス語の剣術書を出版したティボーは、本来ならば、フランス剣術のところで取り上げるべきかもしれない。しかし、既にカッポフェロらイタリア人によってランジを使った直線的な動きが確立した時期に、ティボーが、相変わらず相手の周囲をまわりながら、攻撃するスペイン剣術を主張し、上体を完全に直立させ、両膝を伸ばし、足幅は2、3フィートと狭く、剣と腕は肩から相手の顔に向けて一直線に伸ばす構えを教えていたことを考慮すれば、やはり、スペイン剣術の範疇に置くべきであると判断した。

（塩入宏行）

［文献］
1) Castle, ibid., p.68.
＊ワイズは、スペイン独特の剣術スタイルが、他の国々の影響をほとんど受けずに、16世紀後半から18世紀まで継承されたと記している（Wise, ibid., p.48）。
2) Wise, ibid., p.51.
3) Castle, ibid., p.68.
4) Castle, ibid., p.69.
5) Castle, ibid., p.71.
6) Wise, ibid., p.53.
＊スペイン剣術の美点として、ワイズは戦いにおける3つのC、すなわち、calm, calculation and coolness in combat（戦いにおける沈着さ、読み、冷静さ）が大切にされたことを指摘している。
7) Castle, ibid., p.93.
8) Castle, ibid., pp.92-93.
9) Wise, ibid., pp.112-114.

3-5　ドイツの剣術

　ほとんど、いずれの時代においても、レイピアやスモールソード（small sword）に関する限り、ドイツの文献はフランスおよびイタリアの書物の翻訳か模倣にすぎないといわれるが、ドイツの国民的武器だけを扱ったレープコマー（Lebkommer）は、独創性をもち、ドイツ以外の国にも影響を与えた。彼の初期の著作を発展させたのがマイヤー（Joachim Meyer）である。彼がストラスブルグで出版した有名な著作『剣術の基礎』（Glundliche Beschreibung, 1570）には、イタリアのグラッシやヴィッジァーニの著作を真似て完成したレイピア剣術システムに加えて、ドイツの民衆的武器である段平（Düsack）、諸手用剣（Zwei-händer）、鉾槍（Helleparten）、から竿（Pflegel）の操法が説明

写真1　レイピアと短剣を手にした構え（マイヤー著、『剣術』の挿絵）（Howard L. Blackmore, Arms and armour, p.101, Dutton vista Pictureback）

されている。段平は、斬撃専用の武器で、これを持って戦うときには、他の何よりも全身の敏捷性を必要とした。相手の攻撃に対しては、これを受け止めることをせずに、体をかわして避け、カウンター攻撃で対抗するのが普通だった。また、諸手用剣は、剣というより長柄の武器（staff weapon）といったほうがよいもので、バランスがよく、右手を十字形鍔のすぐ上に添え、左手で柄頭を持つと、刃部をかなりの速さで振ることができ、威力を発揮した。剣を短く使うためには、左手を柄から放し、刃のついていない刀身の鍔より先を持ち、銃剣のように使って突くことができた[1)2)]。

　マイヤーの著書は、その内容だけでなく、挿絵（71枚の木版画）の美しさも高く評価されている。ジェリはマイヤーの著作を評して、「この本は、ドイツ人による剣術書の中で最も傑出したもので、マイヤーが独自に考えた新しい技術体系を確立したばかりでなく、当時ドイツで使われていたさまざまな剣術の有益な情報を与えてくれる点で、特に興味深い。」[3)]と述べている。

（塩入宏行）

[文献]
1) Castle, ibid., p.74.
2) Wise, ibid., p.45, pp.53-54.
3) Gelli, Jacdob, Bibliografia Generale della Scherma con Note Critiche Biografiche e Storiche, pp.267-268, Firenze Tipografia Editrice di L. Nicolai 1890.

3-6　イギリスの剣術

　1285年ロンドンでエドワードⅠ世が出した剣術禁止令が解けるのは、ヘンリー8世が剣術教授を許可する特許状を出す1540年より少し前のことである[1)]。

　グラッシの著作の翻訳を除けば、16世紀イギリスのレイピア剣術に関する唯一の著作はサヴィオロ（Vincentio Saviolo）の『稽古法』（His Practise, 1595）である。彼の剣術は、イタリア、

スペイン剣術の折衷で、独創的とはいえないが、彼の体系化された剣技は、紳士階級の求めと合致し、大衆の中でも好意的に受け入れられた。サヴィオロは斬撃を数多く論じているが、この種の戦い方をイギリス人が好んだため、それに合わせて教えただけで、彼自身は、突きの優位を信じていた。「名誉と命をかけた戦いで、斬撃を主体とする攻撃は自分の命を危険に晒すので、勧められない。剣先を使えば、切るより時間的に早い。」[2] 彼の時代の防御には、左手の介在が絶対に必要であった。突きが流行するにつれ、従前の小さな丸盾に代わって、上品に突きを左右に受け流し、敵の剣から身を守る短剣が好まれるようになった。

体系的なレイピアの技術は、洗練された教育のある階級の剣士を喜ばせはしたが、『剣術のパラドックス』(Paradox of Defence, 1599) の著者シルヴァー (George Silver) のように、古きよき伝統の武器を大切にし、外国人剣術師範に反発する動きもあった。彼は、刺突だけに依存するのは誤りで、突きと斬撃の両者に立脚して初めて完璧な戦いができると言ってはいるが、次のコメントはシルヴァーの斬撃重視の姿勢を明示している。「さまざまな方向から、切りつけることはできるが、突きにはそれができない。斬撃をは撥ねの退けるには大人の力が必要だが、突きは子どもの力で受け流せる。手、腕、脚を切られれば、不具になって直ることはないが、同じ場所を突かれても回復が可能である。」[3] しかし、実際に17世紀以後まで個人の決闘用武器として生き残ったのはレイピアであり、突きを主体とした剣術であった。

17世紀初頭のイギリスの剣術を語るときに忘れてはならないのは、皇太子ヘンリーお抱えの剣術師範を務めたスウェットナム (Joseph Swetnam) の存在である。当時のイギリスには剣と盾による戦法を墨守する古いタイプの人間がまだ存在したことは事実であるが、時流はやはりレイピアと短剣であった。スウェットナムは、不釣合いなほど長いレイピアに固執する剣士が多い中で、4フィートの刀身のレイピアと、2フィートの短剣を妥当な長さとしている。また、練習用の剣への言及も注目に値する。すなわち、従来の練習用剣は、「刃先をつぶした」(foiled) 実戦用の武器であり、目をつぶしたり、手首を粉砕するだけの威力を持つ恐ろしいものであったが、この時期に剣先に金属製のボタンを鋲(びょう)でとめ、そこに詰物をして、革で包んだ剣が使われるようになった。そのタンポは目の損傷を防ぐことが目的で、最終的にはテニスボール大となった。これだけの大きさのタンポが目に当たれば、悪影響を与えないとは考えられないのに、マスク*が発明されなかったのは驚くべきことといえよう。しかし、スウェットナム以後、150年以上もの間、剣術を練習する主な目的が、実際の真剣勝負に備えることであったことを考えれば、「自分は、頭を切られたり、全身に無数の怪我を負うことと引き換えに、剣術を身につけた」と書き残した剣士の言葉には真実味が感じられる[4]。

（塩入宏行）

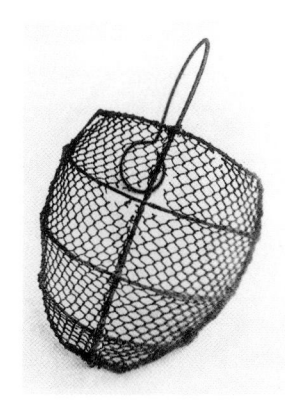

写真1　金網製最古のマスク
(Bruno Manuel, Escrime, p.13
Cronion S.A. Espagne 1990)

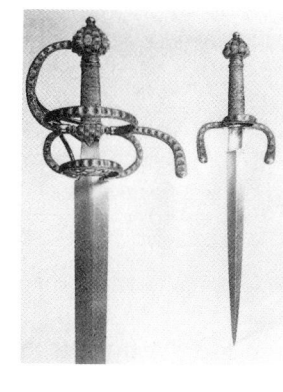

写真2　レイピアと短剣
(Howard L. Blackmore, ibid., p.100)

［文献］
1) *Britannica*, Vol.4, p.723.
2) Lacaze, ibid., p.22.
3) Castle, ibid., p.95.
4) Wise, ibid., pp.65-66.
＊剣術用の金網製マスクが発明は、1750年頃、ボエスィエール (Boéssière La Père) によるものとされる (Castle, ibid., p.169)。

3-7 フランスの剣術

　16世紀以前のフランスでは、正規の剣術学校はほとんどなかった。フランスの若い貴族たちは、ボローニャ、ローマ、ナポリなどに赴き、イタリア人師範に多額の金を支払って剣術を習い、秘密の技を伝授された。モンテーニュもイタリアの剣術学校がフランス貴族でいっぱいだったと述べている[1]。

　フランス剣術に偉大な足跡を残し、「フランス剣術の父」といわれるプロヴァンスの貴族、サン・ディディエ（Saint Didier）も、若き日にはイタリアで修行している。彼は数々の戦闘を経験し、また、指導者として生涯剣術に没頭した。彼の剣術家としての集大成が『剣術に関する最初の秘技を含む論文』（Traité Contenant les Secrets du Premier Livre sur l'Epèe Seule, 1573）である。国王、シャルル9世に献上された最初の書物である同書には、特許が与えられた。内容は、マロッツォ、アグリッパ、グラッシ等イタリア人によって既に定義されたシステムを取り入れ[2]、木版画による豊富な挿絵[3]とともに注釈を加えたものである。

　サン・ディディエの剣術に対する評価は、ワイズのように、「アグリッパから進歩していない」と断言し、「刺突よりも斬撃を重視した、古いマロッツォ的剣術を志向」していた[4]。当時のフランスにもイギリスにあったような強打を好む旧来の傾向が存在し、一般の剣士たちは突きの有利さを、不承不承ながら認めただけだった[5]と考えられる。

　フランス剣術が理論と実践の両面でイタリア剣術に勝ることがはっきりしたのは、1653年出版のベスナール（Charles Besnard）の著作『フルーレによる剣術の理論と実践』（Le Maistre d'Arme Libéal）によってである。彼とともにレイピア剣術が終焉し、スモールソード（small sword）がこれに代わる動きが始まる。過渡期のレイピアがいつスモールソードに代わったかは明らかではないが、レイピアで切るという考えが捨て去られたとき、発展への道が開かれたことは確かである。スモールソードの確立は17世紀最後の4半世紀のことで、単純な鍔、拳を護るバーを備え、刀身は硬く三角形または菱形であった。この剣で戦った有名人は、ル・ペルシュ（Jean Baptiste Le Perche）、リアンクール（Andre Vernesson Liancour）、ラバ（Labat）ら、すべてフランス人であった。ベスナールはパス（passe）と呼ばれる歩み足による攻撃を容認してはいたが、彼の主要な攻撃法はランジであった。また、相手にカウンター攻撃という一つの動きが、受けて・突き返す（parade riposte）という二つの動きに変わってくる。実戦においては、体をかわしたり、左右にステップすることもあったが、剣術学校ではこの種の動きは奨励されなかった。左手によるパリも同様であった[6]。

　また、彼が指導した「礼法」（reverence）は、単なる殺戮であった決闘に新しい飛躍をもたらした。試合前の、相手に対する正式な挨拶となったこの礼法は、後に、時間をかけて十分に練習しなければ覚えられないほど複雑なものになっていく[7]。

　イタリアに大きく水をあけられていたフランス剣術が大きく飛躍するもう一つの原因となったのは17世紀中期にフランスで発明された練習用の剣「フルーレ」（fleuret）の普及である。特にカースルが高く評価したのは、前述のリアンクール

写真1　サン・ディディエの剣術書の挿絵
（Saint Didier "Traicté" 1573, p.29）

とラバで、「リアンクールとラバの時代から18世紀の終わりまで、フランス剣術の後継者によって書かれた本は、すべて二人の著作を綿密に模倣したものである[8]」と分析する。

実際ラバの著した書物には、剣の選び方、構え、突き方、試合方法などが、細微にわたって論述されている。また、挿絵から、当事使用されたフルーレが弾力性のあること、先端が丸いこと、ユニフォームやグローブを着用して練習していたこともわかる。

18世紀以降の剣術には、特に新しい技術の進展は見られなかった。しかし、剣術の目的が決闘から離れ、純粋にスポーツとして捉えられ始めたのはこの頃である。特に金網のマスクが考案されてからは、一つ一つの技術が洗練されていった。ハットンの言葉を借りれば、「金網のマスクが実用化される前の剣術は、重苦しく古典的な一面があって（顔に怪我をさせないため、ランジした相手が元に戻るまで突き返さないのが礼儀とされた）動作も緩慢であった。しかし、19世紀初頭、マスクの使用によって試合の様相が一変した[9]」という。顔面への攻撃が可能になったことにより、攻撃部位に制限がなくなり、合理的な技が追求されていったのである。これを契機に、礼法、試合方法が吟味され、現在のような競技スポーツとしての「フェンシング」が完成に向かうのである。

最後に一つだけ触れておきたいことは、日本と西洋の剣術における「相打ち」に対する評価の違いである。日本の剣術の場合、相手の剣を切り落とす（防御の）太刀がそのまま攻撃の太刀となる、一刀流の「切り落とし（ひとつ勝ち）」や柳生流の「合し打」に代表されるような、いわば身を捨てて「相打ち」に行って、「死中に活を求める」といった太刀遣いは、ヨーロッパのフェンシングの技術には存在しない。

突き主体のフェンシングでは、相打ちは共倒れ、両者とも負けという最悪の事態である。それゆえ、相打ちは絶対に避けなければならないものとされた。現代フェンシング種目中、伝統の武器とされるフルーレとサーブル競技においては、相手が肘を延ばしてこちらの有効面を脅かした場合には、必ずその剣を防御しなければ、こちらの攻撃は有効とはならない。すなわち、相手の攻撃をまず防御して、初めて攻撃する権利を得ることになっているのも、以上の理由からなのである。

（塩入宏行）

［文献］
1) Lacaze, ibid., p.11.
2) Gille, ibid., pp.433-434.
3) Castle, ibid., p.59.
＊ディディエの練習法は、64枚の連続した木版画に示されている。ただし、絵の中に示された幅広く重そうな剣は、完全に彼より前のもので、当時の剣は挿絵とは比較にならないほど細身であった。
4) Wise, ibid., p.47.
5) Castle, ibid., p.60.
6) Wise, ibid., p.126.
7) Wise, ibid., pp.131-132.
8) Castle, ibid., p.156.
9) Alfred Hutton, *Old Sword Play*, p.11.
中山博道・中山善道（1937）『日本剣道と西洋剣技』体育とスポーツ出版社。

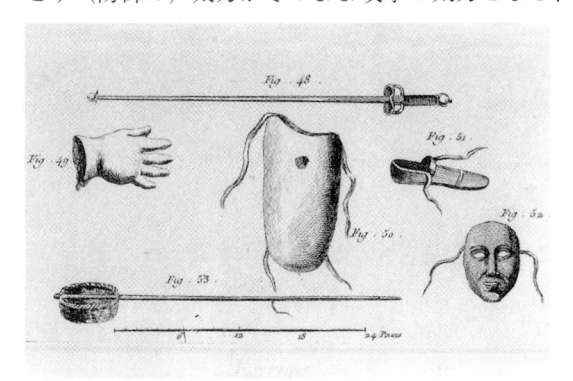

写真2　練習用の剣と防具類（金網製のマスク発明以前のマスクにも注目）
（Angelo Malevolti, L'éole des armes, 1763）

写真3　剣術の練習風景（左手で相手の攻撃をかわしながら、ランジして攻撃する右側の剣士に注意）
（Angelo, ibid.）

3-8 『イリアス』の競技場面における英雄像

1 ホメロスにおける英雄像

　ホメロスの叙事詩『イリアス』『オデュッセイア』は、世界的古典であり、西洋文学の源流である。これらに含まれる英知は、巨大な帝国ペルシアの支配から、ギリシア都市国家の自主独立を護り貫いた人々を育み、西洋古典文化の創造に貢献し、西洋哲学の創始者たちに多大な影響を与えている。紀元前490年と480年、帝国ペルシア軍はギリシア諸国を支配しようとしたが、アテナイの市民戦士たちは、スパルタ軍や他のギリシア諸国軍と協力し、祖国を焦土にされながらも、知恵と勇気により国土を守り抜き（図1）、人間の歩むべき方向性を明示する世界的文化遺産を創出している。

　ホメロスの叙事詩で語られる英雄像は、帝国ペルシア軍と勇敢に戦うギリシア戦士たちを育み、世界的文化遺産を創造した市民戦士たちが理想とした人間性である。ホメロスの作品に登場する英雄たちは、戦技を身につけた人間たちであり、死すべき運命にある人間の代表者たちであるが、不死なる存在である神々との関係において、人間の歩むべき方向性を私たちに示唆している。英雄たちは、戦場や競技場面において自らの命を懸けて勝利と名声を追求しているが、このような誉れは神々によって授かることを疑わないのである。英雄たちは、彼ら自身の運命が神々によって左右されることを確信している。

2 『イリアス』の戦車競技場面における勝利と神々の影響

　『イリアス』は24巻からなっているが、第23巻において戦車競技・拳闘・角力・競走・槍の格闘・銑鉄投げ・弓競技・槍投げの8種目の運動競技が語られている。これらの競技は、英雄アキレウスの親友であるパトロクロスのために行われた葬送競技である。トロイア方の名将ヘクトルに命を奪われた親友の霊を慰めるため、ギリシア方の最強であるアキレウスが、自分の財産財宝を各種の競技に提供し、ギリシア方の英雄たちの競技会を開催することになる。特に戦車競技が詳細に語られている（図2）。この競技では、馬術に勝れたエウメロス、豪勇ディオメデス、ギリシア方総統アガメムノンの弟メネラオス、老将ネストルの優れた息子アンティロコス、クレテ勢の勇士メリオネスの5人の英雄が勝利の誉れを求めて競い合っている。競技結果は、ディオメデスが優勝し、エウメロスが最下位となる。これは戦車競技に関する英雄たちの実力によるものではない。エウメロスは，アポロン神が関わる俊足の名馬を持ち，

図1　マラトンの戦死者を祀った塚と記念碑（手前）（日本オリンピック委員会監修／日本オリンピック・アカデミー編（1981）『オリンピック辞典』プレス　ギムナスチカ）

図2　「フランソワの壺」と呼ばれる墨絵式カクテルに描かれた戦車競技（写真右側にディオメデスというギリシア文字が書かれている。彼は戦車競技で勝利を授かった英雄である。）
（ニコラス・ヤルウリス、オット・シミチェック監修／成田十次郎・水田徹訳（1981）『古代オリンピック』講談社、26-27頁）

5人の英雄の中で最も馬術に勝れた実力ある英雄である。本来ならば、馬と馬術に勝れた彼こそが戦車競技において1位の栄誉を授かるはずである。競技の序盤，彼は実力どおり、1位である。しかし、神々の関与により、彼が操る馬の軛が壊れ、地面に転げ落ちることになる。結果として、アテネ神の支援によりトロイア戦争で数々の功績を残す英雄ディオメデスが技量優れる英雄たちを抜き去り優勝することになる。

3 ── 『イリアス』の競技場面における英雄像

『イリアス』における競技場面は、英雄たちによる戦技の競争状況を語っているが、彼らが命を落とす場面はなく、生命の安全を基調としている。このような競技場面から、ホメロスの叙事詩における理想的英雄像を私たちは理解できる。競技に参加する英雄たちは、戦技や気質において他の戦士たちよりも優れた技量と精神力を持つ代表的人間である。彼らは数々の戦績を残し、勝利と名声を持つ人物たちであるが、このような栄誉は神々によって授かることをホメロスは語っている。競技場面における神々は、競技中の英雄自身の身体や心に関与し、競技の用具や場に影響を与える存在として語られている。『イリアス』の競技場面で活躍する英雄たちは、彼らの運命の基底に神々の存在を確信している。英雄たちは、恥を受けず、勝利や名声の獲得のため、戦技における身体的精神的訓練の必要性を私たちに明示しているが、それは神々に愛される人間になることを根底としている。ここに『イリアス』における英雄像がある。

(小林日出至郎)

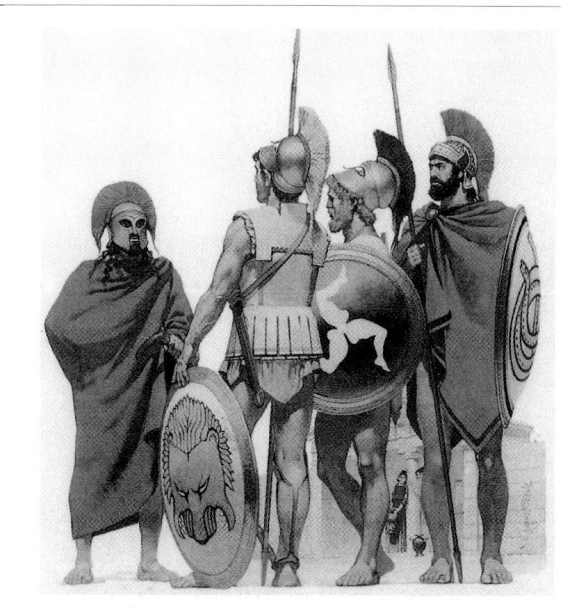

写真1　古代ギリシアの戦士たち
(Editor: Martin Windrow, *The Ancient Greeks (Elite Series 7)*, London, 1993. 表紙より)

[文献]
- ホメロス／松平千秋訳（1992）『イリアス』上、岩波書店。
- ホメロス／松平千秋訳（1992）『イリアス』下、岩波書店。
- 藤縄謙三（1996）『ホメロスの世界』新潮社。
- Homerus (rev. by Monro DB and Allen TW) (1978) *Homeri Opera*, Ⅰ, Oxford University Press.
- Homerus (rev. by Monro DB and Allen TW) (1978) *Homeri Opera*, Ⅱ, Oxford University Press.

写真2　パルテノン神殿（都市国家の守護神、女神アテネの神殿。ギリシア古典期の美の象徴である）
(『ギリシア；アクロポリスの丘とエーゲ海美術の旅』（エクラン、世界の美術第6巻）、主婦の友社、昭和56年；カバーより)

3-9 『オデュッセイア』の競技場面における英雄像

1 ── 『オデュッセイア』における英雄像

　前節において、人類的文化遺産であるホメロスの叙事詩における競技場面から、栄誉を授かる英雄は神々を尊重していることを、私たちは確認している。このような英雄は、戦技を身につけた人間性を示唆している。本節では、『オデュッセイア』で語られる競技場面から、ホメロスの作品を代表する英雄オデュッセウスの人間性が開示されることになる。『オデュッセイア』はトロイア戦争を終えた英雄オデュッセウスが祖国に帰還する冒険物語であるが、この作品は、西洋古典文化を創造した戦士たちにおける理想的英雄像を語っている。オデュッセウスは、ギリシアの女神アテネに支援される理想的英雄像であり、永遠なる存在から愛されるホメロスの象徴的人間性でもある。

2 ── 競技場面におけるオデュッセウスの人間性

　主人公オデュッセウスが活躍する競技場面として、次の三競技が注目される。第8巻（1〜265行）のパイエケス人たちとの円盤競技、第18巻（1〜123行）の乞食イロスとの拳闘、第21巻（全行）におけるペネロペイアへの求婚者たちとの弓射競技である。
　オデュッセウスはパイエケス人たちとの円盤競技に望んで参加したわけではない。彼はこの国へ辿り着くまでにさまざまな冒険と苦難を体験していたため疲労しており、また、この国の王に客人として招待され、拳闘・角力・幅跳び・競走等を見学する立場にあったからである。ところが、王の息子ラオダマスが「ともあれ、人としてこの世にあるうちは、自分の脚なり腕なりにより、何か業を成しとげるのに、優る誉れはありますまい」[1]という言葉と、王の息子の友人による「競技の達人らしくはないね」[2]というオデュッセウスへの非難の言葉に刺激され、彼は円盤競技に参加することになる。M.I.フィンリーは、この頃の王について「弱い王は王にあらず」と述べ、力のない王は王に成れなかったことを指摘しているが[3]、彼は円盤競技でどの競技者よりも重い円盤を誰よりも遠い位置まで飛ばしている。これにより、彼は体力・気力・技能等の力において圧倒的にパイエケス人たちより優れていることを証明している。
　乞食イロスとの拳闘では、オデュッセウスの知恵や冷静な判断力が語られている。20年ぶりに故郷イタケへ帰還した彼は、直ぐに彼の館に戻ってはいない。J.トムソンが指摘するように[4]、この館では彼の王権と財産を狙う貴族たちが、彼の妻であり王妃であるペネロペイアに求婚しつつ常住していたのである。彼は昔の従者のところに身分を明かすことなく滞在し、現状を把握し、その後、悪い貴族たちが暮らしている館に乞食に扮装して近づき、疑われることなくこの館に入ることになる。この契機は乞食イロスとの拳闘による。イロスは乞食に扮装したオデュッセウスに出会うと、乞食としての縄張りを守るため、彼が館から立ち去るよう主張する。このとき、求婚者の一人であるアンティノオスは、二人に拳闘による決着を提案し、勝者の褒美として、ご馳走とこの日以後の館における食事の保証を宣言する。オデュッセウスは、自分が勇者であることを、見物している貴族たちに悟られない程度に乞食イロスを打ちのめし、彼の意図を果たすことになる。
　館における貴族たちとの弓射競技では、彼の忍耐強さと知性の豊かさが語られている。20年間、夫オデュッセウスの帰還を待ち続けた王妃ペネロペイアは、館に侵入した乞食身なりの彼と女神アテネの策略により、夫が身近にいることも知らず、遂に弓射競技の優勝者と結婚することを決断し、このことを館にいる貴族たちに宣言する。この競技会は強弓への弓弦張りと12本の斧の柄の射通しを課題とし、彼の入館後の翌日に開催されたが、参加した貴族たちは誰も強弓に弓弦を張ることができなかった。このとき、乞食身なりのオデュッセウスは王妃と息子テレマコスの主張により弓射

競技への参加が許され、勝利を獲得する。そして、その直後、彼はその強弓を活用し、協力者と共に悪い貴族たちを退治することになる。前日、彼は貴族たちの悪行に対して激しい怒りを感じたが、辛抱強く我慢し、協力者たちと連携し、この日を迎えたのである。

3 ─ 『オデュッセイア』の競技場面における英雄像

前述のオデュッセウスの競技場面には、戦技を身につけた英雄がどのような人間であるべきなのか、すなわち、ホメロスの英雄像が語られている。競技場面におけるオデュッセウスの勝利過程にはアテネ神が常に関わっている。しかし、神の支援には、英雄オデュッセウス自身の努力が前提になっていることを私たちは決して忘れてはならない。まず、彼は体力・気力・戦技に優れた力がある。また、彼は冷静な判断力、忍耐力があり、知性豊かな人物でもある。そして、死すべき運命にあったオデュッセウスは、時代と地域を超えて、人々を共感させる道理を実現できる英雄像である。このような人間にこそ、神は付き添い、本来の栄誉をもたらすのである。『オデュッセイア』における英雄像がここにある。

(小林日出至郎)

写真1 円盤を投げる人
(古典期の彫刻家ミュロンの作品：大英博物館の展示物であるが、これはローマ時代の模造品の一つである)

[引用文献]
1) ホメーロス／呉 茂一訳（1982）『オデュッセイアー』上、岩波書店、Ⅷ147〜148頁。
2) ホメーロス／呉 茂一訳（1982）『オデュッセイアー』上、岩波書店、Ⅷ164頁。
3) M. I. フィンリー／下田立行訳（1994）『オデュッセウスの世界』岩波書店、153-164頁。
4) J.トムソン／池田 薫訳（1991）『ギリシャ古代社会研究』岩波書店、146頁。

[参考文献]
1) Homerus (rev. by Monro DB and Allen TW) (1978) *Homeri Opera*, Ⅲ, Oxford University Press.
2) Homerus (rev. by Monro DB and Allen TW) (1978) *Homeri Opera*, Ⅳ, Oxford University Press.

表1 オデュッセウスが活躍する3つの競技

	パイエケス人との円盤競技	乞食イロスとの拳闘	求婚者たちとの弓射競技
主催者	アルキノオス王	貴族アンティノオス	王妃ペネロペイア
開催目的	客人の歓迎 自国の優秀性の証明	乞食同士の勢力圏の決定	結婚相手の決定 権力の獲得
オデュッセウスの参加意図	身分証明； 商人でないことの証明 貴族・英雄の証明	求婚者の貴族たちに怪しまれないための館侵入作戦	王妃の奪回 王権の回復
オデュッセウスの競技結果	円盤投げにおける圧勝	手心を加えた拳闘による勝利	弓射競技における圧勝
褒美	広布, 黄金, 高価な短剣, 黄金の盃, 様々な土産等	贅沢な食事 館内での食事	王妃の奪回 王権の回復

3–10 プラトンの「魂の三契機」に基づく市民戦士

1 ── プラトンと市民戦士

　プラトンが生まれた場所は紀元前427年のアテネ都市国家である。ペルシア戦争で二度の勝利をギリシア諸国にもたらし、指導的立場にあったアテネはこのとき、スパルタを中心とするギリシア諸国を対戦相手とし、ペロポネソス戦争を紀元前431年に開始していた。この戦争は紀元前404年まで続き、アテネの敗戦により終息することになるが、戦争開始2年後に疫病の流行[1]によりアテネ市民の多数が亡くなっている。ギリシア社会が混沌とし、衰退期へと向かう時期にプラトンは生まれ、28歳のとき、彼の恩師ソクラテスの死を体験することになる。この死は、アテネ市民による有罪判決の結果による死刑であり、プラトンにとっては衝撃的な出来事となる。

　彼は師ソクラテスの裁判と死への経過を著作に詳述し、カロカガティア（美と善）、人間の正義、都市国家の繁栄等について論考している。W.イェーガーは、プラトン哲学が初期ギリシア文化の再統合であると[2]論述し、田中美知太郎は『プラトンⅠ生涯と著作』において次のように評価する。「哲学はかれに始まり、かれに終わるのである。」[3] プラトンは、混乱する祖国アテネの復興を願いつつ、法廷で主張し続けたソクラテスと共に、人間の幸福実現を心から探求した人物であり、人間が「正しく生きる」という課題を論理的に徹底して解明しようとした人物である。

　このような人類的課題を探求したプラトンは、主著『国家』において、「魂の三契機」に基づき「正しい人間」を明示している。しかし、彼が捉えた当時の具体的人間像は古代ギリシアの市民戦士である。プラトンは、戦乱の時代においても正しく生きることが可能な人間を示唆している。

2 ──「魂の三契機」に基づく人間性

　人間の幸福と不幸は各人の「魂」の在り方、その人間の「魂」の状態によって決定するとプラトンは考える。彼は、人間の「魂」が人間の行為の原因であり、「理知的部分」「気概的部分」「欲望的部分」の「三契機」により構成されていることを明らかにする。「理知的部分」は、人間に関係する出来事をさまざまに把握し、検討し、判断する機能であるとともに、よく育まれるならば「魂全体の支配」と「真理認識」の機能[4]となる。「気概的部分」は他者と競争する機能であり、人々を活発な行動へ駆り立てる気質であり、病気や苦悩に打ち勝つ力であり、よく育まれると他の2つの部分と調和した勇気の徳となる。「欲望的部分」は人間の生命維持機能であり、人間が生きるために必要な衣食住に対する欲求であり、子孫繁栄の機能である。

　プラトンは、「善」を志向する「魂」の優れた関係性にある人間を「正しい人間」として認識している。彼の「魂」は、「善」を基底とする自然の本質・法則を自覚する「理知的部分」が他の契機を支配し、「気概的部分」がその「理知的部分」を補助し、「欲望的部分」が他の契機に従う関係性にある状態（図1）である。このような「魂」の人間が「正しい人間」であり、知恵・勇気・節制がある人間である。

　プラトンは名誉志向、お金志向、快楽志向、権力志向等の人間についても、「魂の三契機」により説明する。勝利や名誉を求める人間は「気概的部分」が「魂」の中心となり、各種競技会、国際大会、オリンピック等で活躍することを好む人生を過ごすことになる。また、お金に執着する人間は、「欲望的部分」が彼の「魂」を支配する状況にあるが、お金を蓄えることこそがこの世の幸せを左右すると信じ、この価値観による暮らしをする。浪費と借金に苦しむ人間は、自分の中の快楽に対する欲求を抑制することができず、無計画な暮らしをする場合が多い。彼は快楽を求める「欲望的部分」が「魂」を支配している状況にある。「欲望的部分」は生きている人間である限り誰もがもっている「魂」の不可欠な契機である。そし

て、この契機が「魂」の中心になるか、それとも、「善」を志向する「理知的部分」が「気概的部分」に支えられ、「欲望的部分」が従順となる「魂」の状態を形成するか、これらの「魂」の関係性によって人間の生き方は方向づけられ、人間における幸福と不幸が決定される。不法な欲望と自我が強い性格（図2）の人間は自分に都合の良いことや権力を求めて、自然や他者を害し、傲慢な人生を過ごし、自我とこの世に強く執着する。しかし、人生は短く、個人は必ず死ぬ。このとき、この世の幸福に囚われた自我の強い人間は、自己の消滅と不安の中、最悪の終末を迎えることになる。これに対し、良きことや真実を尊重し、自然や他者との共存を配慮する人間は豊かな自然の恵みの中で他者と共に喜べる人生を過ごし、心安らかな自然な死を迎えることになる。

3 ──「善」に基づく市民戦士

プラトンは、当時の時代状況を的確に捉え、他国の侵略を防ぎ、できる限り平和を維持するため、都市国家の市民教育として、文芸・音楽等の教育と共に戦技の習熟と武勇の育成を重視している。しかし、彼の根本的視点は「善」を志向する人間形成にある。戦争や社会混乱という厳しく悲惨な現実を生きた彼は、不幸な現実の中で、「善」を志向する「魂」の自主独立を維持し、「善」の導きに基づき、人々の本当の幸福を実現できる人間形成を祈念している。戦乱の時代において戦技の修練は不可欠であるが、優れた「魂の三契機」に基づく「正しい人間」、「善」の導きによる人間形成にその修練の目的がある。「善」を志向する「正しい人間」こそは、プラトンが示唆する市民戦士である。

（小林日出至郎）

[引用・参考文献]
1) トゥーキュウディデース／久保正彰訳（1982）『戦史』上、岩波書店、234-241頁。
2) W. Jaeger, Paideia (1975) *The Ideals of Greek Culture*, Oxford, preface Ⅹ.
3) 田中美知太郎（1981）『プラトンⅠ　生涯と著作』岩波書店、4-5頁。
4) 篠崎　榮（1985）『ことばの中での探求』勁草書房、184-215頁。

[参考文献]
○ プラトン／藤沢令夫訳（2001）『国家』上・下、岩波書店。
○『プラトン全集』全15巻、岩波書店、1980～1981。
○ Burnet, J. (Ed.) (1979) *Platonis Opera*, 5vols., Oxford.

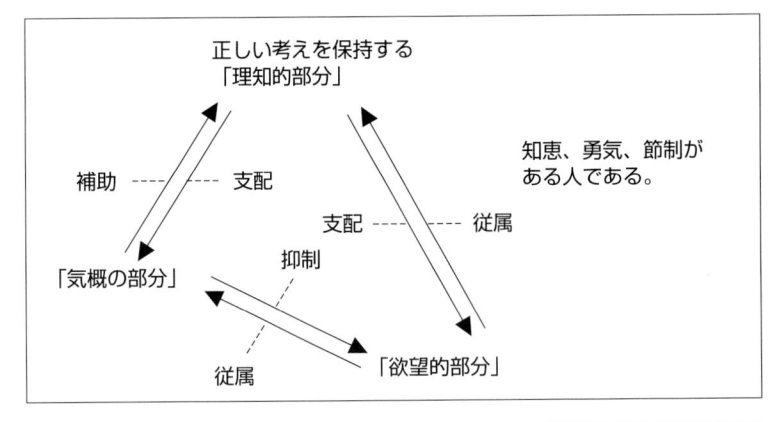

図1　正しい人間における「魂」の三契機の関係性と特性

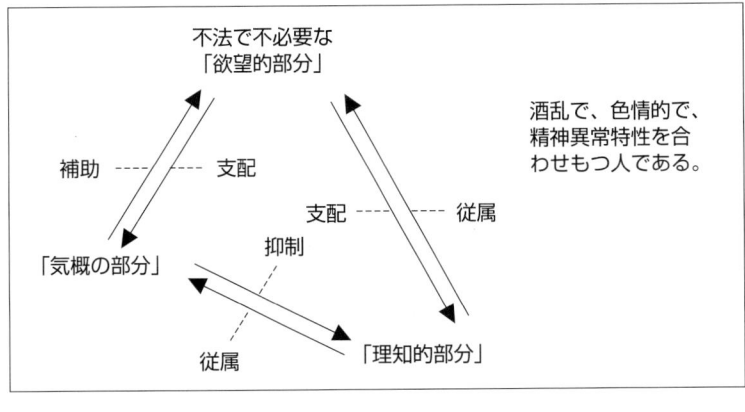

図2　最も不正な人間における「魂」の三契機の関係性と特性

3-11 剣道の国際化―フィンランドでの剣道普及を通して

1 ── はじめに

世界剣道連盟（International Kendo Federation、以下IKF）には、44の国と地域が加盟し、2003年6月にはグラスゴーで第13回世界剣道大会が盛大に開催された。日本伝統の武道である剣道も世界的規模で愛好されている。

そこで本論ではフィンランドでの剣道普及の過程を中心に剣道の広がり・定着を考える。

2 ── 剣道の国際化

剣道の国際化は、次の三つに大別できる[1]。
① 移民とともに定着したタイプ
　ハワイ・ブラジル・アメリカ西海岸など
② 戦前の日本統治下で芽生え定着したタイプ
　韓国・台湾など
③ 第二次大戦後に剣道が芽生えて定着したタイプ

①②は比較的日系またはアジア系社会で、③は欧米系社会の中で定着している。前者が日本との長年の関わりの中で芽生えたのに比べ、③では、自らの剣道への興味関心から、デモンストレーションや全日本剣道連盟（以下全剣連）の短期巡回講習会に参加、長期の日本人指導員や在留邦人の剣道経験者が指導していくうちに次第に広がっていった。図1はIKF加盟国の推移である。初期の加盟国は①②のタイプが中心だが、1990年代に入るとヨーロッパを中心に③のタイプが広がっていったことがうかがえる。

3 ── フィンランド剣道の歴史

1986年にポルボーの弓道クラブ員が剣道に興味をもち、ドイツから剣道家を呼び、デモンストレーションを開催した。その後メンバーが自ら稽古を開始した。1987年に上松大八郎氏が駐在武官として着任、氏の支援により組織的な活動が始まる。氏の帰国後1990年に全剣連派遣の海外指導員として高橋亨氏が着任、両氏の継続的・精力的な指導で急速に発展した。それ以降、8名の剣道指導員が渡航し現在に至っている。

4 ── フィンランド剣道連盟について

連盟への登録方法は、個人がクラブに登録、クラブが連盟に一括登録している。2000年度は14道場247人が登録している。各クラブとも専有の剣道場はなく、学校開放や公共施設を利用している。高福祉国家のため、施設の利用は比較的安価で、ジュニア主体のスポーツクラブが学校施設を利用する場合は無料である。中には、ヨーロッパ型の地域スポーツクラブのプログラムサービスの一環として稽古しているところもある。連盟の主財源は個人登録費で、昇級昇段審査・段登録費、連盟所有の防具のレンタル費や寄付で運営されている。現在のところ連盟への大口のスポンサーや体育協会、市や国の公共団体からの金銭的援助はない。もし剣道がオリンピック種目になれば、強化費など公共団体による援助は望めるが、彼らは剣道が柔道のようにスポーツ化されることは望んでいないようである。

5 ── フィンランド剣士について

図2はオウル剣会（北風剣会）所属の剣士の「なぜ剣道を始めたのか」のレポートをまとめたものである。フィンランド剣士は、サムライ、武士道、日本固有の身体運動文化の一つとしての武道、剣道への興味、関心を持ち、剣道を開始している。また、格闘技・武道への興味から他の武道を実践していた者も多いが、他の武道よりも剣道に武道性を感じ、剣道を始めている。彼らは、「自身の鍛錬を求めて」「心の鍛錬を求めて」など剣道の修行的特性に興味を持ち、単に剣道を「競技としての剣道」以上のものであると捉えているようである。

6 ── 海外の指導体験を通して

海外での指導では「互いの文化背景の理解」が

重要である。日本文化を理解せずして、相手国の文化はわからない。我々は本当に日本文化を、そして剣道・武道を理解できているのだろうか。世界に羽ばたく若者に、今一度、武道とは、武道を通して日本とは、という問いかけを願っている。

　　　　　　　　　　　　　　　（太田順康）

[文献]
1) 村上太一（2001）「武道の国際化の一考察〜剣道のオリンピック種目化から展望する」、大阪体育大学平成12年修士論文。
○ 塩入宏行（1992）「剣道の国際化を考える」『ゼミナール現代剣道』窓社、249-257頁。
○ 太田順康（2002）「剣道の国際化に関する一考察—フィンランドにおける剣道の普及過程および普及状況について—」『大阪教育大学紀要』Ⅳ50-2、473-486頁。

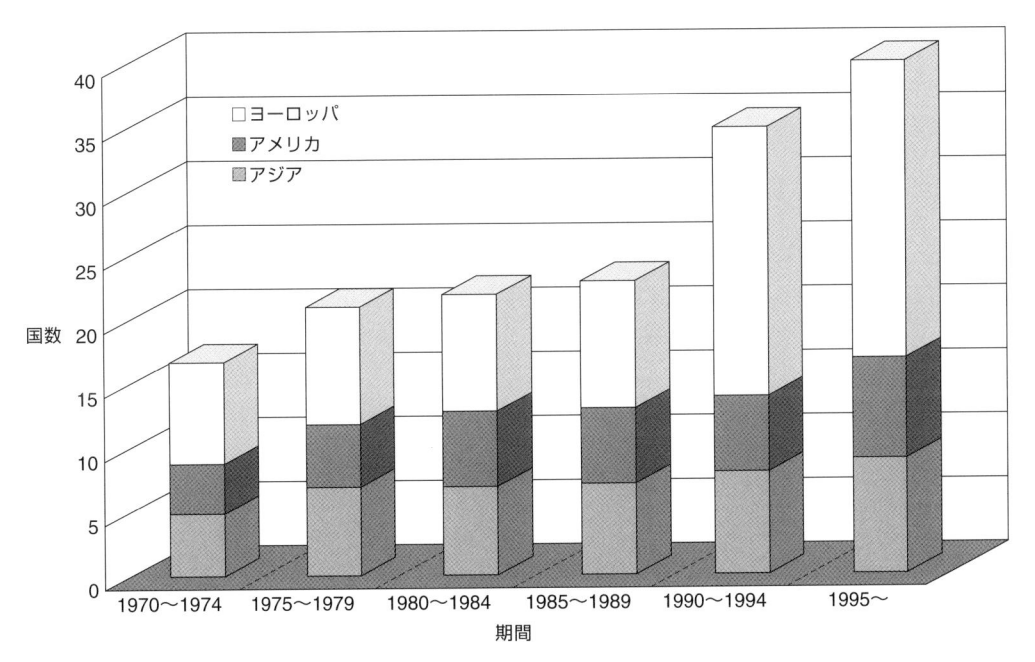

図1　IKF加盟国の推移

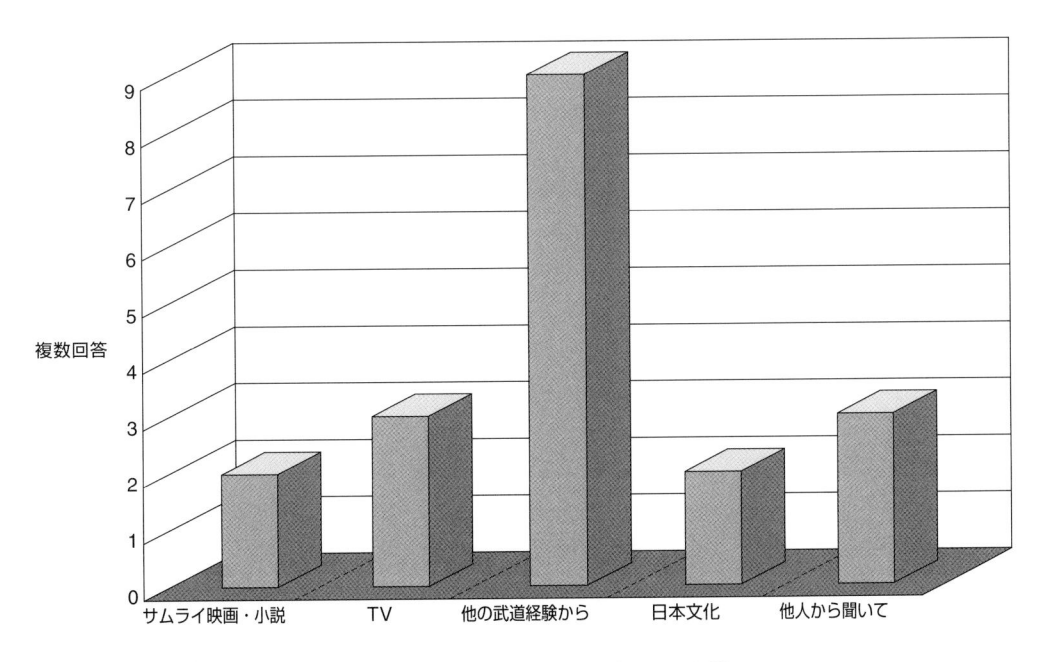

図2　オウル剣道クラブ参加の動機

3–12 剣道と発声──日本人と韓国人の認識の相違

現代剣道で試合者は、日本剣道形にあるように「ヤー・トー」等の掛声を発している。また、打突の際には「メン」「コテ」「ドウ」と打突部位を呼称している。このような掛声[1]や打突部位の呼称という発声は剣道の特性である。しかしながら、全日本剣道連盟や国際剣道連盟の剣道試合・審判規則および細則には、打突時の発声に関わる記述はみられない。

本論では、剣道試合者が掛声と打突部位呼称を、有効打突とどのように関連づけて認識しているか、日本人と母国語（韓国語）を用いる傾向にある韓国人との場合について紹介する[2]。

1 ── 有効打突の確信

有効打突が「充実した気勢、適正な姿勢をもって、竹刀の打突部で打突部位を刃筋正しく打突し、残心あるもの」と定義されていることを鑑みると、「掛声」や「打突部位呼称」は「充実した気勢」、「残心」を体現するもののひとつであると理解することができる。日本人の回答で最も充実した気勢が発揮されていると認識されている場面は竹刀打突時であり、次いで構えたときであった。残心に関わる審判の宣告の場面では皆無であった。いっぽう、韓国人が最も充実した気勢が発揮されていると認識している場面は竹刀打突時に集中しており、次に多い回答は打突後であった。

また、有効打突を確信する時点は、両者共に竹刀打突時であり、次いでその前後である。日本人学生は審判の宣告時にも回答しているが、韓国人学生では打突後は無である。日本人学生は打突前右腕最大屈曲時以後から審判の宣告時まで回答しているが、韓国人学生は構えから打突時までの回答である。

日本人は竹刀打突時以前に最も充実した気勢を発揮し、打突時以後にも有効打突を確信する傾向にあるが、韓国人学生は竹刀打突時以後にも最も充実した気勢を発揮するが、有効打突の確信は打突時以前に行う傾向がうかがえる。

2 ── 掛声

掛声は意識して発声されているというよりは、構えのときに無意識に発声されている傾向にある。しかし、韓国人学生の場合は、日本人学生よりも意識して発声する傾向にある。掛声は、自分の気勢の充実との関係で理解されているが、相手を威嚇するという解釈は高段者に比べて学生に多い[1]。

3 ── 打突部位呼称

打突部位の呼称は無意識に発声されている傾向にある。しかし、韓国人学生にはこの傾向は認められない。打突部位呼称の発声される場面は打突時とその前後に集中しており、掛声との語義の違いは明確であると考えられる。

打突部位呼称の意味については、掛声と同じく気勢の充実と関係づける傾向が多い。その他、打突部位呼称の特性として、「打突部位のまぐれを許さない」、「自分の勝ちを示す」、「残心を示す」の回答も多くみられた。打突部位呼称に「打突部位のまぐれを許さない」という意味があるとする解釈は、心身一元的な気剣体一致の在り方とも関わっていよう。「自分の勝ちを示す」は宮本武蔵の五輪書に著された「三つの声」の「勝ちて後、あとに大きに強くかくる声」、あるいは先後の声の「敵を打ちて後に声をかくること、勝ちを知らする声なり」の意味合いがあると考えられる。「残心を示す」意味があるとする立場は、打突部位呼称が残心の概念を具体的に表現できる一方法であるという捉え方を示している。以上のことから、打突部位呼称は現代剣道における気剣体一致や残心の概念を具現するものであるといえる。また、発声を手掛かりとして充実した気勢を検討すると、日本人と韓国人の主な相違点は、残心が問われる竹刀打突後に存在していることがうかがえる。これから剣道の国際化が推進されるときに、残心に関する学際的かつ国際的研究が課題であろう。

（橋爪和夫）

[文献]
1) 田中美和（1983）「剣道における掛声の効用についての一考察」、昭和58年度筑波大学体育専門学群武道論専攻卒業論文（筑波大学体育科学系武道論研究室所蔵）。
2) 勝木豊成・橋爪和夫（1991）「剣道の発声の認識に関する研究」『教育医学』36（4）、277-285頁。

表1 質問表

剣道の「発声」について、コテ・メン・ドウ・ツキの語を打突部位呼称として、それ以外の発声を「掛声」として分類して質問します。

質問1：以下の質問に図1の運動場面からひとつ選んでください。
1) あなたは、正面打撃ではどの時点で有効打撃を確信しますか。
2) あなたの正面打撃で最も充実した気勢が発揮されるのはどの場面ですか。
3) あなたの掛声はどの場面で出ていますか。
4) あなたの打突部位呼称はどの場面で出ていますか。

質問2：あなたの「掛声」は意識に関してはどのように発声されていますか。ひとつ選んでください。
1) 掛声は意識して出している。　2) 掛声は意識して出すほうが多い。
3) 掛声は自然に出るほうが多い。　4) 掛声は自然に出ている。

質問3：あなたの「打突部位呼称」は意識に関してはどのように発声されていますか。ひとつ選んでください。
1) 打突部位呼称は意識して出している。
2) 打突部位呼称は意識して出すほうが多い。
3) 打突部位呼称は自然に出るほうが多い。
4) 打突部位呼称は自然に出ている。

質問4：あなたは「掛声」の意味をどのように考えていますか。以下からいくつも選んでください。
1) 自分の気勢の充実した結果出た声　2) 自分の気勢を充実させる
3) 自分の充実した気勢を相手に示す　4) 相手を威圧する・おびやかす
5) 相手の心・身体を動かすためのフェイント　6) 自分の勝ちを示す

質問5：あなたは「打突部位呼称」の意味をどのように考えていますか。以下からいくつも選んでください。
1) 自分の気勢の充実した結果出た声　2) 自分の気勢を充実させる
3) 自分の充実した気勢を相手に示す　4) 相手を威圧する・おびやかす
5) 相手の心・身体を動かすためのフェイント
6) 打突部位のまぐれを許さない　7) 自分の勝ちを示す　8) 残心を示す

①構え
②打突前1（体重移動開始）
③打突前2（右腕屈曲開始）
④打突前3（右腕最大屈曲）
⑤打突前4（右腕伸展）
⑥打突時
⑦打突後
⑧審判の宣告（試合の場合）

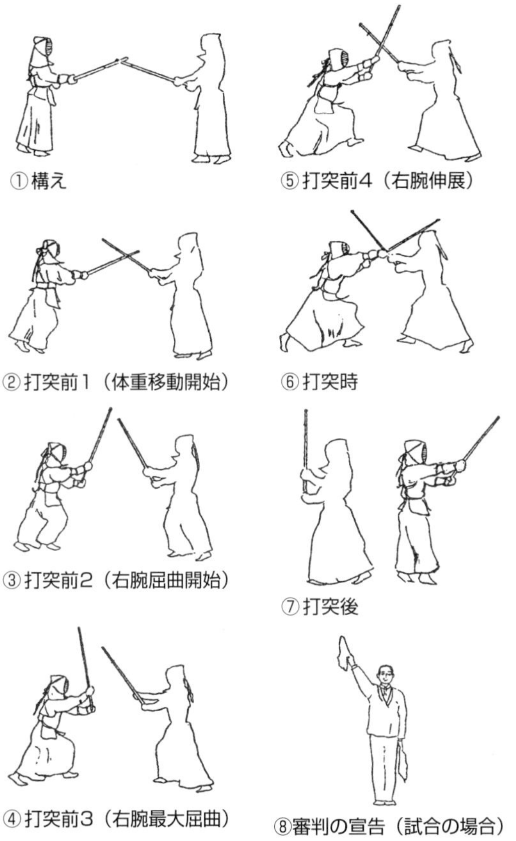

図1　正面打撃の運動場面

表2　日本人大学生（77人）と韓国人大学生（22人）による質問表の結果

		回答番号（図1・表1の番号）							
		1	2	3	4	5	6	7	8
質問1	1) 日本	0	0	0	4	7	46	8	11
	韓国	2	2	0	2	2	18	0	0
	2) 日本	15	2	2	2	2	52	0	0
	韓国	3	0	1	5	9	8	0	0
	3) 日本	71	3	1	1	2	22	11	0
	韓国	13	1	1	0	2	19	8	1
	4) 日本	0	1	1	1	8	63	2	0
	韓国	0	0	1	0	4	16	2	0
質問2	日本	7	13	34	23				
	韓国	4	9	11	2				
質問3	日本	2	4	37	34				
	韓国	4	8	7	6				
質問4	日本	17	56	15	33		3	7	
	韓国	7	19	5	14	1	3		
質問5	日本	34	20	27	14	2	22	43	28
	韓国	11	7	11	8	1	1	12	2

コラム

五輪の書

宮本武蔵（1584～1645）著、渡辺一郎校注、岩波書店、1987年、第7刷。武蔵は、戦いの初めに相手を威圧するようにかさ（重み）をかけて出す初の声、戦いの間に底から出るように調子を低くしてだす中の声、勝った跡に大きくつよくかける後の声を三つの声として著している。また、打つ前に「エイ」と声をかけて太刀を打出す先の声、敵を打った後に勝ちをしらせる後の声としての先後の声を記している。しかしながら、打つと同時に大きい声をかけることはないとしている。現代剣道で正面打撃「メン」の発声は、竹刀打撃時点と同期しているが、発声の意義と出現時点に関する整合性の検討は今後の課題である。渡辺は「三つの声といふ事」について「掛け声の戦術的意味を論じている。武蔵の用いた声は、初中後、三つのうち、初の声『ゑい』だけが記されているが、おそらくは『エイ、ヤッ（オー）、トー』」と校注している。

剣道

高野佐三郎（1862～1950）著、1915年刊行、今村嘉雄編集代表、近代剣道名著体系第三巻、1986年、同朋舎出版。近代から現代にかけての剣道書の最高峰に位置する書とされる。「懸け声の項」で、懸け声の利、三つの声に続いて、初心の発声として「初心の間は、容易に自然なる発声を為す能わざるものなれば、勉めて活発強大なる発声を為し、もって自らを励まし敵を威圧すべし。面を撃ちたる時は面と呼び、籠手をうちたる時は籠手を呼ぶべし。その他これに準ず。」と述べている。

第Ⅱ部　剣道の運動と技術

第4章 体力

4-1　一流剣道選手の身体組成

　身体組成とは、身体を構成している物質が体重に対してどれくらいの割合を占めているかを意味する。この身体組成という視点から、剣道選手の体の特徴を探ってみたい。

1── スポーツ選手の体脂肪率

　まず、身体組成の特徴を見る上で最も重要な指標は、体脂肪率であり、その大小は、体重に占める脂肪量の割合を示す。また、その脂肪量を体重から除いた量、すなわち骨や筋肉量等を示す値を除脂肪体重という。ほとんどのスポーツ選手は、体重を下肢または上肢で支えるために、脂肪量の多さは不利になる。よって、スポーツ選手の体脂肪率は、一般人よりも少ないことが多いのである（図1、2参照）。その中でも、素早く移動する能力が求められる陸上競技の走跳系の種目や器械体操の選手の体脂肪率は、低いといえる。逆に大きな力を発揮するために重い体重が有利となる投てきなどの選手の体脂肪率は高いといえる。

2── 剣道選手の体脂肪率

　剣道の女子選手を対象としたものをみると、投てきとほぼ同じ23％であり、比較的脂肪量の多い種目になっている。この女子剣道選手の体脂肪率の値は、鷲見ら[1]が報告した世界剣道選手権大会出場の女子選手10名の体脂肪率23.4±4.5％と類似したものであり、このときの一般女性の体脂肪率27.3±3.4％よりも低いものの、剣道の女子一流選手の体脂肪率は、一流スポーツ選手の中でも高い部類に属するようである。ただ、同時に測定している女子学生レギュラー選手10名の体脂肪率は、21.3±4.1％であり、一流選手よりも小さい値であった。しかし、除脂肪体重は、女子一流選手が46.0±5.4kgに対して、女子学生レギュラーは、41.3±3.2kgであり、一流選手のほうが、学生レギュラーよりも有意に重かった。すなわち、一流選手のほうが、体脂肪率は高いものの、しっかりとした頑強な体つきをしているものと思われ

る。いっぽう、男子の剣道選手については、同じく鷲見ら[1]の報告で、全日本剣道選手権優勝者6名と学生レギュラー5名を対象としたものがある。それによると全日本優勝者である一流選手、学生レギュラー選手、および一般男性の体脂肪率と除脂肪体重は、それぞれ16.0±1.2％・64.7±4.7kg、16.3±2.4％・59.4±3.9kg、19.2±3.3％・58.6±4.5kgであり、一流選手は、学生レギュラーや一般男性に比べて、体脂肪率は低く、しかも、除脂肪体重は有意に重い値であった[1)2)]。余分な脂肪がなくて、筋骨隆々とした体つきであり、クレッチマーの体型分類でいうと闘士型（筋肉型）になると考えられる。ちなみに、女子一流選手と学生レギュラーの年齢差が約4歳、男子一流選手と学生レギュラーの年齢差は約16歳であったことを考慮すると、男女の形態的差異だけでなく、特に男子の場合は、大きな年齢差を感じさせないほど、身体を鍛えて、絞り込んだ身体になっていることが理解できる。

　このように、一流といわれる選手たちは、技術の修練だけでなく、体力の基礎となる身体をいかに鍛えていたかが、身体組成をみることで明らかになった。武道では、古来より心技体を鍛えることが重視されてきた。体、すなわち身体の本体を鍛え上げることが、技術をより確実なものに導き、ひいては心の充実へとつながっていくことを身体組成から再認識したともいえよう。また、身体組成の問題は、21世紀の健康づくりの重要な指標ともなっており、生活習慣病との関係も非常に高いといわれている。このことより、生涯にわたって継続できる剣道を生活習慣病予防の観点からも捉え直す意義があると思われる。

（山神眞一）

［文献］
1) 鷲見勝博、林　邦夫（1997）「剣道競技者の体力」『東海武道学雑誌』、3-16頁。
2) トレーニング科学研究会編（1990）『競技力向上のスポーツ科学』、128-137頁。
3) 北川　薫（1987）「スポーツにおける栄養と体づくり」『臨床スポーツ医学』4、1331-1336頁。

図1 アスリートの体脂肪率（北川[3]、1987）

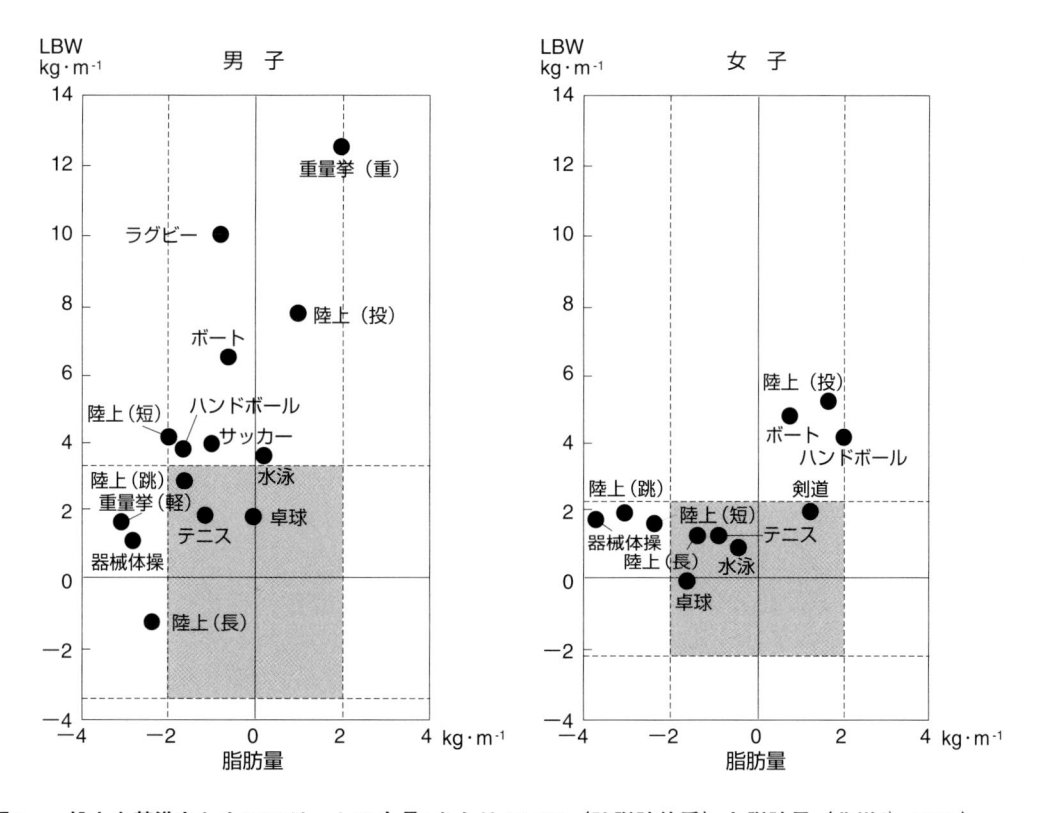

図2 一般人を基準としたアスリートの身長1あたりのLBM（除脂肪体重）と脂肪量（北川[3]、1987）

4-2 剣道選手の骨密度

1 ── スポーツ選手の骨密度特性

　スポーツや運動によるメカニカルストレスが骨密度を増加させることはよく知られている。図1は、各種スポーツ選手の中高年を除いて骨密度の平均を算出したものである。コントロール値を100%として、各種スポーツ選手の値が何%にあたるかを示している。これをみると、特に骨密度が高いスポーツは、男子では、ウエイトリフティング、柔道、野球等であり、女子は、柔道、ハンドボール、バレーボール等が高いようである。どれも重力に抗して強い衝撃を伴うスポーツであり、大きな筋力を要するスポーツである。つまり、骨に対する衝撃や圧縮力などのメカニカルストレスが骨密度の増加に欠かせない要因なのである。剣道については、男女とも105%程度の骨密度であり、コントロール群よりも5%前後高い骨密度であることがわかる。

2 ── 剣道高齢高段者の骨密度

　長期間の剣道実践による骨密度への影響をみるために、全国健康福祉祭（表1参照）や高段者が集まる全日本剣道演武大会（京都大会）の参加者の踵骨骨密度をみると、全国健康福祉祭に参加した剣道の高齢者は、ほとんど運動をしていない高齢者に比べて、有意に高い骨密度を示した。また、剣道経験年数が長く、剣道開始年齢が早い人ほど骨密度が高くなる傾向がみられた。すなわち、剣道の長期間にわたる実施が骨密度の維持に対して有効に働いていることが推察された。いっぽう、全日本演武大会参加の高齢高段者（6段～8段）101名については、先の報告と同様に同年齢の高齢者に比べて、高い骨密度を保持していた。左右差では、有意差が認められ、経験年数や段位等が影響したものと考えられる。

3 ── 青少年期の剣道選手の骨密度

　剣道高齢高段者にみられたこのような骨密度特性について、小学生から大学生までを対象として考察することで、発達段階を含めた剣道の骨密度特性をみる。平成14年度全日本少年武道大会および全国中学校剣道大会に参加した男女選手397名（小学生220名、中学生177名）の踵骨骨密度測定の結果から、同年齢の骨密度の平均値と比較して、剣道の小中学生の男女は、有意な差はないが、ともに1～2%大きな値を示し、同年齢よりも高い骨密度であった。また、その傾向は、女子により顕著であり、最高では、12%も高い値を示した。左右差については、中学生くらいから次第に現れる傾向がみられた。小中学生にとっても剣道は、骨密度を全般的に高める効果として働いている可能性が示唆された。高校生と大学生については、全国高校総体出場選手男女239名および中・四国学生剣道大会出場選手男女68名の結果から、どちらの出場選手も男女とも同年齢よりも有意に高い骨密度を有し、特に顕著だったのは、他の年代にみられた左右差が高校生や大学生で非常に有意な差となり、左踵の骨密度が著しく高かったことである。これは、右足の踏み込み刺激よりも、左足の踏み切る際の筋や腱の等尺性の高頻度のストレスが原因として考えられる。いっぽう、女性剣道選手に関しては、全国家庭婦人大会に参加した選手99名の結果より、同年齢平均値よりも右踵骨で約6%、左踵骨で約8%高い骨密度であった。また、年齢、体重、および剣道開始年齢と骨密度との間に有意な相関関係もみられ、年齢が低く、体重が重く、剣道を早く始めた人ほど、骨密度が高い傾向にあった。

　以上のように、剣道選手の骨密度は、いずれの年代においても同年齢に比べて高く、骨の成長と剣道実践との関連性が明らかになった。

（山神眞一）

[文献]
1) 小沢治夫（1994）「スポーツ種目と骨密度」『臨床スポーツ医学』11、1245-1251頁。
2) 山神眞一（1998）「剣道高齢者の骨量に関する研究」『武道学研究』第31巻第2号、20-29頁。

第Ⅱ部／第4章　体力

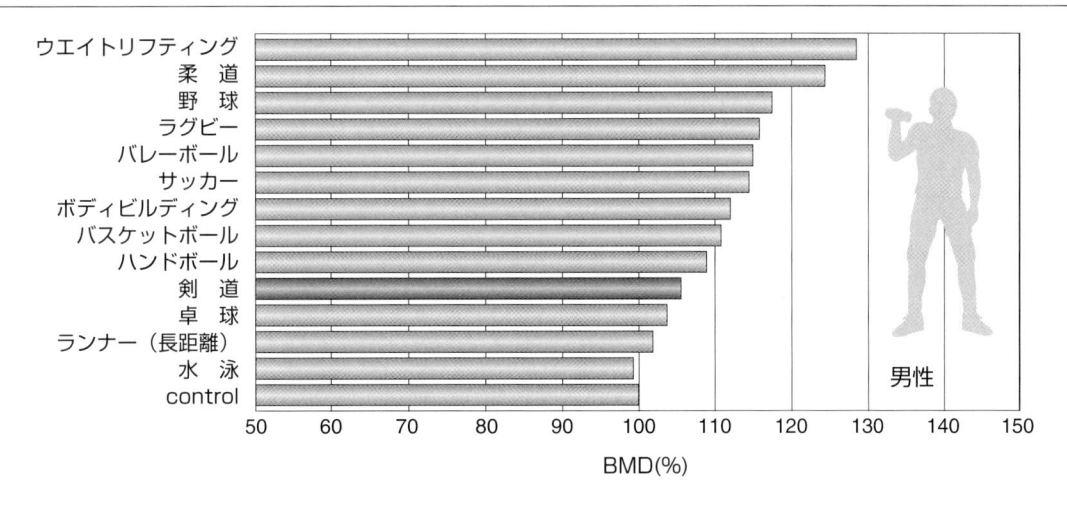

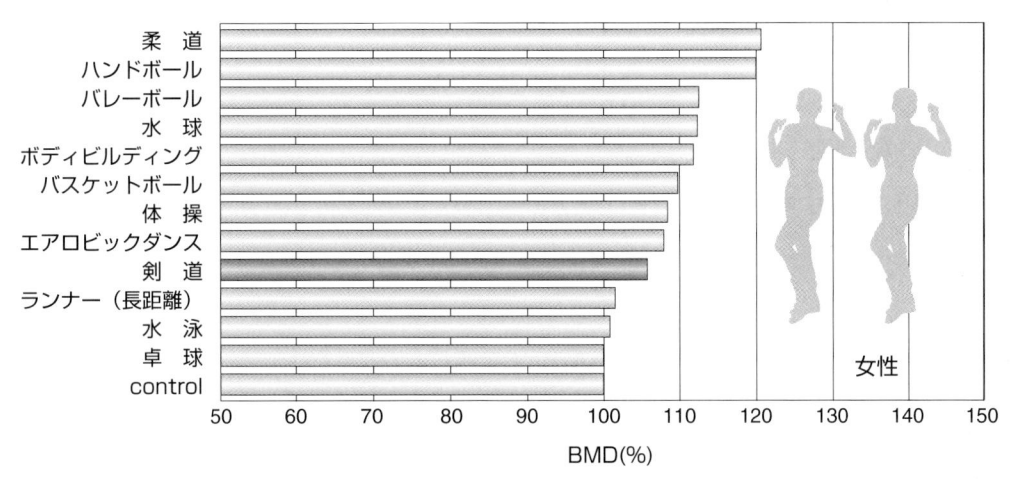

図1　各種スポーツと骨密度、横軸は対照群に対する骨密度の相対値を示す（小沢[1]、1994）

表1　剣道高齢者のプロフィールと骨密度測定結果（山神[2]、1998）

被検者(No.)	剣道開始年令(歳)	年令(歳)	体重(kg)	身長(cm)	経験年数(年)	身体活動量(時間/週)	握力(kg)右	握力(kg)左	反応時間(秒)	骨弾性指標(%)右	骨弾性指標(%)左	骨内伝播速度(m/秒)右	骨内伝播速度(m/秒)左	骨内減衰率(dB/MHz)右	骨内減衰率(dB/MHz)左	骨粗鬆症確定率右	骨粗鬆症確定率左	同年齢との骨密度比較値(%)右	同年齢との骨密度比較値(%)左
1	16	61	77	173	45	5.5	53.0	47.5	0.292	93	87	1541	1527	122	120	1	2	108	101
2	32	64	55	161	32	5.5	41.0	38.0	0.424	89	92	1527	1544	123	120	1	1	104	107
3	15	65	75	169	50	3.5	49.0	47.5	0.290	93	93	1547	1550	120	119	1	1	108	108
4	16	66	63	170	50	1.5	38.5	34.5	0.331	80	78	1510	1505	116	116	9	11	93	91
5	12	67	65	160	55	5.5	46.0	37.5	0.351	94	103	1551	1562	120	128	1	1	109	119
6	8	68	75	164	60	3.5	30.0	31.0	0.411	93	99	1524	1553	129	126	1	1	107	115
7	10	68	63	159	58	3.5	45.5	44.5	0.309	117	110	1582	1566	141	137	0	0	135	127
8	11	68	63	165	57	3.5	42.5	38.5	0.429	87	76	1525	1502	120	112	2	16	101	88
9	20	68	61	162	48	5.5	42.0	34.5	0.360	105	103	1569	1564	128	129	0	1	121	120
10	19	69	61	156	50	5.5	34.5	34.0	0.299	77	84	1518	1540	107	110	14	4	89	98
11	20	69	70	162	49	3.5	46.0	45.5	0.363	90	89	1531	1535	122	119	1	1	105	103
12	12	70	77	160	58	3.5	50.5	47.0	0.386	101	109	1550	1561	131	138	1	0	117	126
13	20	70	62	168	50	3.5	42.0	46.5	0.550	80	88	1516	1538	113	116	9	2	92	102
14	50	70	61	164	20	5.5	42.5	33.0	0.346	105	102	1551	1548	137	132	0	1	122	118
15	50	70	69	159	20	5.5	43.0	43.0	0.285	79	77	1512	1507	113	112	10	14	91	89
16	21	71	56	162	50	1.5	43.5	40.5	0.498	91	100	1547	1558	118	126	1	1	106	116
17	12	72	60	167	60	3.5	38.0	38.5	0.392	88	87	1531	1531	119	118	2	2	102	101
18	12	72	70	165	60	3.5	47.0	40.5	0.304	87	75	1510	1499	126	114	2	17	101	87
19	32	72	56	153	40	3.5	34.0	33.0	0.369	77	84	1510	1519	111	118	13	4	89	97
20	18	73	66	167	55	1.5	41.0	44.5	0.314	80	85	1525	1531	109	115	9	3	93	99
21	18	73	75	171	55	3.5	46.0	50.5	0.321	85	81	1528	1521	116	113	9	7	99	94
平均値	20.19	68.86	65.71	163.67	48.67	3.88	42.64	40.48	0.36	90.05	90.57	1533.57	1536.24	121.00	120.86	3.86	4.29	104.38	105.05
標準偏差	11.69	3.07	7.07	5.06	11.77	1.36	5.55	5.83	0.07	10.37	10.87	19.88	21.39	8.76	8.18	4.61	5.41	11.96	12.51

4-3 剣道選手の姿勢—剣道でつくられる日常の堂々とした姿勢

　ここでは剣道を行っている人の日常の姿勢について述べようと思う。剣道をする者は姿勢が素晴らしいとよく言われるが、その姿勢とは、頭が起き、腰がやや前に出て上体も起き、肩が後ろに引かれて堂々と胸を張った姿勢を指しているようである。ニューヨーク州体力テストの中の姿勢の評価基準をみると、その多くの項目で、剣道家の素晴らしい姿勢に関して高得点が与えられていることからも、剣道家の姿勢は一般的に高い評価を得られるようである。

　まず、我々の筋肉には、トーヌス（筋緊張）という方法によって、体をある一定の状態に保っておこうという働きがある。脳脊髄などの中枢神経からは、生きている限り常に筋肉に無意識的に命令が送られているのであるが、その筋肉が競技などによって強く使用している筋肉であればあるほど、結果として、筋トーヌスの発揮する力は強くなる。日常生活においては、その筋肉に力を入れようと意識しなくても自然に力が入り、その競技独特の体型がつくり出されるようになる。すなわち、剣道家の堂々としているようにみえる姿勢は、剣道を行うときに強く使われる筋肉に由来するものと考えられる。

　頭を起こし、胸を張って上体を後ろに反らすことに関係する主な筋肉は、深背筋または固有背筋と呼ばれるものである。図に見られるように、多くの筋肉が背面正中線から左右に各々10cmくらいの幅の間に入り組んで存在している。これらの筋のうちの左右どちらかが働けば、脊柱や頭は片側に曲げられたり捻られたりするが、左右同時に働くとすべての筋肉によって脊柱や頭が後方へ起こされる。剣道における、体を起こし、頭を起こして、相手を上から見下ろすような堂々とした、構えには、これらの深背筋が働いていることになる。また、腰を前に出して構えることで左足の傾きが大きくなり、前方への瞬間的な踏み込みが容易となるが、このことは当然のことながら、バランスをとるために腰より上の上体は後方に反らざるを得なくなる。さらに、前傾して打ち込んだ上体を起こして立て直すことにも深背筋が重要な役割を示し、このことも日常の姿勢に強く影響しているものと考えられる。

　両肩を後ろに引いて胸を張るときに働く筋肉は、浅背筋と呼ばれる筋肉のうちの主に僧帽筋である。剣道の正面素振りで振りかぶったときに、左右の上腕は水平位よりもかなり高く挙げられるが、肩の関節だけでは構造上上腕は水平位より上に挙げることはできない。上腕と連結している肩甲骨が、胸鎖関節、肩鎖関節という2つの関節の動きを介して上に持ち上げられながら、上腕が回転することによって、上腕の振りかぶりが可能となるのである。僧帽筋の働きだけについてみれば、僧帽筋の上部は鎖骨や肩甲骨を持ち上げ、僧帽筋の下部は肩甲骨を外側に回転させて肩関節の面を上方に向ける。これによって上腕を上方に振りかぶることができるのである。大きく振りかぶる素振りを繰り返し行うことで僧帽筋が発達し、結果として僧帽筋のトーヌスの強さが高まったような姿勢を作り上げることとなる。僧帽筋は体の最後面から出る筋肉であるため、に肩甲骨を後方に引くことになり、結果として肩が後方に引かれ、胸を張った姿勢をつくることになる。さらにやや肩が上がって、上腕が外側に少し持ち上がったようないかにも堂々としたスタイルをつくりあげることにもなる。

　しかし、堂々とした姿勢は、それが過度になると障害を起こす原因となることもある。最も注意しなければならないのは腰部の湾曲である。上体を後方に反らせるということは、腰部のところを強く曲げることになり、それが結果として腰痛を引き起こすことになる。上記の姿勢テストの評価基準を見ても、腰部の過度の湾曲が高い評価を得られていないことからも理解できる。

（柳本昭人）

[文献]
○ 河野邦雄、他（1991）『解剖学』医歯薬出版。

姿勢評価図Ⅱ（側面図）

5		3		1	
5	首が肩の上を直立し頭とアゴが均等である	3	首がわずかに前に出てアゴがわずかに外に出ている	1	首が著しく前に出てアゴが著しく外に出ている
5	胸部（胸板）が高い	3	胸部（胸板）がわずかにくぼんでいる	1	胸部（胸板）が著しくくぼんでいる
5	肩部が中心である	3	肩部がわずかに前に出ている	1	肩部が著しく前に出ている
5	背面上部の丸みが正常である	3	背面上部がわずかに丸まっている	1	背面上部が著しく丸くなっている
5	胴体が直立している	3	胴体がわずかに後ろに傾いている	1	胴体が著しく後ろに傾いている
5	腹部が平らである	3	腹部が前に突き出ている	1	腹部が前に突き出て、たれている
5	背面下部の湾曲が正常である	3	背面下部がわずかにくぼんでいる	1	背面下部が著しくくぼんでいる

図1　ニューヨーク州姿勢テスト

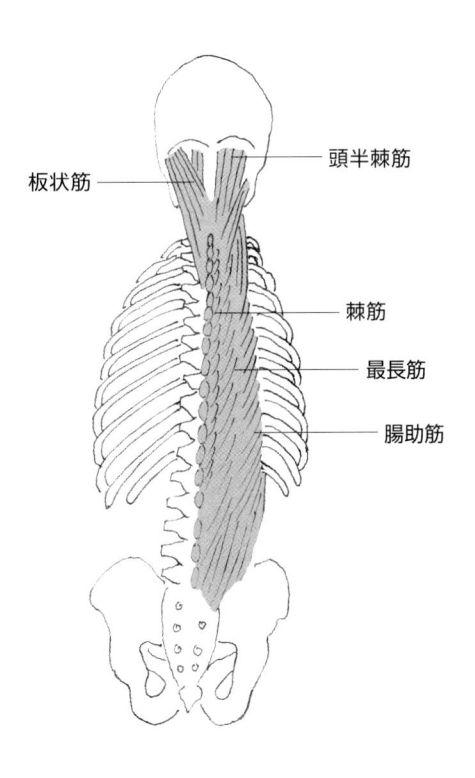

図2　深背筋（固有背筋）

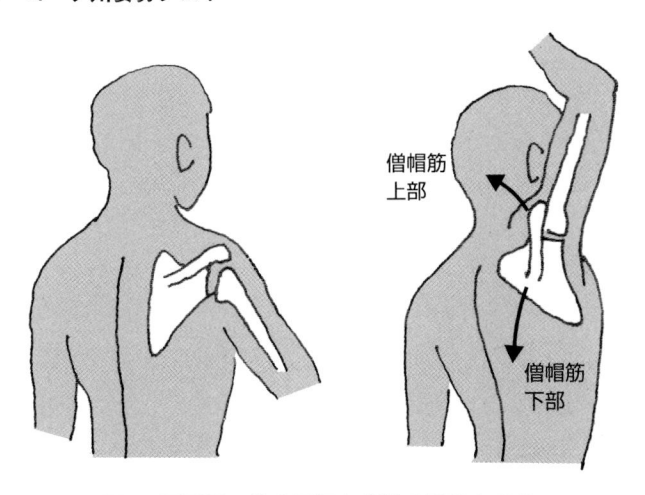

板状筋
頭半棘筋
棘筋
最長筋
腸肋筋

図3　肩甲骨の挙上回転と上腕の振りかぶり

僧帽筋上部
僧帽筋下部

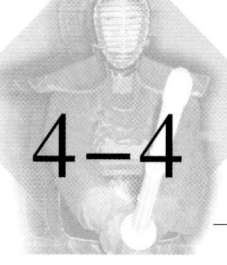

4-4 高段者の体力特性—生涯スポーツに適している剣道

　筆者はかつて全剣連の協力を得て、剣道8段、9段の高段者の体力について測定を行ったので、その結果を紹介する。

　被検者の年齢は50歳代5名、60歳代5名、70歳代3名で、当時なお鍛錬継続中の者であり、剣道界を代表する者といっても過言ではない被験者である。これらの被検者に対して、身体計測の他、運動能力等を測定した。

　身体計測値の各年齢群ごとの平均値を**表1**に示したが、各群ともに上腕、前腕、手頸の周囲値の右側優位が著明である。右上腕屈曲時周囲値を対身長指数としてみると50、60、70歳代がそれぞれ19.3、19.7、18.1となるが、筆者らが別に計測した同年齢対照群の値17.1、17.6、16.9と比較して著しく大きくなる。同様に指数化した場合、対照群より優越しているのは右手頸囲、左手頸囲、右前腕囲と続き、左側では上腕、前腕とも対照群との差が小さい。これらのことから、剣道の中高年までの鍛錬は右上腕囲、右前腕囲、右手頸囲、および左手頸囲を発達させると結論づけることができる。

　筋力では、上腕屈筋力の45°、90°、135°における測定値を合計した場合、60歳代までは右のほうが大きいが、70歳代では左側のほうが大きくなっている。上腕周囲値の屈曲時、伸展時の合計比較では各年齢群とも明らかに右側のほうが大きい結果であったので、これらの相互関係、すなわち、屈筋力計/上腕囲計比をみると、50歳代では右が大きいのに対し、60歳代では左が大きくなっている。そして、70歳代は圧倒的に左が大きくなってくることがわかる。この指数が握力に関してはさらに大きい極めて顕著な成績を示している。握力/前腕囲をみると、50歳代の右、左が227、219であり、60歳代のそれは201、194、70歳代では168、180という値を示している。これらは、50歳以上の標準値が140以下となる事実と比較しても著しく大きな値である。このように、上肢の各部位における周囲値、すなわち形態的な観察結果は、各年齢群とも右側が明らかに大きかったにもかかわらず、筋力については60歳代から70歳代になるにつれて左のほうが大きくなってくる。このことは、筋線維の太さという筋実質に関係する要素を超越した筋力の集中発揮能力が、70歳代の高段者の左側に高度に存在していることを示している。剣道では昔から左手、左足が重要であるということが言われているが、左手に関しては、少なくとも60歳を超える頃から、それが実証されてくるものと言えよう。

　それに対して他の運動能力の測定結果は、特に優れているとは認めがたい。1500m急歩、反復横とび、ジグザグドリブル、握力の5項目で判定される当時の壮年体力テスト標準値から評価すれば、各年齢群とも10歳程度は若いと判定できるが、握力が極めて大きな値を示したことを考慮すれば、他の能力は特に優れているとは言いがたい。このことから、高年高段者においては、遠間から左足で地面を思いきり踏み切り、前傾した上体を右足の踏み込みで起こすという動作に頼るのではなく、主に上半身における剣さばきが決定的役割を演じていると考えられる。この事実は我々に、剣道という競技が生涯スポーツとして存在することの意義を示しているとも思える。すなわち、体重という重い負荷を敏捷に、かつ瞬発的に動かさなければ成立しにくい競技であるとするならば、生理的老化に伴って剣道を止めざるを得なくなるからである。相手の剣気を察知し、条件反射的に竹刀を巧みに操作しさえすれば、若者と対等以上に競技することが可能であり、そのように競技を継続していきさえすれば、老化に伴って起こりやすくなるさまざまな疾病もある程度は抑えることができ、健康な生活を送ることが可能だと考えられるからである。

（柳本昭人）

[文献]
○ 小野三嗣・丹羽 昇・柳本昭人（1971）「剣道の高年高段者に見られる体力特徴について」『体力科学』20巻、89-95頁。

表1 年代別身体測定平均値

年齢			50歳以上	60歳以上	70歳以上
人 数			5	5	3
身 長 (cm)			167.2	162.4	161.7
体 重 (kg)			70.2	64.0	55.2
胸 囲 (cm)			94.7	91.3	85.8
座 高 (cm)			91.8	88.7	89.2
上腕囲 (cm)	右	伸展囲	27.6	30.0	26.8
		屈曲囲	32.3	32.0	29.2
	左	伸展囲	27.7	27.8	25.6
		屈曲囲	30.5	29.6	27.8
前腕囲 (cm)	右		28.2	27.7	25.9
	左		27.3	26.3	24.7
手頚囲 (cm)	右		18.8	18.7	17.5
	左		18.0	17.8	16.9
大腿囲 (cm)	右		54.1	52.5	47.5
	左		52.9	50.9	46.1
下腿囲 (cm)	右		36.8	35.7	32.8
	左		37.0	35.5	32.6
足頚囲 (cm)	右		21.6	21.8	20.7
	左		22.1	21.4	20.7
皮脂厚 (mm)	腹部		22.5	18.2	13.7
	背部		17.0	16.4	9.5
	上腕部		8.4	11.1	6.7

表2 年代別身体機能測定平均値

年齢			50歳以上	60歳以上	70歳以上
肺活量 (ml)	最大値		3094	2742	2723
	1秒値		2204	1498	1317
			858	919	828
			901	1020	1035
反復横とび			37.6	31.1	28.0
垂直とび (cm)			38.4	32.4	24.7
ジグザグドリブル(sec.)			21.7	28.8	37.7
速 歩			11′49″8	13′05″6	12′51″5
握 力 (kg)	右		64.2	54.8	43.4
	左		59.8	50.9	44.5
上体そらし (cm)			36.4	35.4	23.0
体前屈 (cm)			7.8	2.6	−1.7
受動握力 (kg)	右		77.6	63.9	50.0
	左		72.0	61.3	53.9
前腕屈筋力 (kg)	右	45°	20.0	14.6	12.9
		90°	18.7	19.7	14.5
		135°	21.9	20.5	13.4
	左	45°	18.8	16.0	14.9
		90°	18.2	17.7	14.1
		135°	18.2	18.1	14.5
受動前腕屈筋力 (kg)	右		23.3	23.0	18.2
	左		22.4	21.9	19.4

表3 前腕屈筋力と上腕囲

年齢		50歳以上	60歳以上	70歳以上
(A) 肘関節角45°、90°、135°における前腕屈筋力合計 (kg)	右	60.6	54.8	40.8
	左	55.2	51.8	43.5
(B) 肘関節屈曲時と伸展時の上腕囲合計 (cm)	右	59.9	62.0	56.0
	左	58.2	57.4	53.4
(A)/(B)×100	右	101.1	88.3	72.8
	左	94.8	90.3	81.4

4-5 剣士の腕パワー

「剣聖」といわれた中山博道（元東大剣道部師範）は鉄のステッキを常に持ち歩き、筋力を鍛えたことはよく知られている。また、全日本剣道選手権を三度制覇した千葉選手（警視庁）とともに上段の名手として著名な故・川添選手も重めの木刀での片手素振りによって筋力を鍛えていた。したがって、技術向上には筋力が重要であると言われる。しかしいっぽうでは、老若男女がともに同じ土俵で稽古できることから、筋力や体力はそれほど必要ではないとも言われてきた。

剣道競技は相対動作で竹刀という打具を用いて技を競う競技である。したがって攻防動作を巧みに行い、よい運動成果を得るために瞬間的に竹刀を加速し、制動することが必要と考えられる。この素早い動きを可能にするものとして、腕のパワーや筋力などがある。ここでは[1]、筋力や腕のパワーが競技成果にどのように反映されているのかを示してみる。

1 ── 腕の太さ

対象となったのは、全日本学生剣道大会で10回優勝している某私立大学剣道部の7選手（熟練者・上級者）と、そうでない都内の国立大学剣道部の8選手（未熟練者・下級者）である。結果を表や図に示した。まず、周径囲（表1）では、右上腕囲は熟練者と未熟練者との間には統計的に有意な差が認められなかった。しかし、左上腕囲は熟練者と未熟練者との間で統計的に1％水準で有意な差が認められた。このことは、熟練者のほうが左腕は太いことを示す。

次に、腕の屈曲・伸展力をみると、熟練者は屈曲・伸展力のどちらともに未熟練者を上回り、右屈曲筋力、左伸展力は統計的に1％水準で、左屈曲筋力は5％水準で有意な差が認められた。このことは、熟練者が右左の屈曲・伸展力とも未熟練者より優れた筋力発揮ができることを示す。

いっぽう、上腕囲あたりの筋力指数から、熟練者と未熟練者の屈曲力を比較した場合では有意な差は認められなかったが、伸展力では右腕が1％水準で、左腕は5％水準でそれぞれ有意な差を示した。したがって、上腕囲当たりに対する値においても、熟練者の伸筋力は未熟練者よりも優れていた。このような結果は、福本ら[2]が鍛錬度の異なる3群を対象に剣道運動の上肢筋力に及ぼす影響を詳細に検討した結果と同じ傾向であった。

2 ── 腕パワーと競技力

最後に、力にスピードを加えた腕の総合的な力（以下パワーとする）を検討してみた。腕屈曲パワー（図1、2）は熟練者と未熟練者との間に有意差は認められないが、伸筋力パワー（図3、4）は左右ともに熟練者が高い値を示し、23.6〜713.8kgのすべての負荷において、1％水準で有意な差を示した。このことは、熟練者は筋力、パワーにおいて、未熟練者よりも優れていることを示すもので、特に伸筋群の筋力、パワーの発揮能力が優れている。以上を要約すると、熟練者は、筋力、パワー、あるいは形態的な面において、未熟練者よりも優れていた。これらの相違の原因は、竹刀という媒介物を繰り返し繰り返し反復する動作が未熟練者よりも熟練者のほうが多い結果と考えられる。

（恵土孝吉）

[文献]
1) 恵土孝吉（1977）「剣道選手の腕伸展屈曲パワー」『武道学研究』第10巻第2号、125-127頁。
2) 福本修二（1974）「剣道運動の上肢筋力に及ぼす影響について」第25回日本体育学会発表資料並びに大会号、717頁。

表1　剣道選手の上腕囲ならびに上腕屈筋力・伸筋力

被検者 \ 項目	上腕囲（cm） 右	左	屈筋力（kg） 右	左	伸筋力（kg） 右	左	屈筋/上腕囲 右	左	伸筋力/上腕囲 右	左
熟練者（7名）	30.8	29.1	32.0	28.5	27.5	24.1	1.04	0.98	0.89	0.82
標準偏差	0.7	0.5	1.2	1.6	2.9	1.2	0.04	0.05	0.08	0.03
未熟練者（8名）	28.4	26.5	26.7	24.2	18.1	17.7	0.96	0.92	0.64	0.67
標準偏差	0.8	0.7	1.0	1.0	0.7	1.3	0.05	0.04	0.04	0.05
t—検査	***	***	***	*	***	***			***	*

***P<0.01　*P<0.05

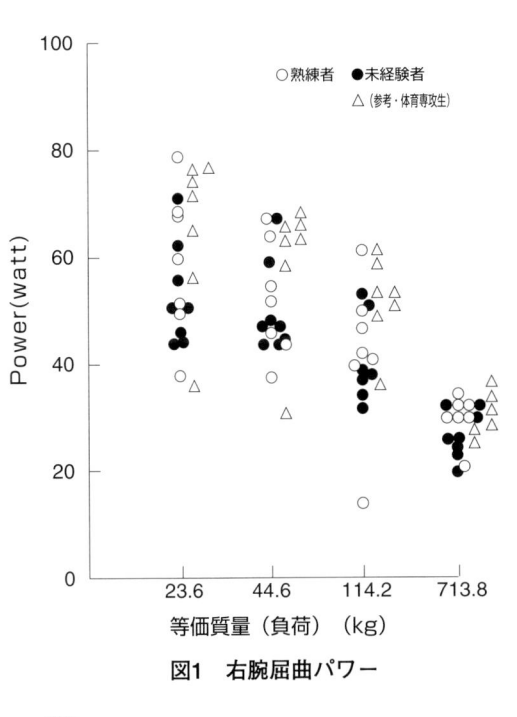

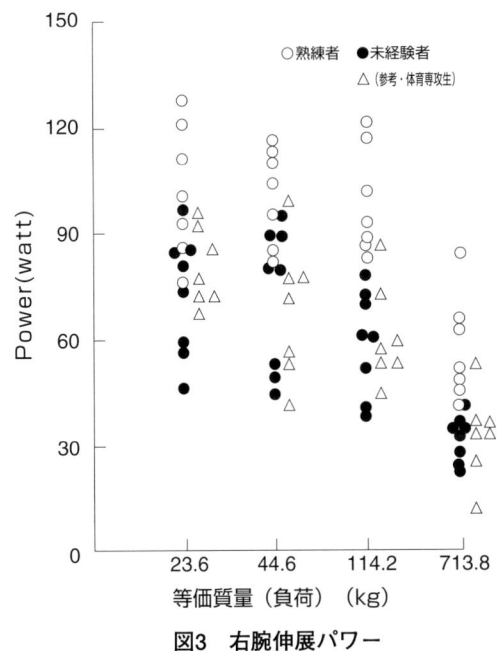

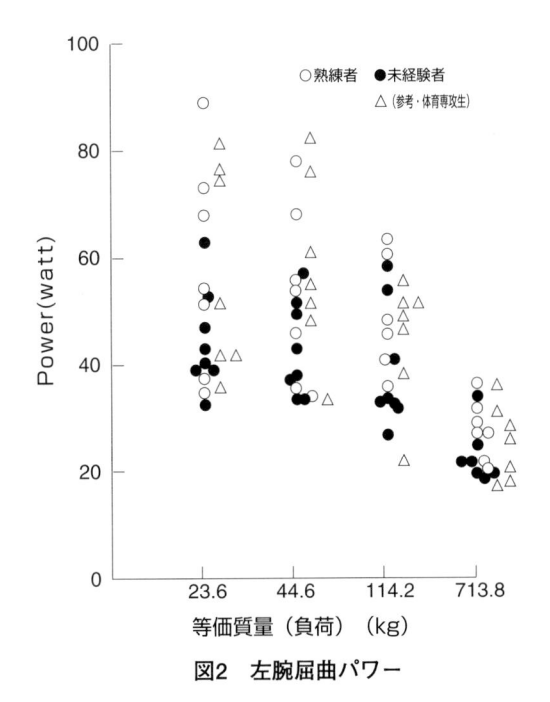

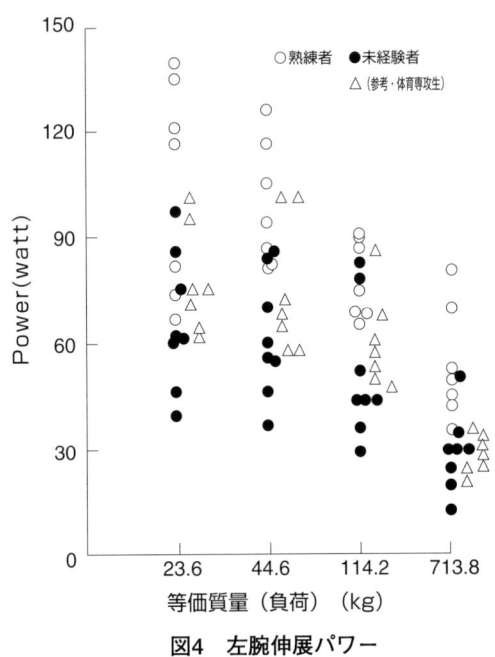

図1　右腕屈曲パワー

図2　左腕屈曲パワー

図3　右腕伸展パワー

図4　左腕伸展パワー

4-6　剣道選手の素早さ

　元東大教授、猪飼博士ら[1]は、陸上競技や水泳競技等の選手を対象に素早さ（全身反応時間）を測定している。それによれば（**表1**）、陸上や水泳の選手は、他のスポーツ選手や非鍛練者（大学生）よりも全身反応時間が優れていた。いっぽう、剣道選手は非鍛練者と比べてみても、また、他の競技選手と比較した場合にも、決して早くないことを明らかにした。陸上や水泳における短距離走・泳は、ピストルの音とともに素早くスタートすることが試合成績と大いに関係することから、このような結果は当然と考えられる。しかし、週4～6回、1回について2時間程度鍛練している剣道選手が非鍛練者よりも遅いという結果は意外である。剣道では、この素早さはそれ程重要ではないのであろうか。

1── 一流選手の素早さ

　そこで、毎年各種大会で優秀な成績をあげている剣道選手を対象に、恵土ら[2]は、全身反応時間を横断的、縦断的に測定し検討することを試みている。対象者は、警察官大会で常勝している某機動隊の剣道部員と、大学・高校で最も多く優勝経験を保有する某大学剣道部員・某高校剣道部員の正選手と非正選手である。参考のために、小・中学校で剣道を実施している豆剣士の資料も加えた。
　まず、縦断的観点からの結果では（**表2**）、選手の中には一年間の練習によって、速くなった者と逆に遅くなった者が認めらる。いっぽう、横断的観点（**表3**）では、年齢の割にはかなり剣道の練習を積んでいる小学校4・5年生が0.398秒、中学校2年生が0.372秒である。次に、高校生以上では、高校生の成績上位者が0.327秒、下位者0.341秒。大学生の成績上位者は0.337秒、下位者0.338秒、警察官の成績上位者は0.332秒、下位者0.335秒である。高校生の成績上位者を除けば、経験年数の長い者や競技成績の良い者が素早い結果である。しかし、その時間差を比較すると、技術的に特に優れている警察官の成績上位者と技術的には中程度の高校生の成績下位者との間には、わずか0.09秒の差のみである。このことは、「試合で好成績をあげるためには素早さは重要ではない」と考えることが妥当ということである。

2── なぜ一流選手は強いのか

　とはいえ、実際には圧倒的に警察官が強くて良い成績をあげているのが現状であることは否定できないことである。
　いずれにしても、剣道の成競技果と素早さとの因果関係は少ないようである。その要因としては、素早さの測定方法に問題があるのではないかと考えられる。すなわち、この実験は光り（ランプ）がつく合図とともにジャンプするという条件によって、素早さを測定するものである。このことから、試合で好成績を収めた選手とそれ以外の選手との間に全身反応時間に大幅な差は認められなかったものと考えられるのである。このような結果は当然といえば当然である。その理由は、剣道は"光り"に反応して動作を起こしたり、体を動かすのではなく、相手の動きや竹刀の動きに対して素早く対応しなければ意味がないからである。このように考えると、この測定方法からは、剣道における本当の意味での素早さを測定していることにならないものと考えられるのである。
　ちなみに、警察官が良い成績を挙げている要因として考えられるのは、恵土[3]によれば、一つは、「相手の動作を予測する能力」が優れていること。二つには、「予測した事柄を正確に判断し、それを基盤にして素早く対応できる能力」である。

（恵土孝吉）

［文献］
1) 猪飼道夫、他（1961）「全身反応時間とその応用」『Olympia』No.9。
2) 恵土孝吉、他（1977）「剣道実施者の全身反応時間」『武道学研究』第10巻第2号、128-129頁。
3) 恵土孝吉、他（1991）「剣道における予測」『Japanese Journal of Sports Sciences』第10巻10号、695-698頁。

表1　猪飼・キュアトンらが調べたスポーツ選手の全身反応時間

種　目	時間（秒）	種　目	時間（秒）
水泳		バスケット	0.358
飛び込み	0.278	柔道	0.366
背泳（100m）	0.292	バレー	0.392
自由型（100m）	0.295	野球	0.392
自由型（1500m）	0.316	非鍛練者	0.375
自由型（400m）	0.321		
プレスト（200m）	0.322		
陸上		サッカー	0.356
棒高跳び	0.251	体操	0.394
走高跳び	0.291	剣道	0.383
砲丸投げ	0.308		
トラック走	0.257		

表2　縦断的にみた全身反応時間

被検者	U.A	I.S	N.O	S.O	K.M	E.O	K.Y	Y.N	H.M	T.T	T.I	W.N	M±S.D
測定日　S.51.5	0.312	0.349	0.330	0.307	0.343	0.358	0.390	0.327	0.301	0.355	0.307	0.369	0.337±0.028
測定日　S.52.5	0.346	0.352	0.328	0.333	0.338	0.337	0.330	0.328	0.318	0.342	0.340	0.399	0.340±0.018
年　　令	20	20	21	20	20	20	20	20	21	21	21	21	20.4

表3　恵土らが調べた全身反応時間（秒）

被検者		経験年数	段位	年齢	人数	練習時間
一般剣道成績上位者	0.332	15.9	5.2	27.3	19	約4時間
一般剣道成績下位者	0.335	11.0	3.9	23.6	10	約4時間
平均	0.335	13.5	4.5	25.5	29	約4時間
大学剣道成績上位者	0.337	9.4	3.4	20.5	23	約2時間
大学剣道成績下位者	0.338	7.2	2.7	19.5	49	約2時間
平均	0.338	8.3	3.1	20.0	72	約2時間
高校剣道成績上位者	0.327	7.9	2.4	18.0	12	約2時間
高校剣道成績下位者	0.341	4.0	0.7	18.0	19	約2時間
平均	0.334	6.0	1.6	18.0	31	約2時間

参考……小学生0.398（秒）　　中学生0.372（秒）

写真1

4-7 剣道と腰痛

剣道におけるスポーツ障害では、疼痛の発生部位としては踵部に次いで腰部が多く[1]、傷害としてはアキレス腱断裂に次いで腰痛が多い[2]。剣道活動中の傷害の発生率[3,4]は他のスポーツの場合に比べて低いものの、剣道を継続している者には腰痛症が多く認められる点が剣道におけるスポーツ障害の特徴[5]である。

1 — 剣道における腰痛の発症因子

人間の身体を支えている脊柱は、椎骨と椎間板が連続的に積み重なる構造、および穏やかなS字状の湾曲によって、外部からの衝撃や体重の負担を和らげている。腰痛は、主にこの脊柱に問題があって生じるものと、内臓の関連痛によるものに大きく分けることができる。

脊柱に原因がある場合、脊柱湾曲、椎骨、椎間関節の形状や筋力などが問題となる。痛みの根元には、椎間関節の周囲を取り巻く軟部組織（筋・靱帯）の損傷・炎症・過緊張、局所の循環不良や神経根の圧迫である。また、その痛みを増幅するのが、その個人の生活習慣上の体癖と性格的要素ということになる。

身体運動は脊柱・骨盤・股関節の密接な連動連鎖によって行われる。身体運動と筋・骨格系の関係でいうと、腰痛の原因は腰椎部分に起こる機能障害だけでなく、体幹全領域にわたる構造上の機能障害も関係している。この体幹運動を阻害してしまう因子には、肩甲帯の伸展障害に起因する胸椎の伸展制限、腹筋群の機能低下、脊柱の過可動性、股関節の伸展障害、脊柱の湾曲過剰などがある。

また、腰痛の発症には環境面の影響も大きい。腰痛の環境的な発生因子には、職業や生活における習慣的姿勢や動作が挙げられる。

このような中で、剣道では構えや打突時の姿勢を重視する傾向が強い。また、剣道を長期間継続している者では、自身の姿勢を崩すことへの心理的な抵抗感も存在する。したがって、剣道の運動特性である構え姿勢の保持や打突時の身体の並進移動を支えるため、背筋部が強化される。この背筋の強化に伴い、体幹運動の協調性を阻害してしまうような不適応が生じた際には、腰痛が生じやすい。

さらに、剣道では運動に適した準備状態を保つため、臍下丹田の意識化が重要とされている。しかし、腰部と腹部に同量の筋緊張が持てない場合は体幹運動の不調和が生じ、むしろ腰に対する負担は大きい。

2 — 腰痛経験者の姿勢特性

個人の姿勢とその特徴は、日常の習慣的動作や運動経験によって影響を受けて獲得される。特に、長期間のスポーツ経験は、そのスポーツ種目の運動特性を反映した体型をもたらしやすい。

従来、剣道選手の姿勢は、他のスポーツ選手に比べて良いとされてきた。しかし、大学生の剣道専攻学生と一般学生を比べてみると、脊柱湾曲の諸角度（図1）には両者の間に差は認められず、むしろ剣道専攻学生には上体が後傾している者の多いことが報告されている[6]。ここで、剣道の稽古を長期間継続している剣道経験者の脊柱湾曲の特徴を、腰痛経験がある者とない者で比較すると、腰痛経験者の立位姿勢における胸椎の後湾や腰椎の前湾は腰痛未経験者に比べてより強い（表1）。したがって、一般的には姿勢が良いとされる剣道経験者の中でも、剣道生活の中で腰痛を経験したことのある者は、腰痛の自覚症状がない者と比べると、姿勢面で腰痛を誘発しやすい特性を持っているといえる。

剣道経験者の腰痛は、このような個人の姿勢面の特性以外に、身体的疲労に起因する場合が最も多いとされている[5]。また、そのような身体的疲労には、個人の体力的資質、稽古環境、技術的巧拙等が密接に関与している。したがって、剣道の学習過程において腰痛等のスポーツ障害や身体的疲労を予防するためには、体調面のコンディショ

ニング、用いる竹刀や防具の適否、稽古場環境（床の堅さ、温湿度）、稽古量や内容、自己の技術レベルと技術課題等に常に注意を払う必要がある。

（直原　幹）

[文献]
1) 川清　久、他（1987）「剣道における傷害」『J.J.Sports Sci』6、284-292頁。
2) 佐々木健（1997）「剣道医学サロンQ&A」（6）『月刊剣窓』12、34頁。
3) スポーツ安全協会（1995、1996）『スポーツ等活動中の傷害調査』、財団法人スポーツ安全協会。
4) 駒谷壽一、他（1998）「最近5年間のスポーツ外傷・障害統計」『体力科学』37巻、323-332頁。
5) 和久貴洋、他（1991）「競技特性からみた剣道におけるスポーツ傷害の分析」『武道学研究』第24巻第1号、45-51頁。
6) 百鬼史訓、他（1977）「剣道選手の立位姿勢に関する研究」『武道学研究』第9巻第2号、19-21頁。

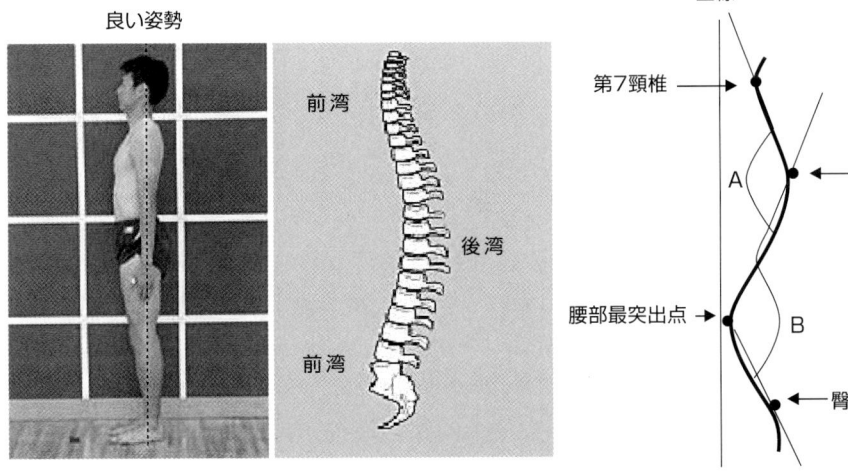

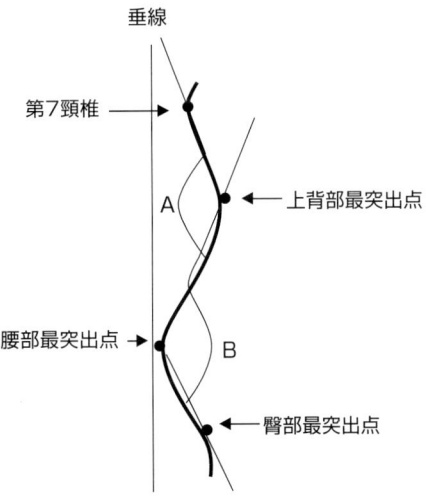

A：上背後湾角　　B：腰部前湾角

図1　脊柱の生理的湾曲と計測角度

　上背後湾角は、脊柱上部の湾曲の程度を調べる指標である。その角度が小さくなるほど、「猫背」のような後湾になっていることを示す。腰部前湾角は、脊柱下部の湾曲の程度を調べる指標である。その角度が小さくなるほど、前湾が強くなっていることを示す。

表1　剣道の腰痛経験からみた脊柱湾曲角の違い

(直原・荒川、2003)

腰痛経験	上背後湾角		腰部前湾角	
	楽な姿勢	良い姿勢	楽な姿勢	良い姿勢
有 (n=16)	155.7±4.4	159.0±4.3	153.3±4.8	152.5±6.3
無 (n=14)	158.4±4.3	162.0±4.2	157.7±4.0	157.1±4.6

　剣道の稽古を継続して行っている男子30名（剣道群：年齢25.3±4.7歳、身長175.0±6.3cm、体重69.9±6.6kg、経験年数16.2±3.6年）を対象とし、腰痛の有無の観点から立位時の姿勢を比較したところ、上背後湾角（$p<0.05$）と腰部前湾角（$p<0.01$）において腰痛の有無による違いが認められた。剣道生活の中で腰痛を経験したことの有る者の胸椎部の後湾や腰椎部の前彎の程度は強いことがわかる。

4-8 大学女子剣道選手のメンタルコンディショニング

スポーツ選手が練習によって身につけた技能や体力を試合の場で発揮する時には、精神の安定や集中力、及びその持続性、あるいは目標達成の意欲などの精神的な要因が大きな影響を及ぼすことはよく知られている。

1 ― 剣道選手の主たる心理的要因

剣道に関しては、有田ら[1]は、剣道選手におけるピークパフォーマンス時の心理状態で強く感じる心理的要因について、「精神的リラックス」、「今の状態への集中」、および「意欲」等の重要性を指摘している。また、斉藤らは、稽古前のメンタルコンディションと稽古以外でのコンディショニングも必要であることを述べている。

このように現代の競技剣道にあっても、剣道選手のメンタルコンディショニングとピークパフォーマンス時の心理状態とは密接に関係しており、試合中の心理面に関する問題は、技術面や体力面などとともに、欠くことのできない最重要課題と言えよう。

2 ― 大学女子剣道選手のメンタルトレーニングの効果

そこで、ここでは、全国大会出場を目ざし、そして達成した大学女子剣道選手9名を対象として、取り組んだメンタルコンディショニングについて報告する。9名のプロフィールは、表1に示す通りであり、そのうちの3人が全国大会レベルの出場経験がまったくなく、剣道経験年数も3～6年程度の未熟練者であった。メンタルトレーニング期間は、4月～11月の全国大会までとした。心理検査として用いたのは、心理的競技能力診断検査、および試合前の心理状態診断検査の2種類であり、どちらもトーヨーフィジカル社が発行しているものである。トレーニング内容は、①目標設定（部全体・各個人の目標を道場に掲げ、剣道ノート活用）、②音楽によるリラクセーション法、③集中力強化テープと座禅の実践、④イメージトレーニング（自分に優位な試合をイメージ）、⑤稽古後のミーティング（反省と評価および意思統一）、⑥チームとしてのコミュニケーションの場を多くする等であった。

その結果、心理的競技能力は、全体として大きく向上し、中でも競技意欲、判断力、決断力、予測能力、闘争心、勝利意欲、作戦能力等が高くなったが、リラックス能力、集中力、および自己コントロール能力が低くなるなど、トレーニングの効果には課題も残った。部全体としては、地区大会において準優勝し、全国大会団体戦への出場を果たしたことから、今回のメンタルトレーニングが少なからず、良い影響をもたらしたものと思われる。事実、選手の口からも「試合前のイメージトレーニングのお陰で先をかけて、自分に優位な試合展開ができた」とか「自分なりのリラクセーション法によって、リラックスして集中した試合ができた」という感想意見が多くあった。

総じて、今回のメンタルトレーニングは、試合前、試合中の心理的要因に大きく関与し、かつ効果があったと考えられる。ただ、各診断検査において悪くなった能力もあったり、反省の残る試合内容があったりと、メンタルトレーニングのすべてがプラスに働いたとは言い難い面もある。今後は、個人の性格や様々な心理的特性を踏まえて、診断検査を有効に活用し、個々人に応じた詳細なるプログラムの提供が重要である。また、最も大切なことは、選手一人ひとりが明確な目標と価値を自覚し、自主的、主体的にこれらのプログラムを実践していく姿勢にある。

（山神眞一）

［文献］
1) 有田裕二（1998）「剣道選手のピークパフォーマンス時の心理的要因に関する研究」『武道学研究』第31巻第1号、21-29頁。
○ 斉藤 実（1995）「剣道選手のコンディショニングに関する研究」『武道学研究』第28巻、40頁。
○ 岡崎友香理、山神眞一「大学女子剣道選手のメンタルコンディショニングに関する縦断的研究」未発表資料。

第Ⅱ部/第4章　体力

表1　調査対象のプロフィール（岡崎、山神未発表資料）

調査対象＼プロフィール	学年	経験	取得段位	県・地区レベルの大会への参加経験（市・群大会除）	全国的レベルの大会への参加経験
A	4回生	10年以上	四段	5回以上	5回以上
B	4回生	3〜4年	二段	3〜4回	なし
C	3回生	5〜9年	三段	5回以上	なし
D	2回生	10年以上	三段	5回以上	3〜4回
E	2回生	10年以上	三段	5回以上	1〜2回
F	2回生	10年以上	三段	5回以上	3〜4回
G	2回生	3〜4年	二段	3〜4回	なし
H	1回生	10年以上	三段	5回以上	5回以上
I	1回生	5〜9年	三段	5回以上	1〜2回

表2　トレーニング前心理的競技能力診断結果（岡崎、山神未発表資料）

	忍耐力	闘争心	自己実現意欲	勝利意欲	自己コントロール能力	リラックス能力	集中力	自信	決断力
A	13	19	19	15	16	13	14	18	14
D	14	16	20	17	15	10	15	11	14
E	18	20	18	13	17	15	17	12	12
F	18	20	18	12	19	13	18	12	16
H	20	20	20	20	15	13	13	19	17
I	15	20	17	18	11	14	20	14	16
B	9	11	15	15	11	4	15	7	10
C	16	15	16	12	14	11	11	13	12
G	13	12	17	9	17	17	19	9	9
平均値	15.1	17.0	17.8	14.6	15.0	12.2	15.8	12.7	13.3
標準偏差	3.33	3.64	1.72	3.43	2.69	3.70	2.95	3.87	2.78

	予測力	判断力	協調性	嘘尺度	競技意欲	精神安定・集中	自信	作戦能力	総合得点
A	12	14	19	20	66	43	32	26	186
D	11	13	20	16	67	40	25	24	176
E	16	15	19	19	69	49	24	31	192
F	15	15	20	19	68	50	28	30	196
H	18	18	20	18	80	41	36	36	213
I	13	15	20	20	70	45	30	26	173
B	10	10	20	16	50	30	17	20	137
C	11	13	20	17	59	36	25	24	164
G	8	9	16	18	41	53	18	17	145
平均値	12.7	13.6	19.3	18.1	63.3	42.9	26.1	25.3	131.3
標準偏差	3.16	2.74	1.32	1.54	11.68	7.29	6.19	6.10	66.15

表3　トレーニング後心理的競技能力診断結果（岡崎、山神未発表資料）

	忍耐力	闘争心	自己実現意欲	勝利意欲	自己コントロール能力	リラックス能力	集中力	自信	決断力
A	17	20	20	13	18	19	19	20	20
D	13	12	12	15	13	14	18	7	11
E	17	20	18	13	17	16	17	11	13
F	15	17	17	15	12	9	13	8	13
H	18	20	20	20	20	12	17	19	20
I	16	20	16	18	15	6	13	13	14
B	14	15	20	20	9	4	11	8	13
C	16	15	17	15	15	14	13	13	13
G	15	15	13	11	12	13	15	10	10
平均値	15.7	17.1	17.0	15.6	14.6	11.9	15.1	12.2	14.1
標準偏差	1.58	3.02	2.96	3.17	3.43	4.78	2.76	4.74	3.55

	予測力	判断力	協調性	嘘尺度	競技意欲	精神安定・集中	自信	作戦能力	総合得点
A	18	18	20	20	70	56	40	36	226
D	11	12	18	20	65	45	18	23	169
E	14	14	19	19	68	50	24	28	189
F	11	14	20	16	64	34	21	25	164
H	19	20	20	20	78	49	39	39	225
I	14	15	17	20	70	34	28	32	194
B	10	8	18	16	69	24	21	18	150
C	12	14	20	18	63	42	26	26	171
G	11	11	15	19	54	40	20	22	151
平均値	13.4	14.2	18.9	18.7	66.8	41.6	26.3	27.6	182.1
標準偏差	3.28	3.70	1.69	1.66	6.53	9.82	8.08	6.84	28.67

第5章 運動

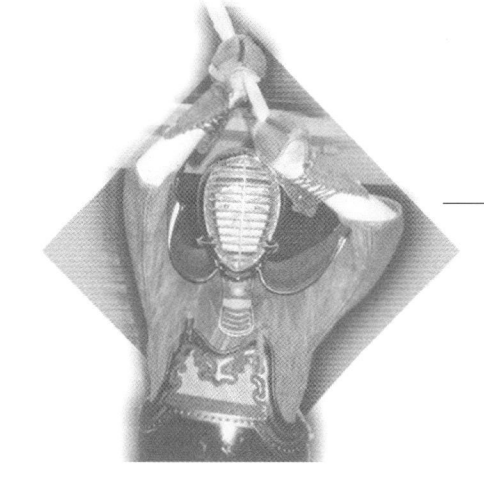

5-1 剣道運動の酸化ストレスについて

酸化ストレスとは、「生体の酸化反応と抗酸化反応のバランスが崩れ、前者に傾いた状態」と定義される。生体内において活性酸素の過剰な生成や、あってはならない場所での生成は、その局所での生成と消去の平衡関係を崩し、いわゆる酸化ストレス負荷の状態となり、活性酸素（フリーラジカル）は生体の膜や組織を構成する生体内分子を攻撃して、各種疾患を誘発する。一般的にはこのようなネガティブな面で理解されている。しかし、適度な運動による酸化ストレスを契機に生体防御を増強するというようなポジティブな面も解明されている。

剣道運動により生体の酸化ストレスはどのようになっているのだろうか。生体における酸化ストレスを評価するマーカー（バイオマーカー）の一つにヒト血清アルブミンの酸化・還元状態がある。

1 — ヒト血清アルブミンとは？

ヒト血清アルブミン（human serum albumin：HSA）は肝臓で合成される単純タンパク質（分子量、66 kDa）で、その総量の約40％は血液中に存在し、総血清タンパク質の約50％を占めている。生理機能としては、血漿膠質浸透圧の維持、搬送体タンパク質としての機能、栄養の供給源、酸化還元緩衝機能などがある。HSAは還元型アルブミン（human mercaptalbumin：HMA）と酸化型アルブミン（human nonmercaptalbumin：HNA）の混合物である。健康成人男子のHMAの正常範囲は、ほぼ70～75％、HNAは25～30％である。

2 — 健康成人男子のHPLCプロファイル

HSAの分析には高速液体クロマトグラフィー（high-performance liquid chromatography：HPLC）を使用する。健康成人男子のHPLCプロファイルを図1に示す。図中の1がHMA、2と3がHNAである。HNAには複数の種類が報告されており、2の分画はシステインやグルタチオンと結合して酸化型となったもの、3の分画はそれ以上に酸化された酸化型を示している。生体におけるHSAの特徴は3の分画が少ないことである。

3 — 剣道通常稽古前後のHSA分析結果

剣道通常稽古前後はどのような変化がみられるであろうか。大学生の通常稽古（時間：約1時間30分、内容：基本稽古約30分、互格稽古約55分、掛かり稽古約5分）前後のHSA分析結果を表1に示す。稽古前後においてHMAに有意な変化はみられない。つまり、通常の稽古では酸化ストレスが生じていないことが示唆された。

4 — 剣道夏期強化合宿前後のHSA分析結果

それでは、強化合宿前後ではどのような変化がみられるであろうか。大学生の5日間の剣道夏期強化合宿を対象にHSA分析を行った。合宿中の1日の稽古時間は、午前約2時間30分、午後約3時間の計約5時間30分、稽古内容は基本稽古約60分、互格稽古約120分、掛かり稽古約20分、試合稽古約130分であった。この合宿は夏場にもかかわらず、空調設備のある体育館を使用したため、WBGT（wet-bulb globe temperature：湿球黒球温度）$21.9\pm1.0℃$、気温 $25.0\pm1.3℃$、湿度 $64.2\pm4.3\%$ と暑熱環境が緩和された状態で実施されている（暑熱環境は活性酸素を産生するが、その要因は除去されている）。合宿前後とコントロール群のHSA分析結果を表2に示す。合宿前後ではHMAの値は有意に減少し、HNAの値（図1の2の分画）は有意に増加した。このことから、主に運動による酸化ストレスが生じたことが示唆された。

5 — 剣道運動の酸化ストレス

以上の結果から、通常の稽古では、その運動により発生する活性酸素は生体内の抗酸化機構より消去され酸化ストレスを示さないが、強化合宿のように数日間繰り返し運動負荷が加わる場合は、酸化ストレスが生じることがわかった。大学生は年齢的には最も生体の抗酸化力が強い時期ではあ

るが、環境汚染等が進行している現状では、抗酸化物質を十分に摂取するなどの活性酸素対策を行う必要があろう。

（今井　一）

[文献]
1) Imai H., Hayashi T., Negawa T., Nakamura K., Tomida M., Koda K., Tajima T., Koda Y., Suda K., Era S. (2002) "Strenuous exercise-induced change in redox state of human serum albumin during intensive *kendo* training." *Jpn. J. Physiol.*, 52, pp.135-140.
○ Era S., Kuwata K., Imai H., Nakamura K., Hayashi T., and Sogami M. (1995) "Age-related change in redox state of human serum albumin." *Biochim Biophys Acta*, 1247, pp.12-16.

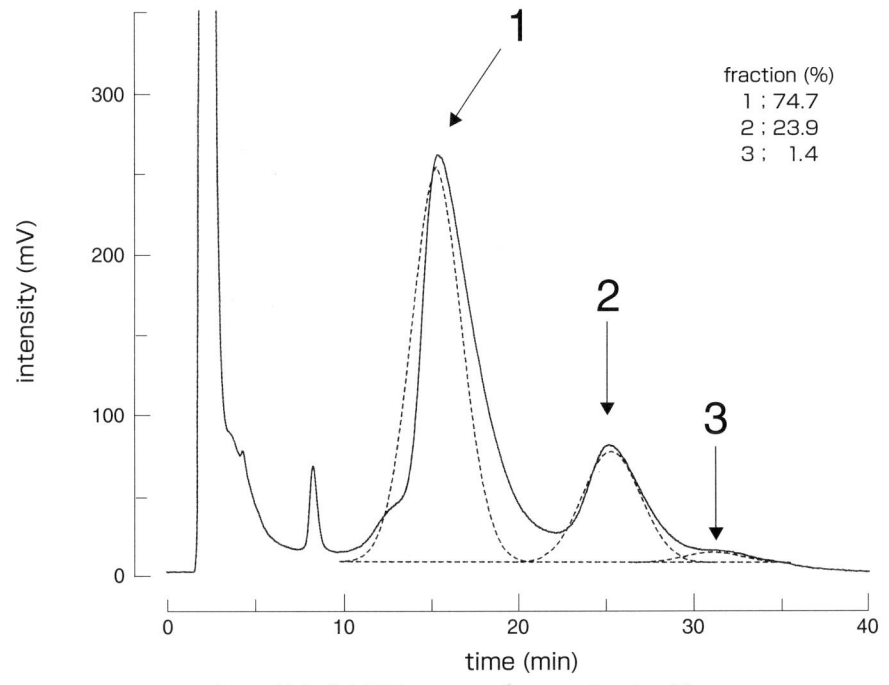

fraction (%)
1 ; 74.7
2 ; 23.9
3 ; 1.4

図1　健康成人男子のHPLCプロファイルの一例　（※参考文献1）より）

表1　剣道通常稽古前後における還元型アルブミン（HMA）の平均値の変化 (%)

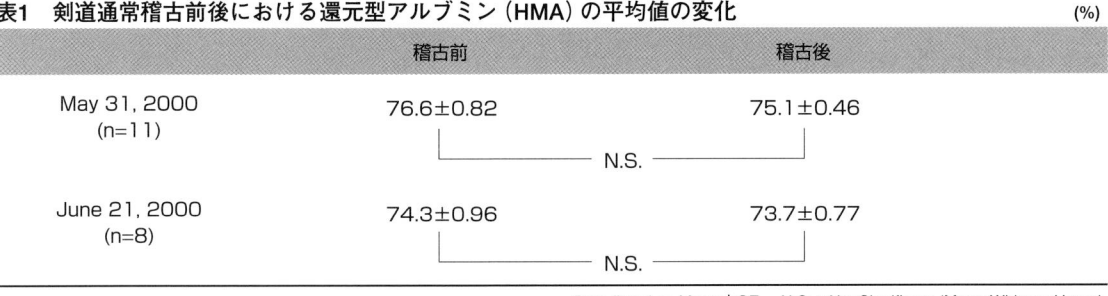

	稽古前	稽古後
May 31, 2000 (n=11)	76.6±0.82	75.1±0.46 N.S.
June 21, 2000 (n=8)	74.3±0.96	73.7±0.77 N.S.

Data listed as Mean±SE.　N.S.：Not Significant (Mann-Whitney-U-test)

表2　剣道夏期強化合宿前後のHSA分析結果

	健康成人男子（コントロール）	剣道選手 合宿前	剣道選手 合宿後
年齢	22.1±1.80	20.0±1.13	
n	20	30	30
f(HMA)(%)	73.2±2.34	71.9±3.69	62.8±2.41
f(HNA-1)(%)	24.9±1.98	25.7±3.73	34.2±2.11
f(HNA-2)(%)	1.91±0.78	2.38±0.53	2.98±0.77

Data listed as mean±S.D..　　*,$P<0.05$; ***,$P<0.0005$; NS, not significant　　paired Student's t-test, Mann-whitney U-test

5-2 暑熱環境下における強化合宿での生体負担度

　暑熱環境下での運動時には体温調節反応として発汗が生じる。発汗による脱水が進行すると発汗の抑制と体温上昇が加速し、熱中症の危険性が高まる。熱中症とは、突然の意識喪失と発汗機構の障害を伴う体温上昇をいう。症状は頭痛，めまい、昏迷（軽度の意識障害）、痙攣などから昏睡に至る。皮膚は熱く乾燥し、体温は43℃にも上昇し、死に至ることもある。実際、大学生の剣道夏期強化合宿で熱中症による死亡例も発生している。熱中症の予防に関する知識と万一発生した場合の救急処置法について熟知する必要がある。

　WBGT（wet-bulb globe temperature：湿球黒球温度）を基にした「熱中症予防の運動指針」を表1に示す。WBGTとは単なる気温や湿度ではなく、輻射熱環境を考慮した温熱指数である。G大学剣道場におけるWBGTの測定では、6月～9月の最高値は「警戒」以上に含まれ、7、8月は「厳重警戒」域に達していた。また、5月、10月でも最高値は「注意」域に含まれることもあり、熱中症発生の危険性は決して夏場だけの問題でないことにも注意が必要であろう。

　暑熱環境下における剣道強化合宿では、生体の酸化ストレスはどのようになっているのだろうか。生体における酸化ストレスを評価するマーカー（バイオマーカー）の一つにヒト血清アルブミン（human serum albumin：HSA）の酸化・還元状態がある。（HSAについては「第5章-1：剣道運動の酸化ストレスについて」の項参照）それを用いて検討する。

1 ── 剣道夏期強化合宿前後のHSA分析結果

　暑熱環境下（B）と空調施設を利用することによりそれが緩和された環境下（A）で行われた大学生の剣道夏期強化合宿（5日間）前後における還元型アルブミン（HMA）の変化を図1に示す（比較のために合宿前の値を基準（100％）とし、割合で示している）。2つの合宿とも対象は同じ大学であり、1日の稽古時間は午前約2時間30分、午後約3時間の計約5時間30分、稽古内容は基本稽古約60分、互格稽古約120分、掛かり稽古約20分、試合稽古約120分とほぼ同じである。水分摂取は稽古時間中、午前午後ともに2回設定している。稽古中のWBGTは暑熱環境下（B）が「熱中症予防の運動指針」（表1）の「厳重警戒」域、それが緩和された環境下（A）では「注意」域であった。

　合宿後はともにHMAは減少するが、暑熱環境下（B）ではより減少する。高温は活性酸素産生系である。暑熱環境下（B）での強化合宿では運動によって産生された活性酸素に加え、暑熱環境（高温）により活性酸素が産生され、そのために酸化ストレスがより亢進することが示唆される。また、活性酸素は免疫系にも影響を与える。リンパ球を中心とする免疫系は種々の要因で抑制を受けるが、リンパ球は酸化ストレスに弱く、容易にその機能が損なわれる。不要な因子での活性酸素の産生は避けるべきであろう。

　夏期強化合宿は多くの大学において公式試合の準備も兼ねて実施されている。地区や全国の試合において暑熱環境に対するトレーニングは必要としない。また、暑熱環境下で合宿を行うことは熱中症発生の危険性が高く、加えて稽古の質にも影響を与えることにもなる。夏期強化合宿実施にあたっては暑熱環境を緩和する配慮が必要であろう。

（今井　一）

[文献]
○今井　一・林　知也・中村浩二、他（1998）「高速液体クロマトグラフィーによるヒト血清アルブミンの酸化・還元状態の解析」『教育医学』43（4）、421-431頁。
○有川　一・今井　一・熊谷佳代、他（1999）「暑熱環境が緩和された剣道夏季強化合宿が選手のコンディションに及ぼす影響」『教育医学』45（3）、710-717頁。

第Ⅱ部／第5章　運動

表1　熱中症予防のための運動指針

運動指針	WBGT(℃)
運動中止：原則として運動中止	31〜
厳重警戒：激しい運動は中止	28〜31
警戒：積極的に休息	25〜28
注意：積極的に水分補給	21〜25
ほぼ安全：適宣水分を補給	〜21

（日本体育協会）

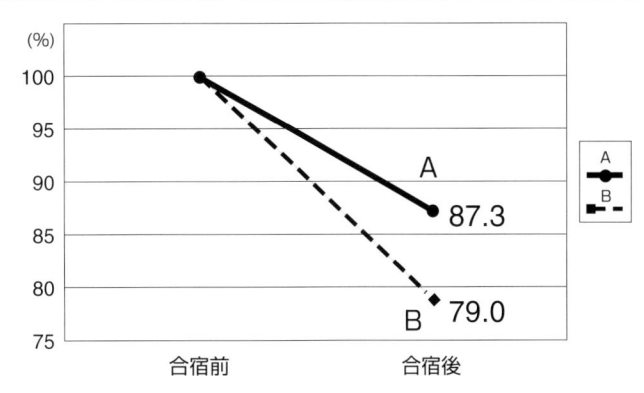

図1　暑熱環境下（B）とそれが緩和された環境下（A）で行われた剣道強化合宿前後の還元型アルブミン（HMA）の変化（合宿前を基準）

コラム

プロポリス（ミツバチ産品）の抗酸化作用

大学剣道部員を対象として、強化合宿でのプロポリス摂取の影響について調査した研究があるので紹介する。プロポリスとは、ミツバチが様々な植物から集めた樹液を唾液や蜜ろうと混ぜ合わせたものである。

部員をプラセボ剤（プロポリスが含まれていない錠剤）を摂取する群（以下A群）とプロポリス剤を摂取する群（以下B群）に分け（部員はどちらの群なのか知らされていない）、ヒト血清アルブミン（HSA）の酸化・還元状態を測定した。稽古日程と採血時期を図1に示す。

還元型アルブミン（HMA）の平均値の変化を図2に示す。合宿期間中において「採血④（blood sample④）」以降、B群はA群と比較して常に高い値を示し、「採血⑥」と「採血⑧」では両群に有意な差がみられた。また、B群の変化は、これまでに報告されている健康成人男子の正常範囲（70〜75%）にほぼ含まれていた。

これらのことから、プロポリスに抗酸化作用があることが示唆された（ヒトを対象として初めて実証）。スポーツ合宿等の激しいトレーニングにより繰り返し加わる酸化ストレスに対して、プロポリスは有効なサプリメントになる。プロポリス以外にも抗酸化ビタミンとよばれるビタミンC、E、β-カロチンなども試してみるとよいだろう。

[Imai H. et al. (2003) Effect of propolis supplementation on redox state of human serum albumin during *kendo* training camp., 38th Apimondia international apicultural congress, pp.320-321.]

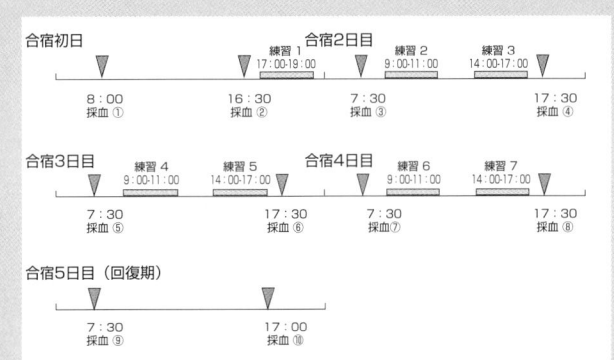

図2　剣道強化合宿における稽古日程と採血時期

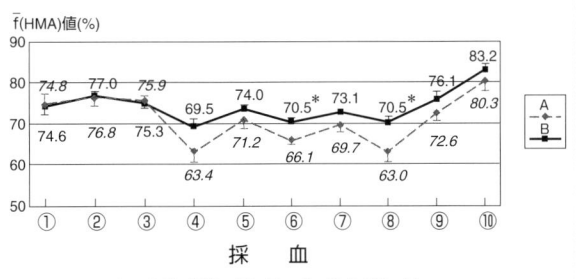

図3　剣道強化合宿における還元型アルブミン（HMA）の平均値の変化

A：プラセボ群(n=5)　B：プロポリス群(n=6)

データは平均値、エラーバーは標準誤差を示す。＊：P＜0.05（対プラセボ群）、Mann-Whitney U-test

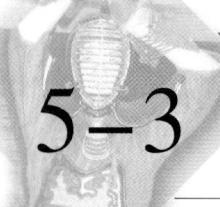

5-3 剣道の傷害事例── 慣れない打突動作は傷害を引き起こす

　筆者の目の前で起きた剣道の傷害例について、その状況、原因等について理解し、剣道指導をする際の心構えをつくる目安となればと思う。今回はアキレス腱断裂と肘の傷害について記す。

1── 肘の傷害例について

　稽古をしていたA君は、相手が退がったところを追いつめ、突如竹刀を振り上げて、左片手で相手の右半面を打とうと振り下ろした。振り下ろしたというより横に振り回すように打とうとしたのである。相手が上体を反らしたため、その片手半面は空振りをした。と、その瞬間、A君は"痛い"と声をあげ、左肘を押さえてうずくまってしまった。彼は上腕骨外側上顆とよばれる骨の部位についている筋肉の腱を強くのばし、傷害を受けてしまったのである。

　図1に前腕の伸筋（手の甲側）を示してある。このうち、上腕骨外側上顆と呼ばれる骨の部位につく筋肉は、そのほとんどが指を伸ばし、手首を伸ばす（手の甲側に曲げる）筋肉である。横に振り回した竹刀が面に当たらなかった瞬間に手首が手のひら側に強く曲がり、これらの筋肉が引きのばされた結果、外側上顆を強く引っぱって傷害を起こしたものと理解できる。このような手首の曲げ方をした場合は、曲がったところで筋肉の性質上、握る力が弱まって竹刀が抜ける者が多いが、彼の場合は抜けなかったため、竹刀の振られる力で傷害を起こしたと考えられる。彼は片手半面を専門的に練習したことがほとんどなかったとのことであった。正しくない竹刀の振り方で、慣れていない打ちを強く打とうとしたことが傷害に結びついたものと思われる。

2── アキレス腱断裂について

　B君は技の練習のときに、元立ちに対して面打ち体当たりをした後すぐに退き技を打ち、左足を後ろに突っぱって退るのを止めるやそのまますぐにまた左足で思い切って踏み切り、面を打つ練習を繰り返し行っていた。なぜその練習をしたのかと聞くと、退き技を打ったときに相手が追って前に出てくることが多く、そこを迎えるように打つことは打突の大きな機会となるので、それを習得しようと一生懸命に練習していたとのことである。力強く、速くその動作を何回か繰り返していた時、退って前に出ようとしたその瞬間にアキレス腱が断裂した。近くで稽古していた者がはっきり聞こえるようなパンという音がして、本人は誰かにかかとを蹴とばされたような気がしたとのことであった。痛みも激痛というほどではなく、不自然ながら歩けたため、アキレス腱を断裂したという事が考えられなかったようである。

　図2に示すように、腓腹筋とヒラメ筋の腱が合わさってアキレス腱となり、踵骨を上に持ち上げ、足を底屈（つま先を下のほうに向け）させる。アキレス腱が断裂しても、足を底屈させる他のいくつかの筋が働いて足首を動かすために全く歩けないということはないが、走ったり、跳躍するような強い足首の働きは不可能となる。腓腹筋とヒラメ筋の力は非常に強いため、踵骨を下に向ける力がかかっている状態のときにアキレス腱を上に引っぱると、アキレス腱は上と下の両側から引かれることになり断裂を起こす。今回の事例のように、退いてすぐ前に踏み込もうとしたり、ふり返ってすぐ踏み込もうとした時のような場合が当てはまることになる。試合の時や上の者に掛かっていくときのように、中枢神経の興奮度が高ければ高い程、筋肉への命令も強く行われ、断裂も起こしやすくなる。

　以上の傷害に共通することは、平常行っていないような動作を強く速く行ったことである。慣れない技を習得するためには、筋肉や腱に対して負荷を漸増し、強靱さを高めていくことが、傷害を起こさずレベルを上げていく要点となる。

（柳本昭人）

［文献］
○ 河野邦雄、他（1991）『解剖学』医歯薬出版。

表1　伸筋群

筋　名	起　始	停　止	支配神経	作　用
腕橈骨筋	上腕骨下部外側縁	橈骨茎状突起	橈骨神経	肘関節の屈曲
長橈側手根伸筋	上腕骨外側上顆	第2中手骨底		手関節の伸展（背屈）と外転（橈屈）
短橈側手根伸筋	上腕骨外側上顆	第3中手骨底		
指伸筋	上腕骨外側上顆	第2～5指の中節骨と末節骨		手関節の伸展（背屈）
小指伸筋	上腕骨外側上顆	第5指の指背腱膜		第5指の伸展
尺側手根伸筋	上腕骨外側上顆	第5中手骨底		手関節の伸展と内転（尺屈）
回外筋	上腕骨外側上顆 尺骨回外筋稜	橈骨上部外側面		前腕の回外

表2　屈筋群

筋　名	起　始	停　止	支配神経	作　用
下腿三頭筋　1.腓腹筋　　内側頭　　外側頭	大腿骨内側上顆 大腿骨外側上顆	両頭は合して踵骨腱（アキレス腱）をつくり、踵骨隆起に終わる。	脛骨神経	足の底屈 膝関節の屈曲
2.ヒラメ筋	腓骨頭 ヒラメ筋線（脛骨）			
足底筋	大腿骨外側上顆	踵骨腱の内側縁に癒合		下腿三頭筋の働きを助ける。
膝窩筋	大腿骨外側上顆	脛骨上部後面		膝関節の屈曲・脛骨の内施
後脛骨筋	下腿骨間膜の後面	舟状骨・内側楔状骨		足を底屈し、かつ内反する。
長指屈筋	脛骨中央後面	第2～5指末節骨底		足指の屈曲・足の底屈
長母指屈筋	腓骨体下部後面	母指末節骨底		母指の屈曲・足の底屈

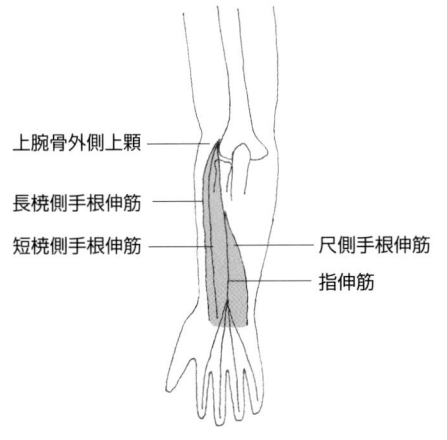

図1　左手前腕背面の伸筋

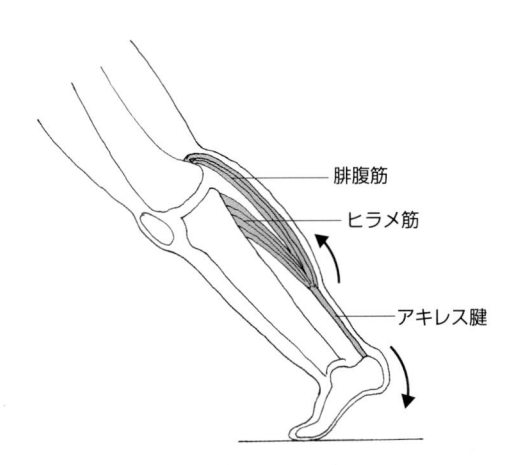

図2　アキレス腱にかかる力

5-4 剣道と発声のタイミング

　剣道の攻防中の発声には、掛声と打突部位の呼称がある。中でも打突部位呼称は、剣道試合・審判規則には明示されていないものの、有効打突が表出する際に、「充実した気勢」・「残心あるもの」を運動主体が具体的に表現する一方法になっていると考えられる。

　剣道の有効打突は「気剣体の一致」の概念で表わされることが多い。本論では、掛声・打突部位呼称を「気」の要因として、竹刀を「剣」の要因として、適法な姿勢を「体」の要因として捉え、それぞれがどのような時間関係を示しているかを、実験室内で行われた正面打撃の動作の場合で検討する（図1）。

1 ── 掛声

　高野佐三郎をはじめ剣道家の多くは、掛声が筋力発揮に効果的であることを経験的に認め、その効用を説いている。掛声と筋力発揮に関する運動生理学的な知見をみても、掛声によりパワー（荷重×速度）や最大筋力が増大することが知られている[1]。表1は、年齢、身長、体重、段位、剣道経験年数の平均値（標準偏差）が、それぞれ19.3（1.4）歳、171.5（4.2）cm、65.5（7.7）kg、2.8（0.6）段、10.4（2.2）年である男子大学生19人が正面打撃を行った時の、発声と右肘の動きに関する結果である[2]。剣道では、打突動作中の右肘の屈曲時（竹刀の剣先が上がる瞬間）に相手に有効打突を許す機会が多いので、肘の屈曲伸展の時間短縮は大きな意義がある。しかし、反応動作の最小時間が0.105秒である[3]ことを考えると、屈曲に要している0.12秒は興味深い。

2 ── 打突部位呼称

　表2は、小学生、高校生、大学生が正面打撃を行った時に、右足が離床する時点から、打突部位呼称が発声され始める時点までの時間、竹刀が打撃する瞬間までの時間、および右足が着床するまでの時間を表わしている。小学生、高校生、大学生の各群は、一様に、打突部位呼称の掛け始めと竹刀打撃と右足着床を統計的に有意差が認められない時間内で行っている。どの群においても、打突前に「打突部位呼称」が掛けられ始め、竹刀打撃後に右足が着床するという様式は認められるものの、統計的にはほぼ同時に行われているといえる。高校生と大学生の身長・体重の平均値に統計的に有意差はないが、両群の間には、右足離床から打突部位呼称の掛け始めまでの時間と竹刀打撃までの時間、右足着床までの時間との間には、それぞれ5％水準で有意差が認められた。このことから、大学生は高校生よりも打撃動作が速いといえる。竹刀の長さに一寸の違いはあるが、間合の問題点も含めて剣道の技術段階の違いを表わしてい

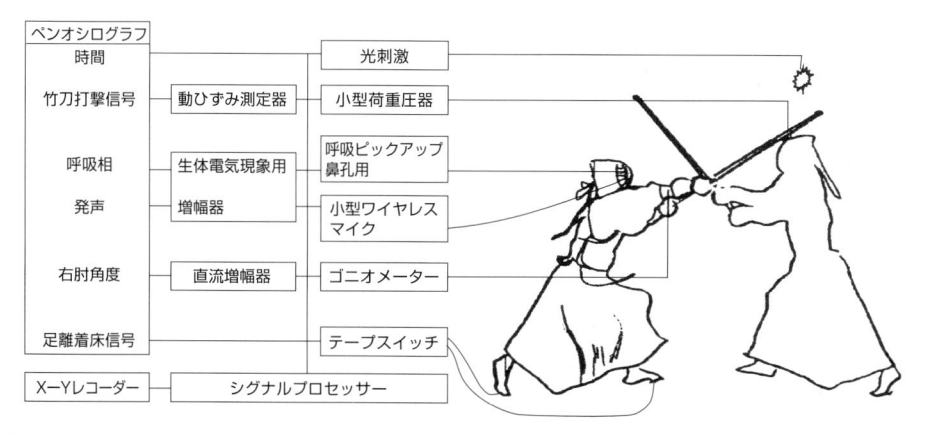

図1　実験方法の概略図

佐藤[4]は、現代剣道の打突部位呼称について「現在の剣道試合では、打突の際、一般にその部位の名称を呼ぶ。例えば「メン」「コテ」「ドウ」と発声して、掛声の語尾を長く引くならわしもあるが」と認めた上で、「打突後、余韻を引く掛声は真剣味を欠き、無意味である」とし、「打突瞬間の掛声は、発声の終わりが口を閉じる語音でなくてはならない」・「結局"エイッ"とばかり発声の終わりは口を閉ざる発音こそ、最も適切で、打突動作に力がこもり、効果がある。」と著している。佐藤の立場に立てば、「打突部位呼称」の長さ1.85秒（表1）は無意味ということになるが、次に、残心との関連性で考察する。

3 ― 残心

打突部位呼称は、竹刀打撃前から打撃時、そして右足着床後も発せられている。竹刀打撃後は「残心あるもの」が表現される時間帯である。打撃者は打突部位呼称の消失後に、いったん呼気相（あるいは止息状態）を呈し、その後、吸気相を呈している。人間が身体運動の緊張を弛緩する時には呼気を伴う。打撃後に初めて現れる吸気相直前の呼気相までは、生理的緊張感を伴う残心が示されていた時間帯であると考えられる。打突部位呼称は、発声という現象であり、明らかに呼気相を呈するものである。剣道における呼吸の研究において、発声はひとつの手掛かりとなるものである。

（橋爪和夫）

[文献]
1) 北村潔和、他（1981）「筋収縮速度とパワーに及ぼすカケ声の効果」『体育の科学』第31巻第2号、143-146頁。北村らは掛声により、パワー（荷重×速度）は14.6％、最大筋力は9.6％増大したと報告している。
2) 橋爪和夫、他（1989）「剣道の発声に関する研究―気剣体の一致を中心として―」『武道学研究』第22巻第1号、23-32頁。
3) 真島英信（1979）『生理学』文光堂、266-267頁。
4) 佐藤卯吉（1975）『永遠なる剣道』講談社、213-219頁。

表1　構えから正面打撃にいたるまでの発声と右肘に関する時間の平均値（標準偏差）

打突前の掛声の長さ	1.7（0.58）
掛声消失から打突部位呼称までの時間	0.76（0.58）
打突部位呼称の長さ	1.85（0.30）
構えから右肘最大屈曲までの時間	0.12（0.04）
右肘最大屈曲から打撃時点までの時間	0.12（0.04）

単位は秒

表2　被験者の身体特性、剣道特性および正面打撃のための右足離床から打突部位呼称の掛け始め（起声時点）までと、竹刀の打撃時点および右足着床までの時間の平均値（標準偏差）

	小学生	高校生	大学生
人数（人）	4	10	10
年齢（才）	11.5（0.6）	16.8（0.4）	19.5（0.9）
身長（cm）	142.0（4.8）	171.6（5.5）	171.9（4.2）
体重（kg）	36.5（4.1）	64.6（7.1）	64.0（4.7）
段位（段）	4.5（0.6）*	1.3（0.5）	3.0（0）
剣道経験年数（年）	4.8（1.3）	5.3（1.9）	12.4（1.3）
打突部位呼称（ms）	323（75）	427（122）	321（106）
竹刀打撃（ms）	345（83）	453（118）	344（95）
右足着床（ms）	352（71）	465（128）	375（91）

＊小学生は級

コラム

掛声に関する運動生理学的知見（猪飼道夫（1960）「体力の生理的限界と心理的限界に関する実験的研究」『東京大学教育学部紀要』5、1-18）

猪飼は緊急事態に直面した人間が常識では考えられない筋力を発揮する事実を検証するために、自らの掛声、ピストル音、薬物、催眠の4種類の方法を用いた実験を行った。その結果、掛声は12.2％の筋力増大効果があり、かつ、自分自身で行うことができる意義ある方法であると著している。また、「アラブの重量挙げの選手たちはアラーというかけ声をかけるが、これは日本の柔道や剣道の気合に共通するものである。これらは、競技に勝つために、内制止を制止しようとするために役に立つ。気合や、かけ声が、怯者を勇者にするトリックでもある。」と述べている。

今後の研究課題

橋爪らは、打突部位呼称の起声時点と竹刀打撃時点・右足着床時点との関連性を、正面打撃（自発的打撃・光刺激に反応しての打撃）、面すりあげ面打撃、面打撃に対する小手打撃について検討し、日本武道学会で報告してきた。剣道の教えにある「先先の先」・「先の先」・「後の先」についての「気」「剣」「体」の一致の様態を明らかにすることが今後の研究課題である。

5–5　剣道試合での発声の頻度と長さ

剣道活動中の発声は，質的に，大脳辺縁系と関わりのある情動言語と考えられる掛声と，言語中枢による陳述機能や信号機能の意味合いを持つ打突部位呼称とに分類できる。このように分類した場合，例えば，剣道を学習中の児童生徒が発する打突部位呼称には，情動脳により発現する勝利の示威行為（ガッツポーズ等）の欲求を剣道試合規則・審判規則の許容範囲内で代償することができるという教育的意義が認められる[1]。では，剣道試合者が発する掛声や打突部位呼称の頻度や長さは，実際にどのように行われているのであろうか。本論では，「掛声」と「呼応する掛声」（試合者の一方の掛声に対して，すかさず他方の掛声があった場合の対応する一対の掛声），および有効打突時と有効打突でない場合の「打突部位呼称」について紹介する[2]。

1── 発声の頻度

平均段位6.4±0.5段の全日本選手権レベルの選手50名が行った選抜試合49試合（試合時間5分，延長時間3分）を対象とした。表1は，試合時間に占める掛声・打突部位呼称と試合中の発声時間の割合を表わしている。

全試合の打突動作の合計，1,186回の88.4％で打突部位呼称が確認された。また，すべての有効打突時には，打突部位呼称が発声されていた。打突部位呼称のない打突動作は存在した（11.6％）が，打突動作を伴わない打突部位呼称は存在しなかった。

掛声は延長戦になると少なくなる傾向があるのに対し，打突部位呼称の試合時間に占める割合は延長戦になるにつれて多くなる傾向があった。このことは，延長戦では充実した気勢が整っており，打突動作に集中していることを表わしているものと考えられる。

2── 発声の長さ

表2は呼応する掛声の出現，長さ，間と呼応する掛声の長さの相関係数を示したものである。

実験室で行われた正面打撃と掛声に関する報告では，打撃前の掛声の消失から打突部位呼称の起声までの時間は0.76秒とされている。表2に示した，呼応する掛声の0.6～0.9秒という間は，一方の掛声が消失するせつなに他方が打撃して打突部位呼称を発声するのに十分な時間である。文献から掛声の長さ（0.53秒）の妥当性を検討することはできないが，現代剣道の試合では，本来相手の掛声に呼応する必要はなく，また，掛声をあえて長く発声する理由も見当たらない。

表3は，有効打突時の打突部位呼称の長さと有効打突時でない打突部位呼称の長さとの比較を示したものである。有効打突時の打突部位呼称が，有効打突時以外の打突部位呼称よりも統計的に有意に長く発声されている。有効打突の確信は，竹刀打突時（竹刀が相手の面に接している時）にされる場合が多いこと，打突部位呼称は竹刀打突時とほぼ同時に起声されていることを考えると，有効打突でない時の打突部位呼称は竹刀打突時に発声されてはいるものの，有効打突でないことを打突者自身が判断し，すぐに止められるものであると考えられる。いっぽう，竹刀打突時に有効打突の確信を打突者自身が得たとき，その時すでに発声していた打突部位呼称を意図的，あるいは非意図的に続けるのではないかと考えられる。有効打突でない時の打突部位呼称の長さ（面打撃では1.32秒）は，打突者が有効打突であるかないかの判断に要する時間であり，この時間と有効打突時の打突部位呼称の時間（2.39秒）との差で求められる時間（1.07秒）の意義のひとつには，「自分の勝ちを示すこと」があると考えられる。この立場にたてば，勝敗が決した後の勝ち名のり的掛声は，現代剣道では打突部位呼称に含まれていると考えられる。

現代剣道の発声が剣道試合・審判規則をみる限り，「充実した気勢」の体現としてのみ存在されうることを考えると，有効打突の確信を得るのに

要する約1.3秒は必要最小限の時間であり、2.4秒は、勝ちを知らしめる意味を含めての最大許容範囲の時間であると考えられる。

（橋爪和夫）

[文献]
1) 橋爪和夫（1995）「児童生徒の情動脳制御に役立つ剣道発声の意義」『武道学研究』第27巻第3号、4-11頁。
2) 橋爪和夫・勝木豊成・佐々木弘（1992）「剣道試合での発声の質・頻度・長さに関する研究」『武道学研究』第25巻第1号、50-56頁。

表1　試合中の発声時間の占める割合（％）

	試合数	掛声	打突部位呼称	合計
一回戦	18	6.8 (2.4)	5.4 (3.3)	11.8 (2.4)
延長1	8	4.9 (2.0)	5.5 (1.4)	10.1 (2.7)
延長2	4	4.2 (1.7)	4.3 (1.6)	7.9 (2.2)
延長3	3	4.0 (1.6)	11.5 (5.6)	14.1 (6.5)
二回戦	16	6.3 (3.4)	6.3 (2.8)	12.9 (4.3)
延長1	9	5.0 (2.8)	7.6 (3.1)	11.3 (3.1)
延長2	7	4.6 (2.4)	10.7 (4.6)	15.1 (3.1)
三回戦	8	7.4 (2.6)	5.5 (1.5)	12.3 (3.1)
延長1	4	4.3 (1.5)	4.6 (2.0)	8.7 (1.5)
延長2	3	3.1 (3.1)	8.8 (5.7)	11.8 (6.9)
四回戦	4	5.4 (1.7)	5.1 (2.8)	9.6 (2.5)
延長1	4	4.6 (1.3)	9.8 (8.5)	12.3 (5.1)
準決勝	2	5.1 (1.4)	7.2 (1.7)	13.8 (1.4)
決勝	1	6.6	6.6	12.6

値は平均値（標準偏差）である。掛声と打突部位呼称は試合者2人の合計時間である。合計は掛声と打突部位呼称の合算から2人同時に発声した時間の1人分を引いた値である。試合時間は5分、延長時間は3分である。

表2　呼応する掛声の頻度、長さ、間（掛声と掛声の間）

	試合数	頻度(回)	長さ(秒)		間(秒)	相関係数(r)
			赤	白		
一回戦	16	9.5 (3.6)	0.54 (0.18)	0.49 (0.09)	0.73 (0.29)	0.29
延長1	5	3.2 (2.1)	0.36 (0.19)	0.36 (0.20)	0.40 (0.31)	0.92
二回戦	11	9.9 (5.7)	0.45 (0.20)	0.52 (0.22)	0.69 (0.16)	0.78
延長1	6	4.5 (2.5)	0.36 (0.18)	0.41 (0.24)	0.56 (0.29)	0.45
三回戦	7	13.3 (5.6)	0.59 (0.13)	0.48 (0.13)	0.68 (0.13)	0.05
四回戦	4	7.8 (4.7)	0.54 (0.16)	0.62 (0.16)	0.92 (0.63)	0.29

値は平均値（標準偏差）である。相関係数は赤と白の掛声の長さの相関係数である。

表3　有効打突時の打突部位呼称と有効打突でない打突部位呼称の長さの比較

打突部位呼称	標本数	打突部位呼称の長さ(秒)		t値
		有効打突時	有効打突時以外	
メン	37	2.39 (1.00)	1.32 (0.50)	6.36***
コテ	18	1.53 (0.84)	1.01 (0.44)	2.29*

値は平均値（標準偏差）である。標本は各試合の有効打突時の打突部位呼称（1回または2回の平均値）と有効打突でないそれとの自己対応の値である。＊P＜0.05、＊＊＊P＜0.001。

コラム

呼応する掛声

橋爪らは、打突部位呼称は言語中枢による言語であり、掛声は大脳辺縁系による情動言語であると仮定している。しかし、例えばヤーの語を意識してヤーと発声する場合の掛声は言語中枢による言語であるが、1語であるために他者には情動言語であるかどうかの判断はできない。掛声が情動言語であるならば、動物の掛声との比較検討は剣道の掛声の運動文化的意義を検討するために有意義である。伊谷はニホンザルの研究でその掛声の分類研究を行っているが、近距離用音声でかつ情緒的音声である「叫び声」は、攻撃的威嚇、怒り、防御的・個体中心的発声であり、やりとりが演じられるとしている。また、呼応の間について「音声と音声の関係についてもう一つ見逃してはならない現象がある。それは、ある発声に対して、別の固体による同種あるいは別種の音声が呼応するという関係である。…アフリカのモズの一種、トロピカルブーブーは、…その受け答えの間隔の正確さは千分の1秒の誤差に保たれている…サルの音声の応答は、それほどに完璧なものではない。」と著している（伊谷純一郎 （1978）『日本語別巻―日本語の周辺―』岩波書店、9）。

打突部位呼称

橋爪らは、これまで現代剣道の打突部位呼称には五輪書の「勝ちて後，跡に大きにつよくかくる声」の意義が含蓄されていることを考察してきた。さらに、打突部位呼称には心身一元論の体現の意義があること、有効打突時の打突部位呼称は最高水準の言語であり、それ以外の打突部位呼称には陳述機能や信号機能の言語機能が考えられることを考察した（「剣道の発声の形成過程とその意義」『武道学研究』第26巻第1号、1993年）。また、児童生徒が発する打突部位呼称は、情動脳により発現する勝利の示威行為（ガッツポーズ等）の欲求を剣道試合規則・審判規則の許容範囲内で代償している意義があることを考察した1）。また、剣道の特性でもある打突部位呼称の存在は、剣道が運動文化であることを示すものであると考察した。以上のような打突部位呼称の一般的な意義は、「極は無声に至る」、あるいは「守・破・離」という剣道の教えの下で検討されたものである。

5-6 試合場における移動分布と有効打突の取得位置：インターハイ選手の場合

　剣道競技では、有効打突を得ることが目的であり、そのためには、技術、体力、精神力において相対的に優れ、あるいは、間合のとり方や攻め方などの戦術面においても卓越した技能が求められる。剣道の試合は、定められた広さの中で競技されることから、競技者は、試合を優位に展開するために、この試合場をどのように使っているのか、また、競技者の有効打突は試合場のどの位置で多く取得されているのか、2次元DLT法によって得られた移動軌跡（左足部）からインターハイ選手についてみてみることにしましょう。

1 ── 試合場エリアの設定

　試合場を図1に示すように、XY軸を1m間隔で区切り、1-Aから11-Kまでの121エリアに画面上で区分した。試合場の中心および開始線を含む5m（X軸）×3m（Y軸）のエリアをAゾーンとし、その外郭を境界線に向かってBゾーン（7m×7m－Aゾーン）、Cゾーン（11m×11m－Bゾーン－Aゾーン）と定め、各ゾーンにおける滞在時間と滞在時間率を求めた。

2 ── インターハイ選手の試合場における移動分布と有効打突の取得位置

　図2は、インターハイ選手の試合場での移動軌跡を示した一例であるが、他の競技者と概ね近似した傾向を示していた。表1には、各ゾーンにおける滞在時間、および滞在時間率の平均値、と標準偏差を示した。これをみると、Aゾーンに位置する割合が最も多く、男子で72.5％、女子で73.3％であった。いっぽう、Bゾーンでは、それぞれ23.4％、23.5％であり、Cゾーンでは、4.1％、3.2％にすぎない。

　このような試合の中央位置への集中傾向は、選手が、有効打突を取得しにくいゾーンへの移動を回避する傾向があることを意味している。Aゾーンは、試合場全体面積の12.4％にすぎないが、この狭いゾーンに偏向する理由の一つとして、場外反則を回避することと合わせ、さらに、打突後の残心の問題も考えられる。剣道の試合規則では、「有効打突は、残心あるものとする」と定められており、有効打突を得るには、打突後に、必ず構え姿勢（残心）を示さなければならない。巽ら[1]は、全日本選手権大会における有効打突時から残心までの「抜け」の距離を計測し、面では、4.65±1.13m、小手では2.38±1.29mと報告しており、残心を示すためには少なくとも数メートル必要なことがわかる。そのため、試合場の中心から境界線方向への打突であれば、Cゾーン内の有効打突の取得は困難になると考えられる。いっぽう、境界線側から試合場の中心方向への打突であれば、残心を示す余地は十分確保できるにもかかわらず、Cゾーンでの有効打突はほとんど発現していない。この理由は、Cゾーンに位置すると、上述の場外反則を犯す危険性が高くなるため、選手はこのゾーン内の滞留を回避する傾向があるためと考えられる。

　次に、有効打突の取得位置（エリア）をみると（図3）、男女合計118本の有効打突のうち、出現率の最も高いエリアは、E-6の10.1％であり、次いでE-5の9.3％、F-6の8.5％、D-6の6.8％の順であった。これらの位置は全てAゾーン内にあり、ゾーン出現率は、70.0％であった。また、残りの有効打突の取得位置は、すべてBゾーン（30％）にあり、Cゾーンでの出現はみられなかった。有効打突の多くは、開始線の前方エリア（E-6、E-5）で取得されていることが注目される。開始線からの試合の再開は、「二本目」以降の宣告後、反則後や「止め」宣告後等の機会に生じるものであり、このような試合の中断は、競技者のリズム、集中力等に影響を与え、こうした競技者の一瞬の変化が有効打突の発現に連関する要因となっていると考えられる。このような傾向は、中学生選手ではさらに多くみられる（図4）。

（巽　申直）

[文献]
1) 巽 申直・佐藤善哉・服部恒明・岡嶋 恒（1992）「全日本剣道選手権大会における競技者の移動軌跡の分析」『武道学研究』第25巻第2号、47-53頁。

○ 巽 申直・小森 豊・富樫泰一・服部恒明（2003）「技能別にみた剣道選手の試合における位置・移動特性：インターハイ選手を中心に」『武道学研究』第36巻第2号、25-33頁。

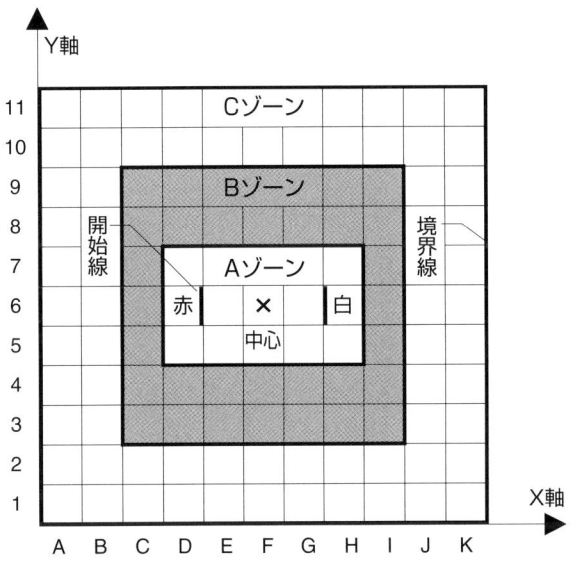

図1　試合場内の区分

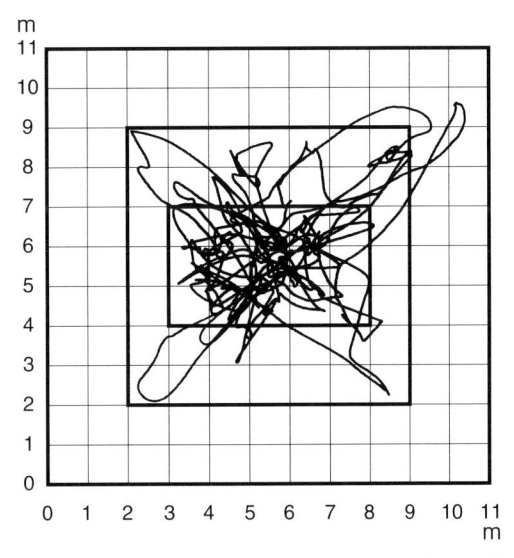

図2　試合場における選手の移動軌跡（左足部）

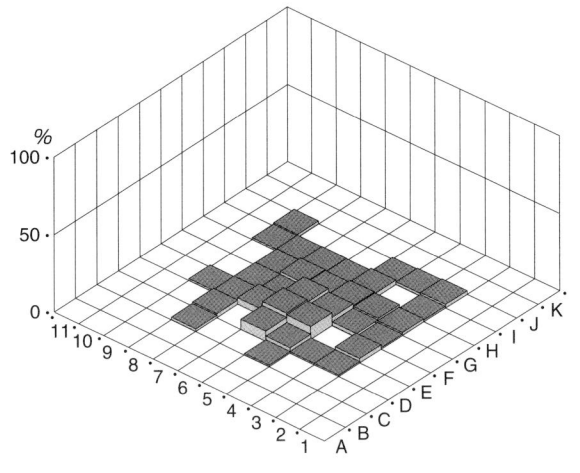

図3　有効打突の取得位置と出現率（全国高校総体）

図4　有効打突の取得位置と出現率（全国中学校大会）

表1　3ゾーン内での滞在時間と滞在時間率

ゾーン	男子(n=40)				女子(n=40)			
	滞在時間(秒)		滞在時間率(%)		滞在時間(秒)		滞在時間率(%)	
	平均値	S.D.	平均値	S.D.	平均値	S.D.	平均値	S.D.
A	172.2	29.9	72.5	8.7	190.8	36.6	73.3	10.9
B	56.4	23.2	23.4	7.8	61.0	26.0	23.5	9.9
C	9.9	6.5	4.1	2.6	8.3	6.3	3.2	2.4

5-7　試合中の足さばきと習熟段階

　剣道で相手に対して有利な状態で戦うためには自分の間合を保持することが肝要である。競技者は相手と自分の競技力を体格、体力、構え方、足さばき、得意技などを比較しながら、相手の戦法を推察して対応をしているものである。特に、一足一刀の間合については、相手からの距離は自分からも同じ距離であり、相互に等しい状態にある。しかし、この間合は、足さばきで相手に対する方向を変えることによって、相手には不利で自分には有利な状態に導くことも可能である。左方、あるいは右方に変えて、常に有利な状態に導くのである。剣道におけるこのような足さばきは、習熟段階とどのように関連しているのであろうか。試合中の一足一刀の間合局面における足さばき（左足部）を移動方向の分布図からみてみよう。

1──移動方向分布

　R競技者の移動角度については、移動前のW競技者の座標点W_1、移動前のR競技者の座標点R_1、および移動後のR競技者の座標点R_2の3点の成す角を内積の公式により求め、さらに、アフィン変換を用いて上述の3点を、移動前のW競技者の座標点W_1が原点上へ、移動前のR競技者の座標点R_1がX軸上（X＞0）へ位置するように移動させ、R_2の出現位置によって以下のような計算をした。R_2が第1象限に出現した場合（R競技者の右方向への移動）は、求めた$\cos\theta$をそのまま$\cos\theta^{-1}$を用いて角度を算出し、R_2が第4象限に出現した場合（R競技者の左方向への移動）は、求めた$\cos\theta$を$\cos\theta^{-1}$を用いて角度を算出後、360から減法した（図1）。なお、座標点R_2の第2象限と第3象限への出現は認められなかった。こうした算出法によって、R競技者の移動範囲が0〜360°まで求められ、算出した移動角度を、図2に示すように±15°の分布幅を持たせて30°毎に区分し、それぞれの出現頻度を求めた。

2──足さばきと習熟段階

　試合中の一足一刀の間合局面における足さばきの中で最も高い出現頻度を示した方向は、相手に対して真正面（正確には0±15°）に移動する方向であり、中学生群で20.6±5.9％、高校生群で24.1±7.0％、大学生群で17.3±4.6％、全日本群で17.5±4.7％、八段群で11.1±3.1％であった。次に高い頻度を示したのは、真後ろへの方向（180±15°）であり、中学生群で15.6±3.8％、高校生群で14.5±3.8％、大学生群13.5±3.6％、全日本群15.8±4.8％、八段群9.2±3.7％であった。こうした前後動作における直線上の足さばきの出現頻度は、中学生群、高校生群、大学生群、全日本群が八段群に比して顕著に高く、より直線的な動きの攻防で試合を展開している様子が窺われる。一方、移動の少ない方向は、中学生群、高校生群および大学生群では、左真横（270°±15°）であり、全日本群、八段群においては、右斜め後方（120°±15°）である。左真横への方向は、右小手に隙を生じさせる方向であるが、相手の竹刀の裏をとりながら中心を外さない体さばきによって、隙を補填することは可能である。また、間合における攻め合いは、主に体さばきをともなわせた竹刀操作を活用している。間合は、剣先の働きで主導権をとることも大切であり、体さばきのともなった竹刀操作を工夫しなければならないものである。左真横方向への足さばきが青少年群の選手にあまりみられないのは、中心を外さない竹刀操作が身についていないことに関連していると推察される。また、いずれの選手群においても右斜め後方への足さばきがほとんどみられないのは、技が発現しにくいことと、相手に対して中心がとりにくくなることに起因しているものと思われる。

（巽　申直）

［文献］
○小森　豊・巽　申直・野村知弘（2002）「剣道試合時における間合のとり方と習熟度の関係」『武道学研究』第35巻別冊、35頁。

第Ⅱ部／第5章　運動

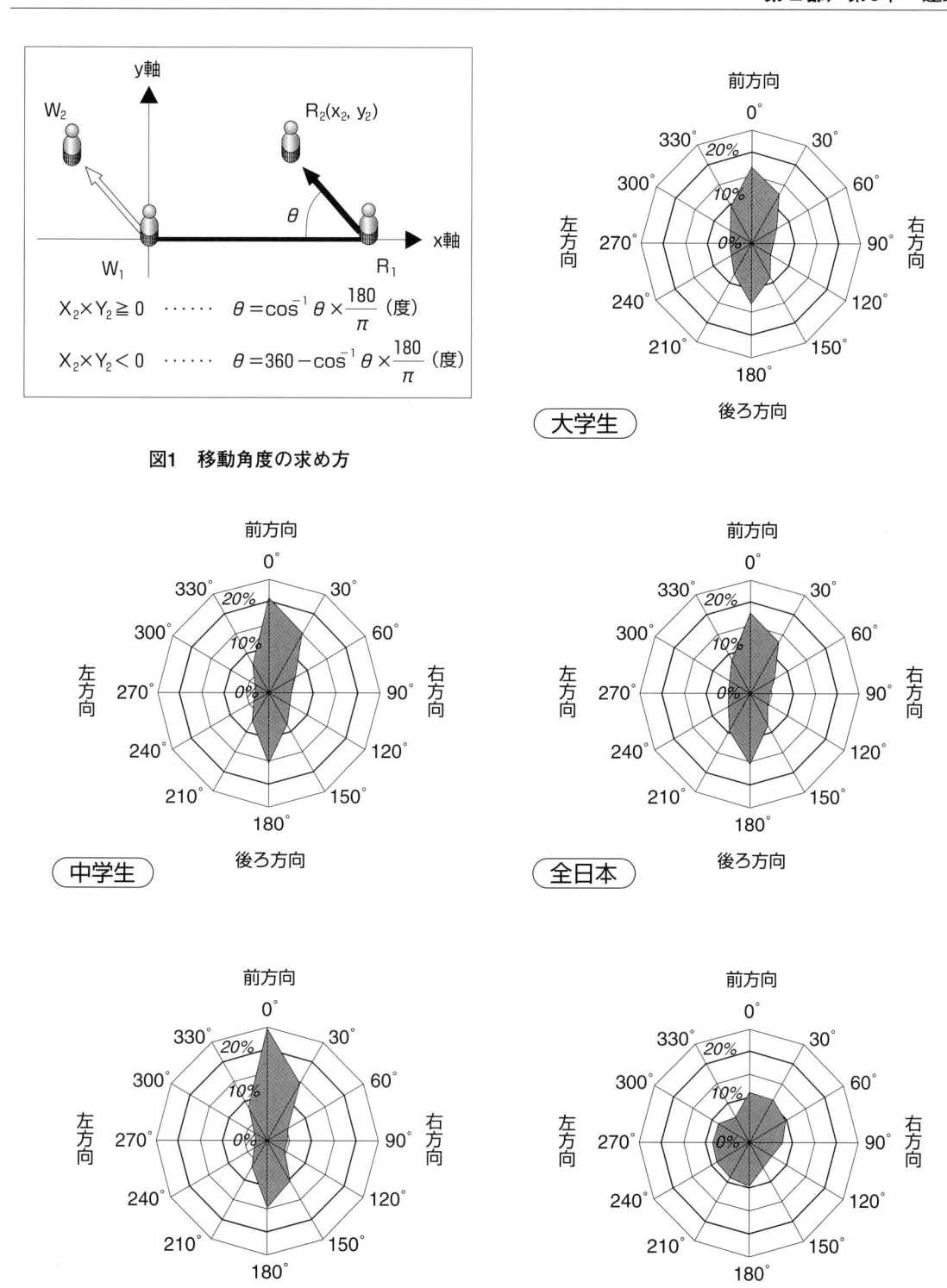

$X_2 \times Y_2 \geqq 0$ ……　$\theta = \cos^{-1}\theta \times \dfrac{180}{\pi}$ （度）

$X_2 \times Y_2 < 0$ ……　$\theta = 360 - \cos^{-1}\theta \times \dfrac{180}{\pi}$ （度）

図1　移動角度の求め方

図2　習熟段階別にみた移動方向分布（左足部）

5-8 剣道で脳を鍛える

1 — 剣道と脳の関係

剣道では、よく「気を錬る」とか「心を鍛える」といわれている。この心について、久保田競は[1]、『「こころ」とは、脳が働くときに、「認識」や「反応」といっしょになって生じる何らかの精神現象、精神過程のことで…後略。』と述べており、「こころ」は脳が働くときの精神現象であるとしている。また、松澤大樹氏[2]は、「こころの座」の機能を「こころのコア（中核）」という、より科学的な術語を使って表わすことにしたいと述べ、「こころのコア」の感覚系は、大脳皮質の知能の座をコントロールし、また、運動系は大脳皮質の行動の座を支配するという新しい知見を発表し、脳において心を捉える新しい視点を提示している（図1参照）。両者ともに脳の研究が心を科学的に実証していく手立てであることを示唆している。

2 — 武道及び剣道における脳波の研究

ところで、脳波の研究は、1924年にH.Bergerがヒトの脳波を発見してから、特定の意識状態を明らかにする生理指標として、臨床医学はもとより、座禅や気功などでも多くの研究がみられる。剣道でも、荒木が剣道の高段者とその他のスポーツ選手の黙想状態を比較したり、石塚らは、武道家の黙想時の脳波の特徴を明らかにしているが、剣道の実際場面を想定した心理的状態を脳波の観点から詳細に検討したものは、ほとんどみられない。その中で神崎ら[3][4][5]（図2～4参照）は、日本剣道形にみられる脳波の研究や、実際の対峙場面における心理的作用機序に関する実験的な試みを行っている。

3 — 脳波からみた日本剣道形

まず、日本剣道形の習熟レベルの未熟練者（剣道二段）、熟練者（剣道四段）、および高段者（七段）が椅子に腰掛けた状態で日本剣道形のVTRを見たり、イメージしたときの脳波測定により、高段者は、他のレベルに比べて、イメージ再生時にβ波の出現が顕著であった。β波は、意識活動が盛んであるときに出現する波形であることから、高段者は日本剣道形をイメージしたとき、より緻密で活発な意識状態にあることがわかる。また、日本剣道形の仕太刀を実際に実演した状態での脳波も測定した結果、熟練度が高くなるほど、前頭部のθ波と後頭部のα波、β波の出現率が高くなった。これは、視覚的に得られた相手の動きの変化に対する思考、判断が連続的に、しかも熟練度が高いものほど自動化されて、日本剣道形に没頭した意識レベルにあることを導き出している。日本剣道形の修練が、いかに高度な意識レベルの形成に関与しているかが推察できる。

4 — 剣道における対峙場面での脳波

さらに、神崎ら[5]は、全国レベルの学生（上位群）と試合経験のない学生（下位群）を対象に、開眼で実際に竹刀を構えて対峙した状態での脳波を測定し、上位群が攻防の方略をイメージできちんと捉えて、適度な感情の興奮と、適度な緊張を伴う知的活動が可能な心理的状況にあることを指摘した。また、加えて選択的で速やかな反応と適切な協応動作ができる状態にあることを報告している。個人特有の傾向も無視できないことから、今後はさらに、普遍的な特徴を見い出す詳細な検討が必要であるが、剣道における脳波に関する研究は、剣道の心の状態を分析していく上で大きな意義をなすものであり、さらなる研究の継続と発展が望まれよう。

（山神眞一）

［文献］
1) 久保田　競（1998）『脳を探検する』講談社。
2) 松澤大樹（1999）『こころと脳の革命』徳間書店。
3) 神崎　浩、他（1996）「日本剣道形に見られる脳波の研究」『大阪体育大学紀要』第27巻、145-152頁。
4) 神崎　浩、他（1997）「日本剣道形に見られる脳波の研究（その2）」『大阪体育大学紀要』第28巻、27-34頁。
5) 神崎　浩、他（2003）「剣道選手の対峙場面における心理的作用機序に関する実験的研究」『大阪武道学研究』第12巻第1号、29-36頁。

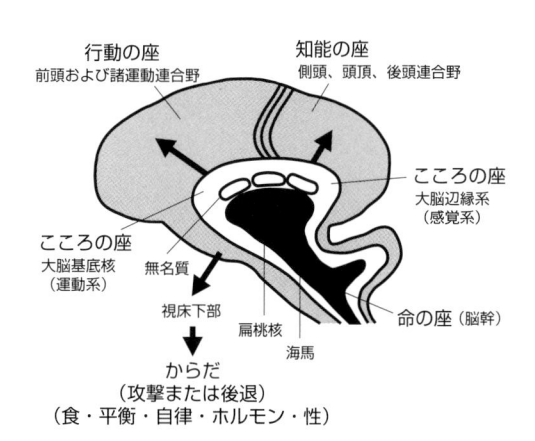

図1 脳の高次統御機能（こころ）の模式図（松澤[2]、1999）

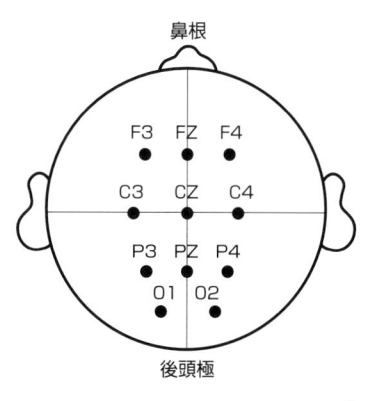

図2 周波数分析した11ポイント（神崎[3]、1996）

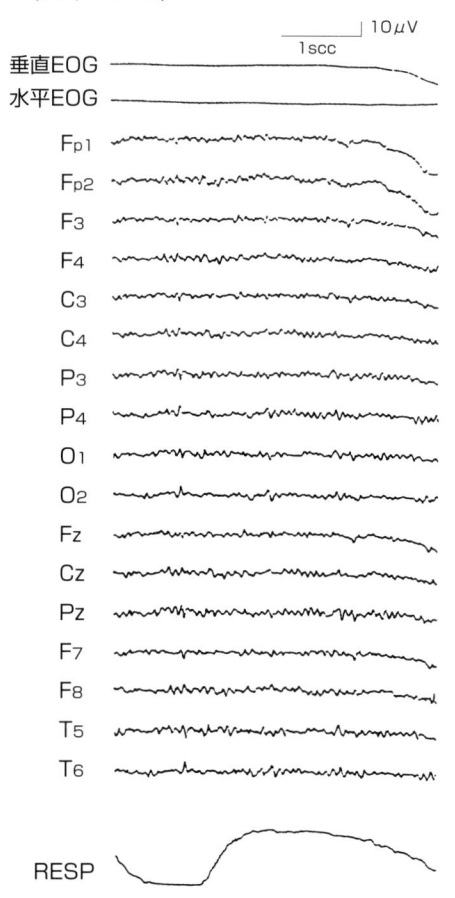

図3 高段者のイメージ再生時にみられる脳波（神崎[3]、1996）

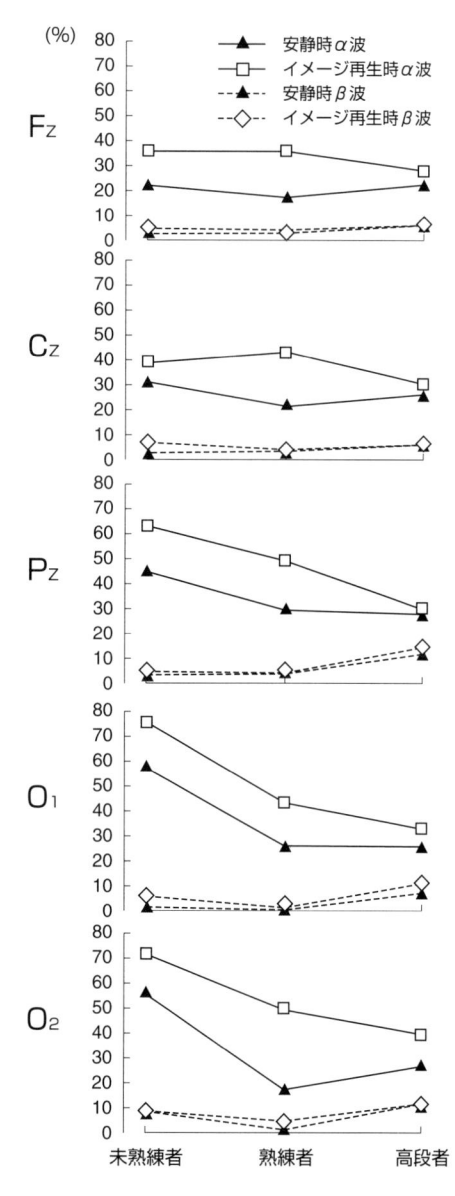

図4 安静時とイメージ再生時のα波、β波の出現率（神崎[3]、1996）

第6章 動作

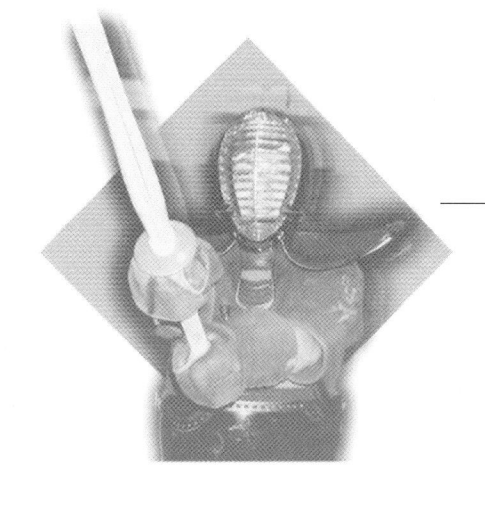

6-1　中段の構えにおける体重配分

　剣道における中段の構えは、現代の竹刀剣道では最も基本的で攻防自在な構えであるといわれる。打突動作の準備局面ともいえる構えが、その後に行われる打突技術内容に大きく影響を与えると考えられる。したがって、構え時の体重配分や足底力を知ることは、剣道の全体的技術構造を明らかにする上で重要な研究課題である。

1── 体重配分の測定方法

　左右足への体重配分は、2台のフォースプレートを用いて測定する。2台のフォースプレートには左右足が別々に乗るようにして、それぞれの足の足底力（Fx：左右方向、Fy：前後方向、Fz：垂直下方向）の分力を測定できる（図1）。

2── 左右足が床面に及ぼす足底力

　体重配分は次の式で求める。
　体重配分＝左Fz÷（右Fz＋左Fz）
　そして、体重の50％以上が左足に配分されている群を後がかり（左足がかり）群、右足に50％以上体重が配分されている群を前がかり（右足がかり）群とした。
　左右足が床面に及ぼす力は図2のようになる。右足は右・前・垂直下方向に力が作用する。左足では左・後・垂直下方向に力が作用している。これらの力は相手との関係で微妙に変化し、巧みに調節されていると考えられる。

3── 高段者は後がかり

　熟練度の相違により、中段の構えにおける体重配分をみてみると三〜五段の者はやや前がかり、六・七段では後がかり、八段ではやや後がかり、九段は前がかりという傾向であった。このことは、熟練度が増すにつれて、姿勢を安定させ身体を前方へ滑らかに移動させるためには左足による床面への十分な力の作用が必要であり、そのために体重をやや左足にかけることが合理的であると考えられる。ただし、九段が前がかりとなったことは、年齢による体力的要素、特に脚筋力の低下の影響が考えられる。巽等[1]により初心者は前がかりの者が多いことが報告されているが、同じ前がかりでも九段とは理由が異なるものと考えられる。

4── ひかがみを張る

　百鬼等[2]は高段者における中段の構えの特徴として、左腓腹筋の持続的な緊張を挙げている。そして、そのことが身体の移動に及ぼす影響を明らかにするために、応答時間を測定する実験を行った結果、高段者の左腓腹筋の緊張は右足の離床時間を早め、打撃応答時間も速くなったと報告している。高段者が左足に体重をある程度かけ左腓腹筋を緊張させ膝関節に力が入るように構えることが、身体を合理的に移動し、正しい姿勢を保つ意味で重要であると考えられる。

5── 足底力の変化パターン

　図4は、踏み切り動作にみられる足底力の力曲線の変化を示している。前がかり群の左足Fzは0.5秒前後に0kgwとなる現象がみられ、その後急激に床面に力を作用させている。これは、左足が一度離床した後再度着床して床をける動作をしていることであり、足の踏み換えが行われていると考えられる。このことは、前がかり群の運動の特徴である重心の上下動が大きく、打撃時点の上体をかなり前傾し、打撃後の上体の立て直しが遅れることと関連していると考えられ、中段の構えにおける体重配分が打撃動作にも影響を与えていることが明らかとなった。

（横山直也）

［文献］
1) 巽　申直、他（1991）「剣道の中段の構えにおける体重配分と姿勢について」『武道学研究』第23巻第3号、63-68頁。
2) 百鬼史訓、他（1975）「剣道の構えにおける下肢筋の状態と応答動作について」『武道学研究』第7巻第2号、34-40頁。
3) 百鬼史訓、他（1991）「剣道の中段の構えにおける体重配分に関する研究」『武道学研究』第23巻第3号、69-76頁。
4) 横山直也（1980）「剣道における体重配分と正面打撃応答時間について」『筑波大学体育研究科研究集録』Vol.2、103-106頁。

第Ⅱ部／第6章　動作

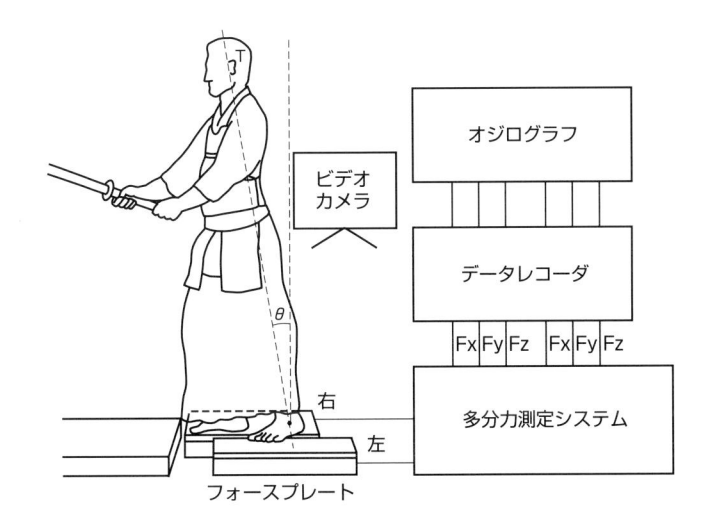

図1　中段の構えにおける体重配分測定のための実験設定（百鬼等1991[3]一部改変）

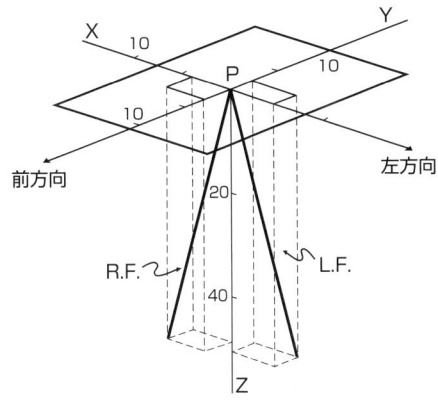

R.F.：点Pに右足を乗せたとして生じる足底力
L.F.：点Pに左足を乗せたとして生じる足底力

図2　中段の構えにおける各足に生じた足底力（百鬼等1991[3]）

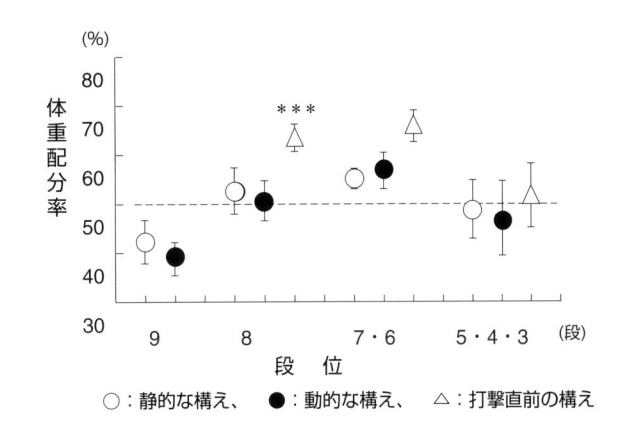

○：静的な構え、　●：動的な構え、　△：打撃直前の構え

図3　各種中段の構えにおける体重配分（左足への体重配分率）の熟練度による比較（百鬼等1991[3]一部改変）

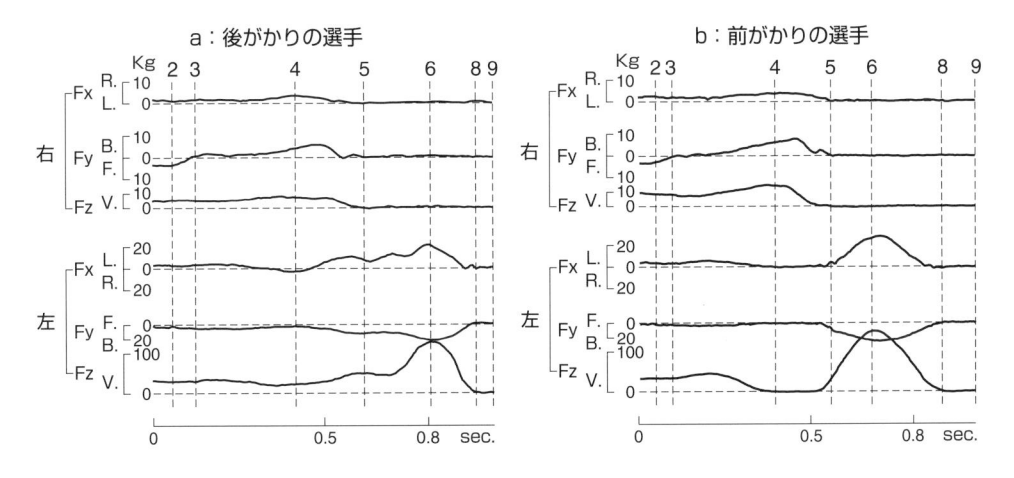

a：後がかりの選手　　　　　b：前がかりの選手

図4　正面打撃動作における踏み切り動作中にみられる足底力の力曲線（横山1980[4]一部改変）

6-2 正面打撃動作の3次元動作解析

剣道の打撃動作の研究においては、画像解析法を用いたものが数多くみられる。これらの研究では、正面打撃や小手打撃の動作がほぼ直線的な運動であり、2次元的な運動に近似が可能であるとの理由から2次元的な分析が多い。しかし、胴打撃の分析や肘関節や竹刀先端の運動の正確な分析には3次元的な方法が不可欠である。ここでは剣道における3次元解析の方法をみてみよう。

1 ─ DLT法

3次元画像解析のための3次元空間座標を得るためには、2台のカメラの実空間での位置、光軸の方向、レンズの焦点距離などのカメラ定数が正確に知られていなくてはならない。しかし、それを正確に決定することは一般には困難である。そこで、カメラの設置はある程度任意に行い、3次元座標構築のための方程式中に現われるカメラ定数に依存する定数を、既知の実空間座標をもつ点（コントロールポイント）の映像から逆に計算し、カメラ定数を直接求めることなく3次元座標を得る方法が開発されている。この方法をDLT（Direct Linear Transformation）[1]法 という。

2 ─ 剣道の解析への応用

図1は、正面打撃の3次元解析のための実験設定の例である。撮影範囲は被験者の動作方向に向かって2m×4m×3mの空間とし、この空間内で行われる被験者の試技を、3次元動作解析のために2台の高速度VTRカメラを用いて撮影する。撮影範囲を示す線分の交点の座標がDLT法のためのコントロールポイントである。撮影されたVTR画像から身体各部位と竹刀の測定点の2次元座標を求め、DLT法により測定点の3次元座標を算出することができる。図2は剣道選手への関節リンクモデルの適応を示したものである。この座標値からスティックピクチャーの3次元表示が可能になり、また、測定点や関節角度（図3）の3次元的な値を算出することができる。

3 ─ 正面打撃動作の標準的3次元動作モデル

3次元解析の結果から、2次元解析において一般的にみられる矢状方向（被験者の側面）の動作のみならず、前頭方向（前後面）水平方向（上下面）からの動作、さらには任意の方向からの動作もみることが可能になった。

図4は一流剣道選手の正面打撃動作を3次元解析した結果をスティックピクチャーとして示している。これはAe等[2]の方法を用いて複数の被験者の3次元座標データについて規格化・平均化を行い、正面打撃動作の標準的な3次元動作モデルを構築したものである。

図4中の上段の右側方からの運動形態から、竹刀振り上げ局面においては竹刀振り上げに先立って右下肢が前方に移動を開始し、その後左肩と左肘の伸展、左右手首および右肘の屈曲により、竹刀を回転させていることが明らかになった。また、振り下ろし局面では左下肢による蹴り出しと右下肢の踏み出しにより踏み込み動作を行っていた。このとき、左肘関節を固定することにより竹刀の回転運動の軸を安定させ、同時に左右手首と右肘の伸展で打撃を行っていた。この結果は、複数の剣道選手の正面打撃動作に共通に内在する運動経過を示したものといえる。

3次元解析は今後ますます剣道の研究に活用されるようになるであろう。

（横山直也）

［文献］
1) 池上康男、他（1991）「DLT法」『JJSS』Vol.10、No.3、191-195頁。
2) Michiyoshi Ae, et al. (1997) "A BIOMECHANICAL METHOD FOR CONSTRUCTION OF A "STANDERD MOTION" AND THE IDENTIFICATION OF ESSENTIAL MOTIONS BY MOTION VARIABILITY" *Proceeding of XIV th Congress of the International Society of Biomechanics*, p.27.
3) 横山直也、他（2001）「道における正面打撃動作の標準的3次元動作モデルの構築」『武道学研究』第33巻第3号、50頁。
4) 横山直也、他（2002）「剣道打撃動作のシミュレーション・動作修正システムの設計と実現―面打撃フォームコーチング用のプロトタイプシステム―」『設計工学』Vol.37、No.5、30-37頁。

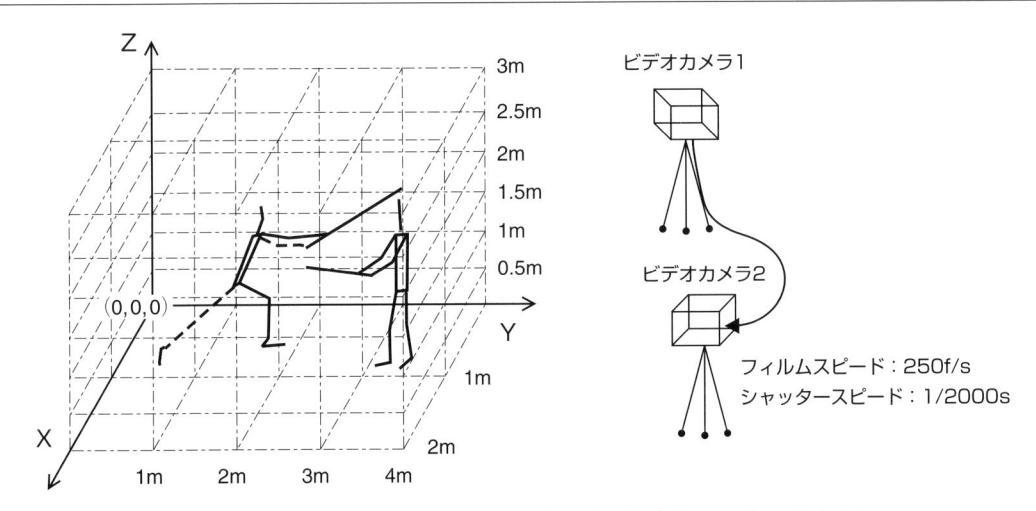

図1　正面打撃動作の3次元解析のための実験設定（横山等2001[3] 一部改変）

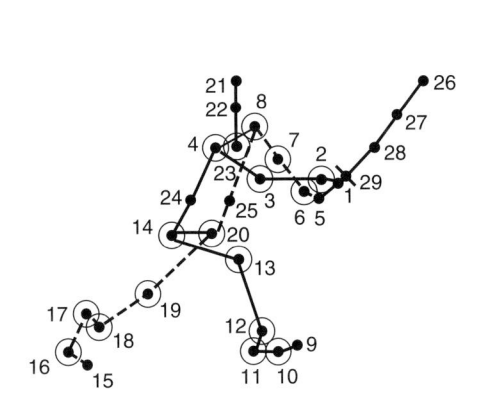

●：モーションキャプチャーのためのマーク
◉：可動の関節

図2　剣道選手への関節リンクモデルの適応
　　（横山等2002[4] 一部改変）

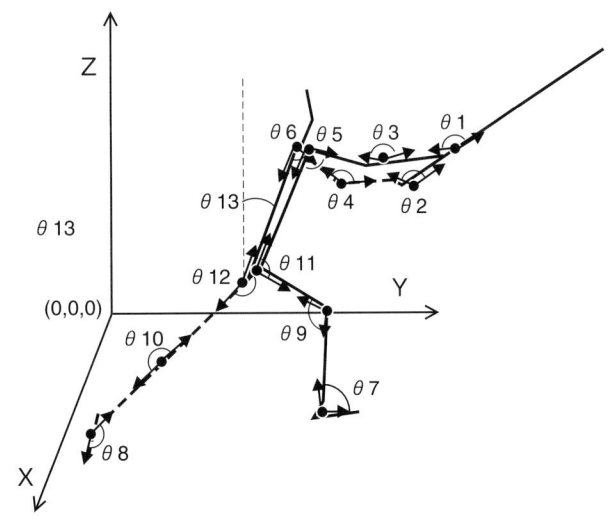

図3　算出された関節の位置（横山等2001[3] 一部改変）

右側方

前方

上方

竹刀振り上げ局面　　　竹刀振り下ろし局面

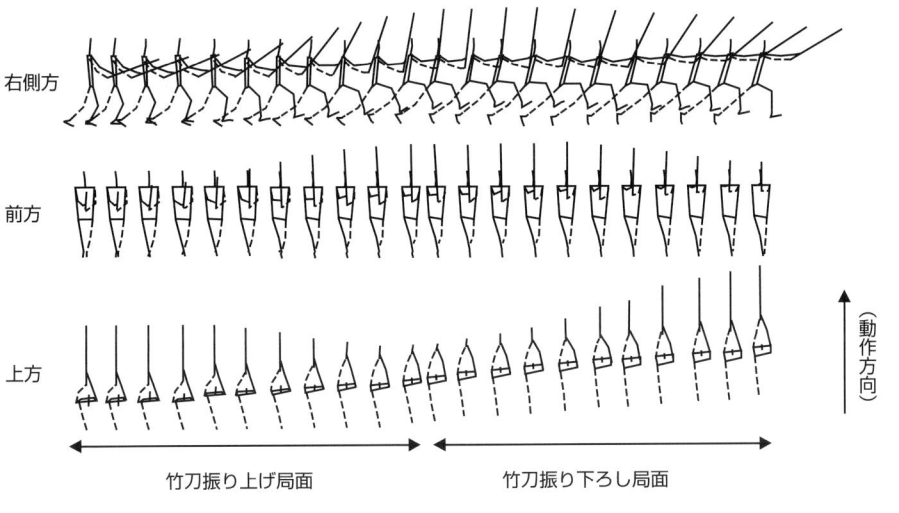

（動作方向）

図4　正面打撃動作の標準的な3次元動作モデル（横山等2001[3] 一部改変）

6-3 剣道の打撃力──意外に弱い熟練者の打撃力

　剣道の打撃力を測定するに際し、測定条件によってその出る結果は大きく異なるであろうことが予想される。次のような実験条件によって測定した打撃力について紹介をする。

　被験者としては、剣道熟練者として20歳から24歳の男子で5段1名、4段2名、3段2名の合計5名、対照群としては20歳から28歳の男子5名、35歳の男子1名の合計6名とした。実施は、竹刀による面打ちの時の踏み込んだ前足の接地時間と、竹刀が面を打った瞬間の時間のずれを記録した。その装置、実施状況は、図1のとおりである。

　実験結果は、図2が剣道熟練者が1歩踏み出しながら面打ち動作をした時の記録である。最上段の線が打撃曲線である。ほぼ30kg近くの力が加わったことになる。中段の曲線は前足を踏み出したことによって生じる記録曲線である。結果的には、打撃後約80msec.で前足が接地したことを示している。最下段の曲線は踏み込み圧の微分曲線であるので、その高さが高いほど、踏み込み圧の上昇度が急激なことを示している。

　図3は未熟練者のものを示しており、足の踏み込みが先行し、約60msec.後に打撃が行われている。踏み込み足の上昇はゆるやかである。これらの値につき、各被験者についてはそれぞれ20回測定したが、その結果を表1にまとめた。

　今回のテーマである打撃力は、明らかに未熟練者のほうが強いという結果となっている。剣道の発生が、刀で相手を斬るということから始まったものであるとするならば、打撃力が強ければ強いほど、望ましいものと考えられてよいはずである。それにもかかわらず、未熟練者のほうが強い打撃力を示したということは、剣道の鍛錬が打撃の強さよりも他の面にトレーニングの主眼が置かれていると考えざるを得ない。

　打撃力以外の熟練者と未熟練者の違いをみると、打撃時と前足踏み込み時との関係、さらに前足踏み込み圧に大きな違いがあることがわかる。すなわち、未熟練者は前足が着地した後に打撃が行われているのに反し、熟練者は打撃の後に前足着地が行われていることである。このことは次のように考えることができる。熟練者は、構えた状態から思い切って体を前方へ速く大きく踏み出し、それと同時に目的の打撃部へなるべく速く、竹刀の打突部を届かせようとするために、前足着地はその後にならざるを得ないということである。打撃後に前傾した体勢を元に戻すため、前足が強く床を踏みつけていることからもこのことが認められる。時間的に速く踏み込み、速く打つということから、竹刀の振りかぶりは、ある範囲内に抑えられざるを得なくなり、結果として、打撃力として出てきた数値が小さくなったと考えざるを得ない。それに対して未熟練者は、大きく振りかぶって打とうとすることが多く、そのため、前足が着地するのが打撃よりも早まると考えられるものである。

　今回の実験条件では、熟練者のほうが未熟練者よりも打撃力が小さいという結果が出されたが、竹刀による打撃力として表された30kgの力でも、真剣の薄い刃に加わった時にはかなりの切断力を示すだろうと思われるし、前方向の素早い体の移動が打撃部に対していわゆる押し切りの効果も示すことになって、その切断能力は著しく大きくなるものと考えざるを得ない。このような観点から考えれば、今回の実験条件によって得られた数値からだけでは、価値判断はできないと考えられるが、少なくとも現代の剣道の打撃方法は、打撃そのものの強さよりも、下半身の動作の瞬発力や敏捷性にトレーニングの重点を置いているものと考えざるを得ない。

（柳本昭人）

[文献]
○ 小野三嗣、柳本昭人、山下富士男、倉田　博（1969）「剣道選手における神経筋協応能について（第2報）」『体力科学』18巻、72-82頁。

第Ⅱ部／第6章　動作

図1　実験装置

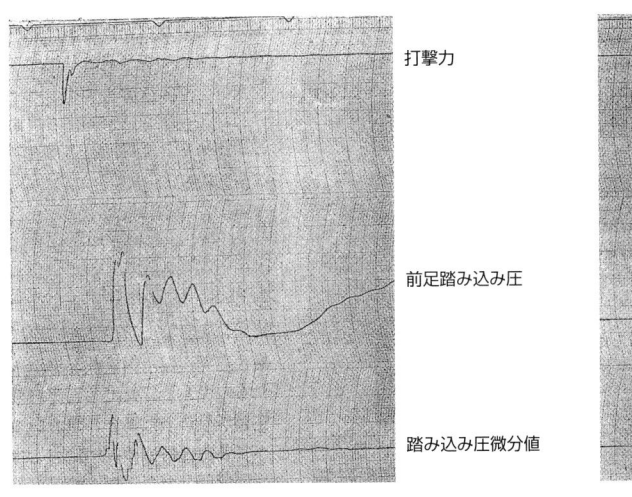

図2　熟練者

図3　未熟練者

表1　打撃と前足踏み込みとの時間関係および打撃力

		打撃時―前足踏み込み時			打撃力			踏み込み圧微分値		
		平均値	標準偏差	標準誤差	平均値	標準偏差	標準誤差	平均値	標準偏差	標準誤差
未熟練者	S.T.	−112.25	19.74	4.41	36.25	7.41	1.65	3.10	0.78	0.17
	H.N.	− 88.40	39.75	8.85	43.82	10.50	2.35	6.98	2.22	0.49
	S.I.	− 18.80	12.61	2.82	33.00	2.75	0.61	16.40	1.32	0.29
	K.H.	− 37.10	23.64	5.28	35.25	7.16	1.60	13.33	0.59	0.13
	H.K.	− 28.90	12.91	2.88	27.50	2.72	0.61	11.48	2.24	0.50
	Y.U.	− 4.10	16.98	3.80	21.71	8.79	1.96	12.23	1.02	0.23
総計		− 46.25	45.70	4.17	33.31	9.57	0.87	10.07	4.52	0.41
熟練者	A.Y.	65.00	6.47	1.44	29.00	5.04	1.12	15.90	0.81	0.18
	K.M.	21.10	15.08	3.37	22.25	4.87	1.09	15.28	1.06	0.24
	N.S.	68.50	8.90	1.98	19.00	0.89	0.20	16.45	0.66	0.15
	K.S.	47.40	11.63	2.60	36.00	3.59	0.80	15.35	0.86	0.19
	U.I.	64.60	7.57	1.69	14.50	2.44	0.54	14.50	0.96	0.21
総計		54.40	21.26	2.13	23.11	8.00	0.80	15.12	1.11	0.11

6-4 中段の構えにおける足の踏み方と踏み切り力

　中段の構えに関する教えに、左膝を曲げないでひかがみ（膝の後ろのくぼんでいるところ）を張るように力を入れて構えることがある。また、構えたときの左右足の前後左右の位置関係や左足の方向については、初心者の段階から指導において重視される。つまり、左脚の使い方は打撃動作全体に大きく影響を及ぼし、正しい動作を行うためにきわめて重要であると考えられる。それでは、身体の移動距離や移動速度、姿勢の安定性などに大きな影響を及ぼすであろう左右足の構え方と踏み切り力との関係はどのようになっているのだろうか。

1 ── 踏み切り力の測定方法

　踏み切り力の測定にはフォースプレートを用いる。図1のように、踏み切り足である左足をフォースプレートに乗せ踏み切り動作を行うことによって3次元的な足底力成分が得られる。図2は踏み切り足である左足からフォースプレートに作用する踏み切り力の3方向成分（Fx、Fy、Fz）を表わしている。

2 ── 左足の方向は30°まで

　中段に構えたとき、両足のつま先は前方に向け、左右の足が平行になるようにするのが良いとされ、左足が左に開いている「鉤足」や両足が左右に開いてT字形をした「撞木足」は滑らかな移動を妨げるとして嫌われる。しかし、高段者の構えを見ると左足がやや外側に開いているようにも見えるが、そのことが滑らかな足さばきを阻害しているようなことはない。そこで、左足の方向の違いが踏み切り動作にどのような影響を及ぼすのかを調べた。図3に示すように、中段に構えたときの左足角度を左・右足が平行の状態から外側に10°ずつ変化させて正面打撃動作における踏み切り力を測定し、そのときの動作の違いも検討した。その結果、左足の角度が増加するに従って踏み切り力の後方向と垂直下方向の分力は減少し、左方向の分力は増加した[1]。特に、垂直下方向の分力について、被験者固有の中段の構えからの動作によって得られる分力と他の左足角度によって得られる分力とを比較すると、左足角度が30°、40°、50°では有意に小さかった（図5）。

　また、被験者固有の構えと左足角度50°のときの動作を分析比較すると、左足角度50°では打撃時の状態の前傾が大きくなり、打撃直前の姿勢の立て直しが遅れる傾向が認められた。

　これらの結果から、左足の方向が30°くらいを境界にして、それより左足が外側を向くと床面に十分な力を作用させることが困難になり、正面打撃動作中に身体の左回りの軸転運動が生じ、安定した動作ができなくなることを示唆している。

3 ── 足幅との関係

　一般に中段の構えにおける両足の位置関係は、前後の幅が一足長程度、左右の幅は足の横幅程度にするのが良いとされている。山神[2]は図4に示すように、意図的に足幅を前後左右に変化させて正面打撃動作の踏み切り力を測定した。

　前後に広い足幅の中段の構えからの動作では、基本的な構えよりも後方向と垂直下方向の分力が減少した。また、重心の上下動の動揺が大きく、不安定な動作になる傾向を示した。

　また、左右に広い足幅の中段の構えからの動作では、前後に広い足幅の結果と同様に、後方向と垂直下方向の分力が減少し、左方向への分力が4～6倍も増加した。そして、左足が床面に作用する時間が短くなることが明らかになった。十分な踏み切り力を得るためには体格に合った適切な足の構え方が重要になろう。

（横山直也）

[文献]
1) 横山直也、他（1984）「剣道の中段の構えにおける左足先方向が足底力と正面打撃動作に及ぼす影響について」『武道学研究』第16巻第2号、18-25頁。
2) 山神眞一（1985）「剣道における足の構え方が正面打撃動作に及ぼす影響について（その2）」『武道学研究』第18巻第2号、119-120頁。
3) 安藤宏三、他（1987）『グラフィック剣道』大修館書店。

第Ⅱ部／第6章　動作

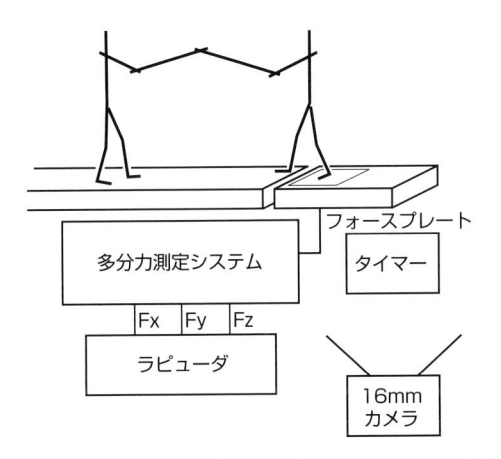

図1　正面打撃動作の踏み切り測定のための実験設定（横山等1984[1]）

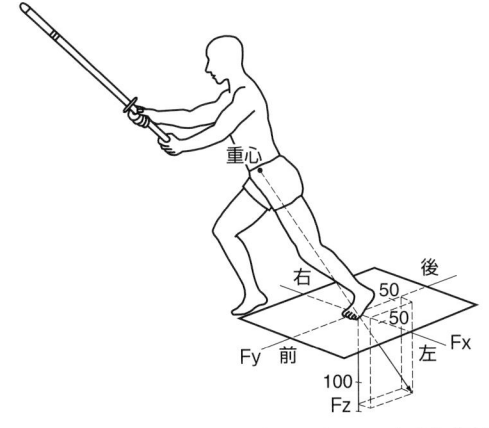

図2　踏み切り動作時に床面に加わる力（安藤等1987[3]）

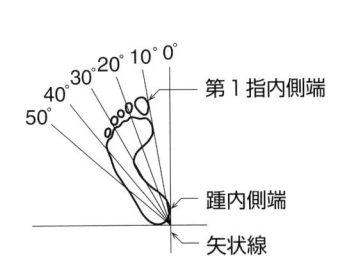

図3　左足先の角度設定方法（安藤等1987[3]）

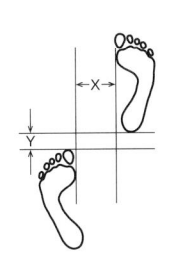

図4　左右足の位置関係（安藤等1987[3]）

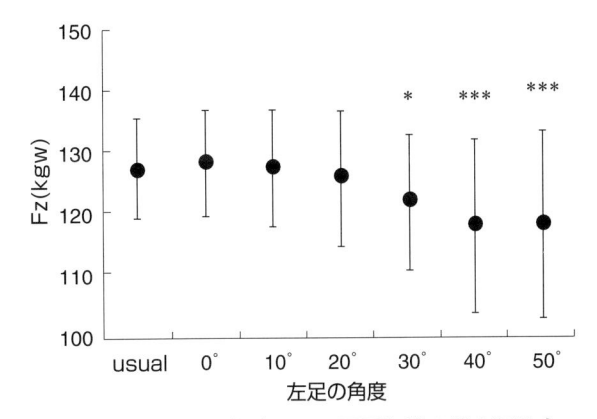

図5　左足角度の相違による正面打撃の踏み切り力（垂直下方向分力）（横山等1984[1]より作図）

被検者固有の構えからの正面打撃動作

a=82°
b=88°
c=85°
d=143°
e=170°
f=158°

左足角度50°の構えからの正面打撃動作

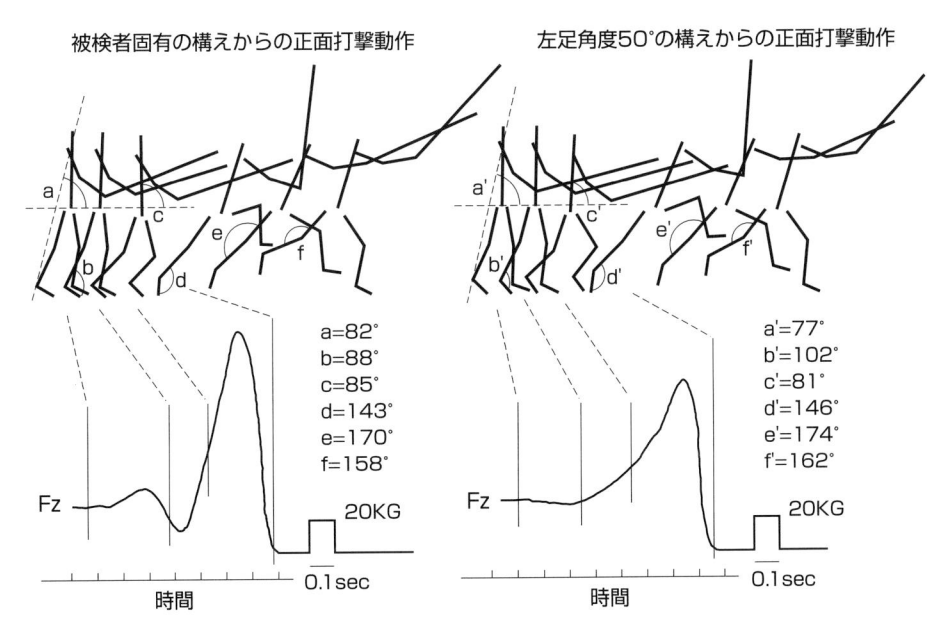

a'=77°
b'=102°
c'=81°
d'=146°
e'=174°
f'=162°

図6　左側角度の違う中段の構えからの正面打撃動作のフォームと踏み切り力（横山等1984[1]一部改変）

119

6-5 剣道の打撃動作における踏み込み力

古来からの剣道の教えの中に「一眼二足三胆四力」という言葉があるように、剣道の運動では足さばきが重要視されている。それは剣道が相手との間合を保ちながら攻防を行い、機に応じて瞬時に空間を移動しながら有効打突を行い、勝敗を競い合うものだからである。特に剣道の打突動作に見られる右足の踏み込みは、剣道の運動技術を特徴づけるものであり、瞬間的に衝撃的な力を生ずる。右足による踏み込みは剣道技術の中でどのような意味をもつのだろうか。

1 ── 踏み込み力の測定方法

踏み込み力は、3次元の分力を測定できるフォースプレートを用いて、Fx：左右方向、Fy：前後方向、Fz：垂直下方向の力成分を測定する。また、同時に16mmカメラやVTRカメラを用いて動作を撮影し、身体部位の変位や速度、各関節の角度や角速度、合成重心の算出などの動作分析も行うことができる（図1、図2参照）。

2 ── 踏み込み力は体重の10倍以上

踏み込んだ瞬間の衝撃的な力は0.01～0.02秒でピークになり、およそ0.2秒で踏み込みは完了する。正面打撃の場合は右・後・垂直下方向に力が働き、小手打撃の場合は右・前・垂直下方向への力がみられる。これは、正面打撃では打撃後前方へ身体を滑らかに移動させるようにしているのに対して、小手打撃では一瞬身体の移動にブレーキをかけるような動作になっているからだと考えられる。

表1は、男子の正面打撃と小手打撃の時の踏み込み動作で発揮される踏み切り力を示している。正面打撃では、右方向への力は68.5kgw、後方への力は92.7kgw、垂直下方向への力は889.3kgwであり、特に垂直下方向への力は体重の10倍を超える値を示した。中には1tを超える力を発揮する被験者もいた。

小手打撃の場合も、垂直下方向への力は829.0kgwであり、正面打撃の値と同様に大きな値を示した。

間合の違いによって踏み切り力を比較すると、左右方向と垂直下方向の力はあまり差がなかったが、後方向の力は間合が遠くなるにしたがって71.1kgwから93.4kgwに増加する傾向がみられた。さらに、剣道の熟練度によって踏み込み力を比較すると、いずれの間合においても未熟練者の垂直下方向の力は熟練者の半分以下であった（表2）。

3 ── 踏み込み力と踏み込み角度

田中等[1]は踏み込み力と動作との関係を分析している（図3）。この図は、右足着床時の合成重心の位置と右足指先部を結び、水平面とのなす角をFz（踏み切り力の垂直下方向分力）の大きさの違いにより比較している。Fzが大きい時（図中右側の動作）はこの角度が大きくなり、Fzが小さい時にはこの角度が小さくなる。つまり、この角度が大きくなる時は右足に体が乗ってきており、逆に小さい時には体が遅れぎみになっていると報告している。

剣道の打突動作における右足の強い踏み込みは、気剣体一致の打突を行うために重要な技術であり、不安定な打突姿勢の保持や打突後の姿勢の立て直しに重要な役割を果たしていると考えられる。

（横山直也）

[文献]
1) 百鬼史訓・藤田紀盛・宮下　節・佐藤成明（1977）「剣道における打撃動作中の足底力に関する研究─踏み込み動作について─」『武道学研究』第10巻第2号、113-114頁。
2) 田中幸夫・藤田紀盛・百鬼史訓（1980）「剣道における打撃動作のバイオメカニクス的研究─踏み込み動作の男女の相違について─」『武道学研究』第13巻第1号、1-8頁。
3) 百鬼史訓・藤田紀盛・佐藤成明（1978）「剣道における打撃動作中の足底力に関する研究─踏み込み動作について（その2）─」『武道学研究』第11巻第2号、5-6頁。
4) 安藤宏三・百鬼史訓・小沢　博（1987）『グラフィック剣道』大修館書店。
5) 田中幸夫・藤田紀盛・百鬼史訓・萩平　慎・直原　幹（1981）「剣道における打撃動作中の足底力に関する研究─踏み込み動作について（その4）─」『武道学研究』第14巻第2号、63-64頁。

第Ⅱ部／第6章　動作

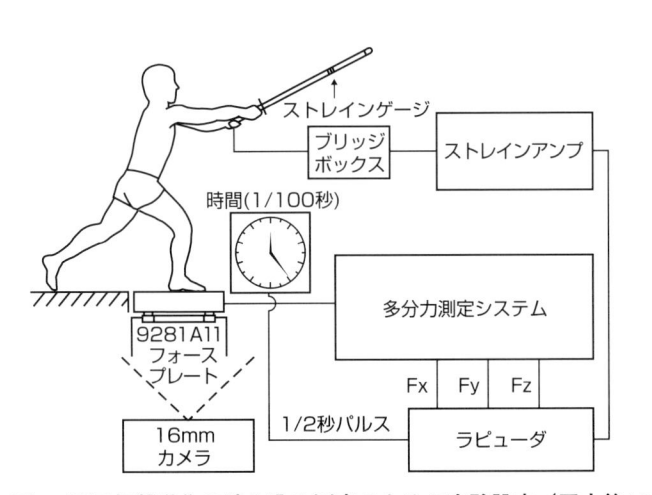

図1　正面打撃動作の踏み込み測定のための実験設定（田中等1980[1]）

図2　正面打撃動作の踏み込み動作時に床面に加わる足の力（安藤等1987[2]）

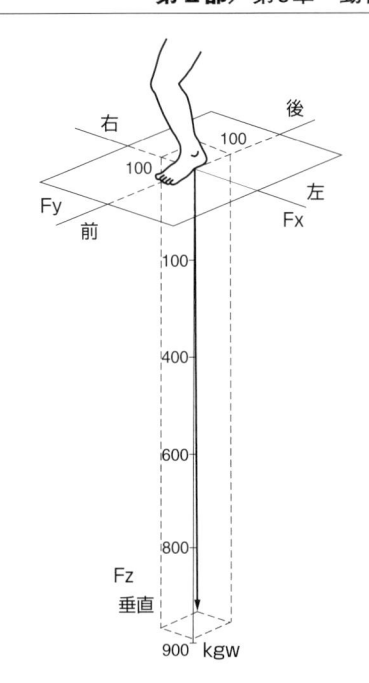

表1　正面打撃および小手打撃の踏み込み動作中の最大足底力

		Fx		Fy		Fz
		右方向	左方向	前方向	後方向	垂直方向
面	S.N.	94.0	15.0	32.0	85.0	930.0
	F.N.	56.0	16.0	27.0	66.0	794.0
	A.Y.	70.0	19.0	101.0	36.0	872.0
	M.K.	45.0	60.0	28.0	118.0	846.0
	S.H.	37.0	29.0	36.0	123.0	736.0
	K.T	109.0	59.0	7.0	128.0	1158.0
	$\overline{X}$	68.5	33.0	38.5	92.7	889.3
	S.D.	28.3	21.1	32.2	36.9	147.4
小手	S.N.	101.0	11.0	55.0	1.0	892.0
	F.N.	31.0	18.0	27.0	39.0	702.0
	A.Y.	74.0	9.0	11.0	46.0	774.0
	M.K.	54.0	28.0	14.0	37.0	786.0
	S.H.	64.0	28.0	52.0	36.0	738.0
	K.T	143.0	33.0	27.0	0.0	1082.0
	$\overline{X}$	77.8	21.2	31.0	26.5	829.0
	S.D.	39.4	9.9	18.6	20.4	139.5

（百鬼等1978[3]改変）

表2　間合の相違による正面打撃の踏み込み動作中の最大足底力

		中間				遠間			
		熟練者		未熟練者		熟練者		未熟練者	
		$\overline{X}$	標準偏差	$\overline{X}$	標準偏差	$\overline{X}$	標準偏差	$\overline{X}$	標準偏差
Fx	右方向	74.5	131.0	21.0	17.0	62.5	10.3	34.5	31.8
	左方向	36.1	18.9	23.7	13.0	49.1	29.0	24.6	14.5
Fy	前方向	52.6	29.8	53.5	37.5	54.6	17.9	42.4	37.7
	後方向	71.1	29.7	17.0	10.5	93.4	21.8	18.7	10.7
Fz	垂直方向	1008.0	102.0	408.0	244.0	1016.0	101.0	436.0	283.0

（百鬼等1977[4]改変）

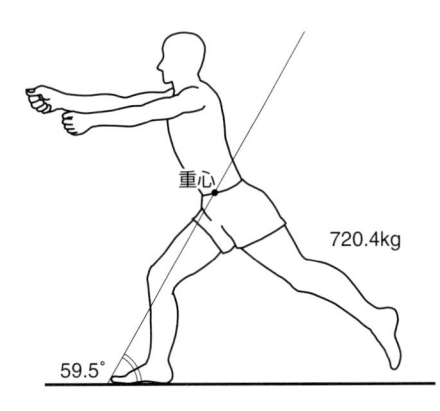

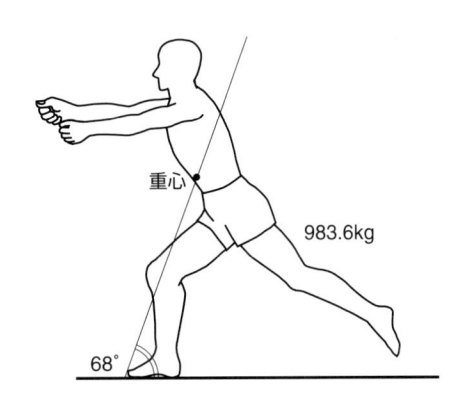

図3　正面打撃動作の踏み込み力と踏み込み角度（田中等1981[5]一部改変）

6-6　間合のとり方と試合

　間合とは、相手の技能、戦法などを考慮しながら、自分は有利で相手は不利な状態になるような距離間隔をとることである。古来より剣道の間合は、相互の距離間隔によって、一足一刀の間合、近い間合、遠い間合、および鍔ぜり合いなどの用語に区別されてきた。一足一刀の間合は、一歩踏み込めば相手を打突することができ、相手の打突を一歩後退すれば外すことのできる間合であり、対峙したときの基本的な間合となっている。鍔ぜり合いは、打突後などに生じる相手に最も接近した間合であり、大きな体さばきをともなわせなくては一般的に打突することはできない。近い間合は、わずかの体さばきで打突できるので、先人は、この間合をきわめて危険な間合と位置づけ、これを避けるように注意を喚起し、また、この間合は剣理を活用しなくても打突し得るので、間合のとり方としては、望ましくないものと指摘してきた。すなわち、剣道では、剣理の活用できる間合をとることが肝要であり、特に、自分に適する一足一刀の間合を会得することが要諦とされたのである。以下、近年の試合における間合のとり方の様相を習熟段階別にみてみよう。

1 ── 移動軌跡から捉えた試合中の間合変化

　2次元DLT法によって得られた赤・白競技者の移動軌跡（左足部）を同期させると、2者間の距離（間合）が求められ、図1のように試合中の経時変化を描記することができる。さらにこれらのデータを0.25m毎に区分し、その出現頻度を求めると、図2のような2峰性の分布を示していることが明らかとなる。1m付近を頂点とする峰は、鍔ぜり合いを中心とした攻防による局面であり、3m付近を頂点とする峰は、一足一刀の間合を中心とした攻防による局面として理解できる。すなわち、柔道でいえば、攻防が立ち技と寝技の2局面に分かれるように、剣道の攻防においても、相手と離れた局面と接近した局面に大別されることが定量的に捉えられるのである（図3、4）。

2 ── 一足一刀の間合局面の出現頻度と対峙時間

　図5は、試合中の一足一刀の間合を中心とした局面（以下、I局面）と鍔ぜり合いを中心とした局面（以下、T局面）の出現頻度を習熟段階別に比較したものである。

　I局面の出現頻度をみると、八段群では試合中の65.7％、全日本群では40.5％、大学生群では41.4％、高校生群では37.6％であった。高校生群、大学生群、および全日本群では、試合時間の多くをT局面に要し、I局面での展開は、試合所要時間の1/2以下の割合でしかみられない。いっぽう、八段群では、試合時間の多くをI局面での展開に要している。間合のとり方は、年齢や習熟段階と深く関連しており、習熟段階による相違が顕著にみてとれる。

　次に、一足一刀の間合での対峙時間をみると、高校生群では3.7±1.8秒、大学生群では5.5±2.6秒、全日本群では7.3±3.9秒、八段群では15.1±8.1秒であり、習熟段階の高い群ほど、対峙時間が長くなる傾向を示している。I局面対峙時間とは、「互いに構えて技をしかけるまでの時間、すなわち、攻防両者が今なら、あるいはこの距離からならば相手を打突できるという状態を求め合っている時間」に相当するものである。高校生群の試合では、選手はじっくりと相手の動きを観察することなく、すぐさま打突にでていることがうかがわれる。剣道では、「打って勝つな、勝って打て」という教えがあるが、以上の資料からみると、高段者群になるほど、この教えに準拠した攻防を展開しており、また、剣理の活用できる間合のとり方をしているものと捉えることができる。

（巽　申直）

［文献］
○ 巽　申直・富樫泰一・服部恒明（1997）「間合からみた剣道の試合特性」『武道学研究』第30巻第2号、27-35頁。
○ 巽　申直・野村知弘・村山勤治・小田佳子・富樫泰一・服部恒明（2001）「移動軌跡からみた全日本剣道選手権優勝者宮崎正裕選手の試合特性―10年間の縦断的資料に基づいて」『武道学研究』第33巻第2号、16-23頁。

第Ⅱ部／第6章　動作

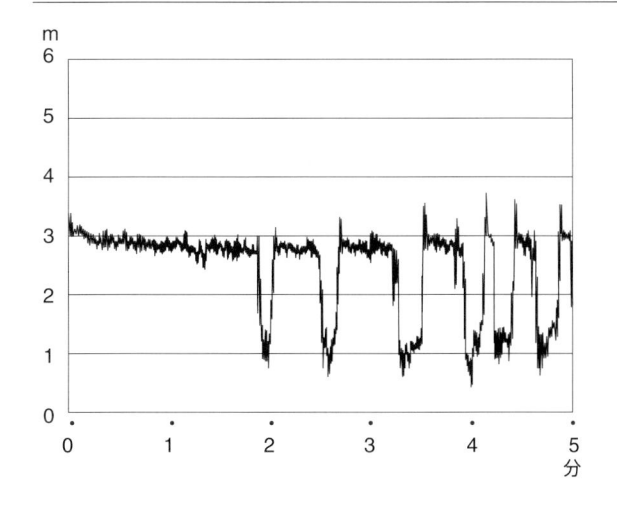

図1　試合中の間合の経時変化

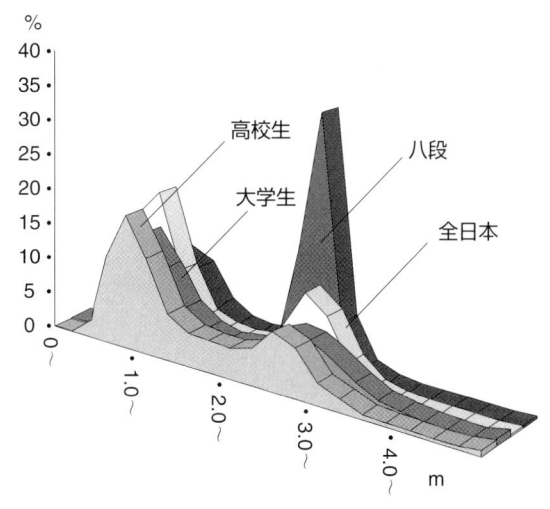

図2　試合中における間合の出現頻度

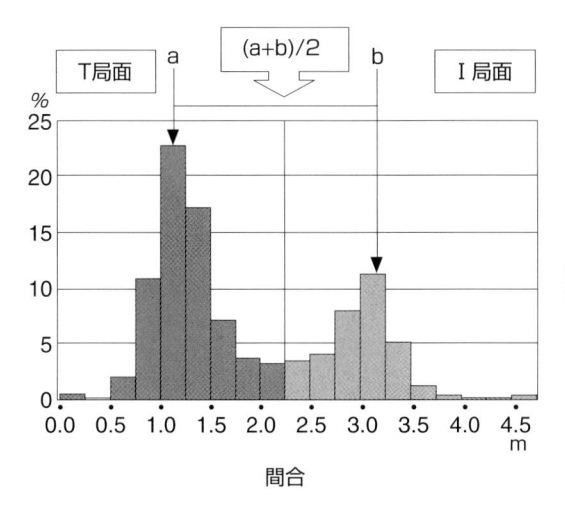

図3　間合局面の判別法

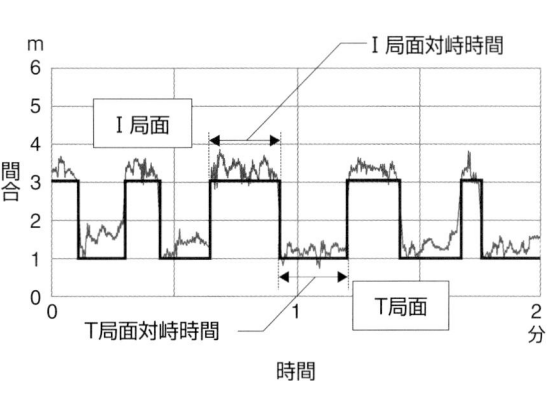

図4　試合中の間合の2局面区分と対峙時間

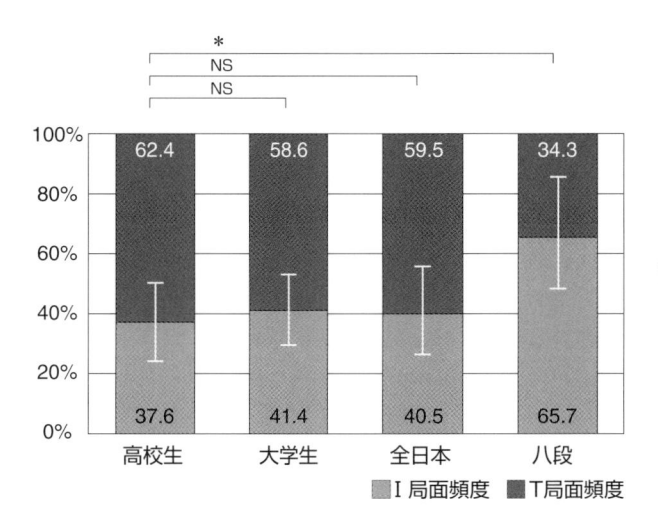

図5　習熟段階別にみた2局面の出現頻度

6-7　試合中の移動方向と習熟段階

　剣道は対人運動であり、相手の動きに対応して攻防するところに楽しさを味わうことができる。攻め合いは、相手を攻め、かつ相手の攻めに対して防ぎながら攻め返して、常に自分を有利な状態に導き、主導権をとることが肝要とされている。一足一刀の間合において、間合を詰めたり、間合を切ったりの前後動作、あるいは相手に対して移動する向き（左右方向）は、まさに攻め合いにおける剣道特有の対応動作の一つとして捉えることができる。以下、習熟段階による対応動作としての移動方向の相違をみてみよう。

1 ── 移動距離・移動方向の求め方

　図1は、対峙状態の二者の位置関係を表記したものである。$R_1・W_1$は、赤・白競技者の座標点を示しており、$R_2・W_2$は、それぞれ1/10秒後の座標点を示している。競技者Rの移動を分析する場合、Rの移動後の座標であるR_2とWの移動前の座標であるW_1により成す線分R_2W_1が、両者の移動前の距離である線分R_1W_1よりも短くなった場合、この1/10秒間の位置移動を「前進移動」と定め、同様に、線分R_2W_1が線分R_1W_1よりも長くなった場合を「後退移動」とした。前進移動による変位から得られた移動距離は加法によって、後退移動による変位から得られた移動距離は減法によって、それぞれ累積した値を算出した（図2）。
　図3は移動角度の算出法を示したものである。R競技者の移動角度は、アフィン変換を用いて移動前のR競技者の座標点R_1、移動後R競技者の座標点R_2、移動前のW競技者の座標点W_1の3点を、移動前のW競技者の座標点W_1が原点上へ、移動前のR競技者の座標点R_1がx軸上（x＞0）へ来るように平行移動・原点回りに回転移動させ、座標点$R_1W_1R_2$のなす角度を関数$\tan^{-1}$を用いて算出した。得られた角度θが、$\theta>0$の場合を「右移動」とし、反対に$\theta<0$の場合を「左移動」とした。同様に、右移動は加法によって、左移動は減法によって、それぞれ累積移動角度を算出した（図4）。

2 ── 移動方向と習熟段階

　図5は、習熟段階別にみた一足一刀の間合局面における前進・後退距離について比較したものである。前進距離の最も多いのは、高校生群の毎分37.8mであり、試合時間（4分）に換算すると、1試合で平均151.2mの前進距離が出現している。一方、最も少ないのは、八段群の毎分8.7mであった。また、後退距離の多いのも高校生群であり、毎分30.6mを示している。高校生群の前進・後退距離の大きさは、全日本群に比して約2倍、八段群に比して約4倍の値を示しており、こうした前進・後退距離の大きさは、習熟段階とともに減少していく傾向を示している。
　図6は、同様に、習熟段階別にみた一足一刀の間合局面における左右移動角度について比較したものである。右方向への移動角度が、最も多いのは、中学生群の毎分317.4±84.0°であり、最も少ない八段群の97.0±41.4°に比して約3倍の動きを示している。また、左方向への移動角度が、最も多いのは、大学生群の毎分170.1±49.2°であり、最も少ない八段群の86.5±30.8°に比して約2倍の値を示している。
　習熟段階別に比較をすると、右移動の大きさは、中学生群と高校生群間には有意差がみられないが、他群間ではすべて有意差がみられ、習熟度が高くなるにつれ、右移動の大きさが減少していくことが認められる。いっぽう、左移動の大きさについては、中学生群と八段群、高校生群と八段群、大学生群と八段群、大学生群と全日本群の間に有意差がみられたが、他の群間では、有意差は認められなかった。左移動は、習熟段階によって、右移動ほどの顕著な相違は生じていないことがわかる。また、習熟度にともなって、右方向への偏向した動きから、左右均整のとれた方向への移動に変化していく傾向がみてとれる。

（巽　申直）

第Ⅱ部／第6章　動作

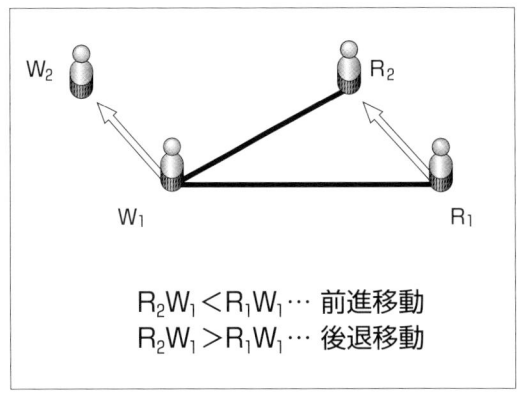

図1　R競技者の移動の区分

$R_2W_1 < R_1W_1 \cdots$ 前進移動
$R_2W_1 > R_1W_1 \cdots$ 後退移動

図2　累積移動距離の経時変化

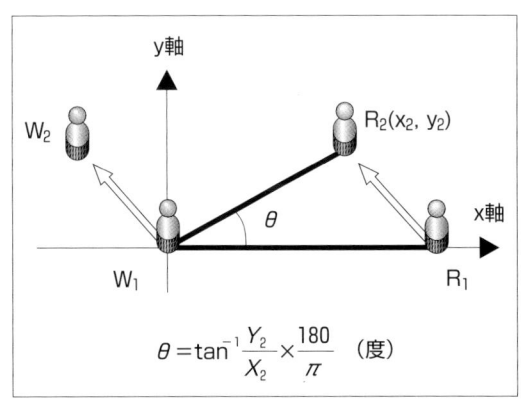

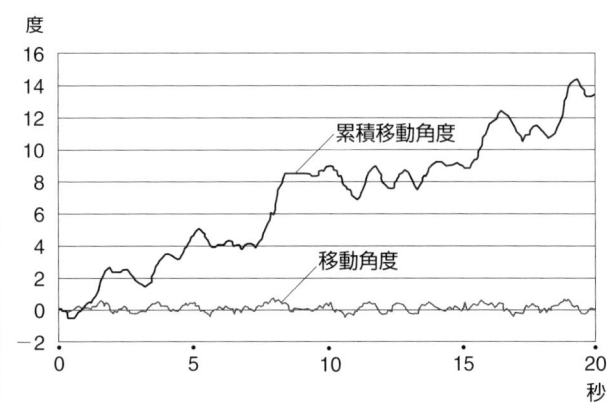

図3　移動角度の求め方

$$\theta = \tan^{-1}\frac{Y_2}{X_2} \times \frac{180}{\pi} \quad (度)$$

図4　累積移動角度の経時変化

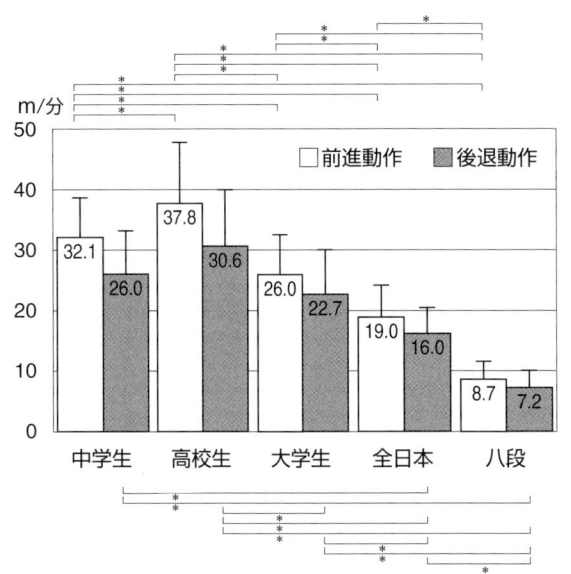

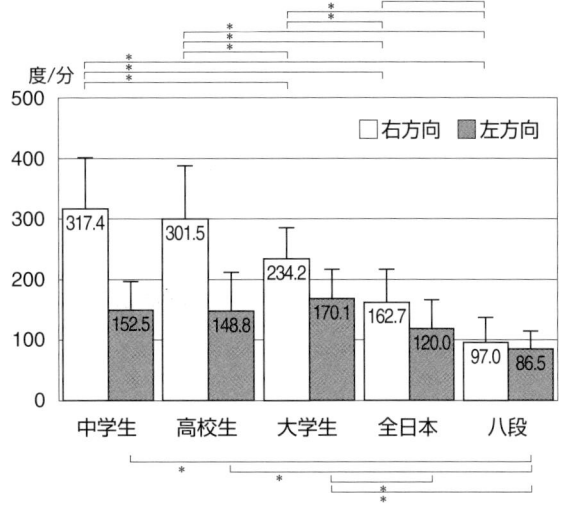

図5　習熟段階別にみた一足一刀の間合局面における前進・後退移動距離の比較

図6　習熟段階別にみた一足一刀の間合局面における左右移動角度の比較

6-8 防御時間と防御成功率

　剣道競技の主要素は、打突の技術と相手の打突を防ぐ技術に分けることができ、迅速で正確な打突と打突に対して迅速で正確な防御が良い成果に重要な役割を果たす。したがって、競技で良い成果を得るには、打突動作が相手の防御動作よりも速くなくてはならない。逆に、相手の打突よりも防御が速くなくてならないことも必要条件である。このことは、攻撃側と防御側の各動作時間の長短の争いと考えることができる。したがって、各動作所用時間の内容を検討することにより、競技成績の向上にとっての鍵を明らかにすることができるものと考えられる。

　星川[1]の報告によると、未熟練者の面打突時間は0.310秒、熟練者の面防御時間は0.318秒と、未熟練者の打突時間が熟練者の防御時間より短い。にもかかわらず、未熟練者の放った10本の面は熟練者によって100％防御された。このような事実から、なぜ熟練者によって防がれてしまったかを恵土ら[2]は、さらに防御時間と防御成功率から検討している。この実験は（写真1）、一足一刀の間合から攻撃者が防御者の面・小手・胴のうち任意の一ヶ所を打ち込むもので、防御者はこれをできるだけ早く、しかも正確に防ぐというものである。すべての打ち込みについて、防御者が防いだ場合の成功回数（成功率）とその時間を計測した。防御者として全日本選手権大会などで活躍した上級者3名、全日本学生大会などで好成績をあげた中級者5名、技術的に未熟な下級者3名の計11名である。攻撃者は七段の者1名である。

1 ── 防御に必要な時間

　表1は、上・中・下級者の防御成功・不成功時間である。これをみると下級者が最も短く、次いで中級者、上級者の順である。技術の程度が低下するにしたがって防御時間が短くなっている。表2は、打ち込まれた回数と防御成功率である。上級者の防御成功率は平均71.5％であったのに対して、中級者は上級者より14.7％低下し、平均56.8％である。さらに下級者は上級者より60.0％、中級者より45.3％も低い平均11.5％である。

　一般に防御動作が早いということは、相手の攻撃を防ぐ確率が高い。しかし、今回の実験では、防御する時間が短い下級者のほうが低い防御率で、逆に防御時間の長い上級者のほうが高い防御率を記録した。このことは、"剣道は速さだけではない"ということを考える際に参考となるものである。では、なぜこのようなことが起るのであろうか。

2 ── カン・よみ

　スポーツには、ある刺激に対して素早く反応動作をしなければならない競技や、逆に反応動作は遅くとも正確な判断を必要とするもの、また、前者と後者の中間的な要素、すなわち、正確な判断と素早い反応動作を要求するものなどさまざまである。東海大学の笠井ら[3]は、野球の内野手のスタート動作について、熟練者はボールを打つ直前の打者のフォームによって打球の方向を判断するが、未熟練者は打たれたあとのボールをみて判断していることを明らかにしている。また、元東京教育大学の江田ら[4]は、サッカーのゴールキーパーがボールキャッチに成功したときは、シューターの動作から球種、球道、および方向を予測しており、逆にシューターの動作を予測できないときはシュートされることを報告している。

　これらの研究は、対人競技において変化のある相手の動作を正確によみとる予測能力、俗な言葉で言えば、カン・よみが好結果を得るために必要であることを示唆している。今回示した実験結果からみると、剣道の上級者も予測能力が優れていたために防御時間が長くとも防御率が高かったものと考えられるのである。

（恵土孝吉）

[文献]
1) 星川　保（1978）「剣道の打突動作、防御動作の時間的関係から見た剣道技術の特性」『武道学研究』第11巻第2号、114-115頁。
2) 恵土孝吉、他（1984）「剣道の防御における時間的研究」『武道学研究』第16巻第3号、31-39頁。

3) 笠井惠雄、他（1969）「球技の対応動作に関する実験的研究」『体育学研究』第14巻、233-236頁。
4) 江田昌佑、他（1969）「サッカーのゴールキーパーの技術に関する運動学的研究」『体育の科学』第19巻6号、372-376頁。

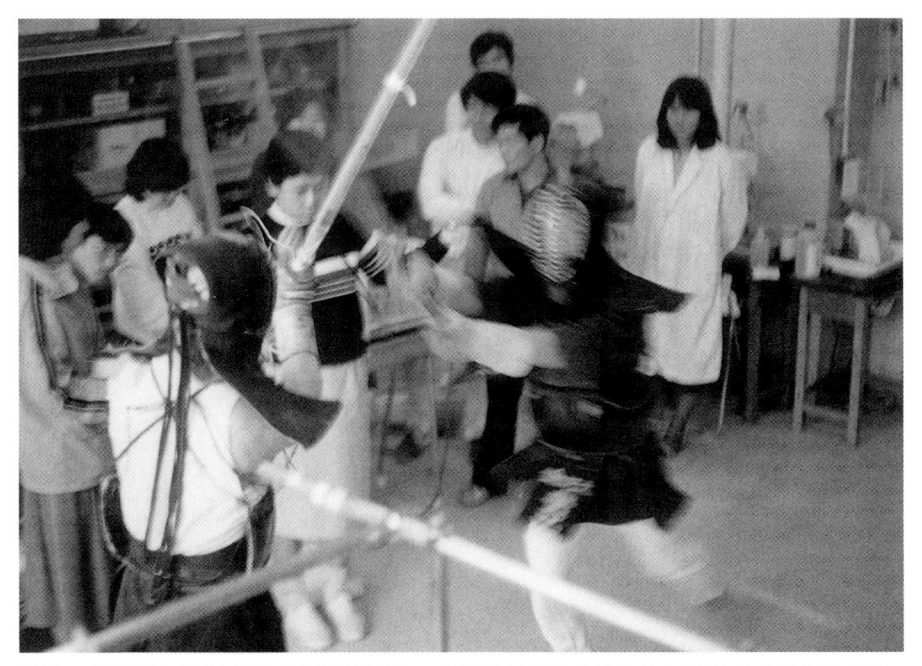

写真1 防御時間の測定風景（左側が受け方、右側が受け手の打突部位を任意に打ち込むところ）

表1 上・中・下級者の防御所用時間（秒）

	上級者	中級者	下級者
防御成功時間	0.349	0.347	0.337
防御失敗時間	0.415	0.436	0.503

＊小数第三位以下切り捨て

表2 上・中・下級者の防御成功回数・率（%）

	項目 氏名	面技 試技	面技 成功	小手技 試技	小手技 成功	胴技 試技	胴技 成功	合計（面・小手・胴技）試技	合計 成功	防御率（%）
上級者	K. E	31	11	42	34	36	32	109	77	70.6
	T. T	35	24	41	31	35	25	111	80	72.1
	K. W	35	26	37	22	31	26	103	74	71.8
	合 計	101	61	120	87	102	83	323	231	71.5
中級者	T. T	35	20	35	19	36	21	106	60	56.6
	T. I	33	26	33	20	32	11	98	57	58.2
	T. A	35	25	40	22	35	19	112	66	58.9
	E. A	35	24	36	20	34	14	105	58	55.2
	H. H	35	23	36	23	36	13	107	59	55.1
	合 計	173	118	180	104	173	78	526	300	56.8
下級者	R. Y	16	0	17	6	18	0	51	6	11.8
	K. A	23	9	27	4	25	1	75	14	18.7
	M. O	18	0	16	1	15	1	49	2	4.1
	合 計	57	9	60	11	58	2	175	22	11.5

＊小数第一位以下切り捨て

6-9　竹刀重量の違いと打突動作

どのようなスポーツにおいても、その学習や指導を安全に効率よく進める上で、各人の技能や体力等に応じた規格や重量の用具を用いることが重要である。剣道で用いられる竹刀の基準は、年齢や性差を配慮して、全日本剣道連盟の「試合審判規則・細則」（表1）によりその規格が定められているが、剣道学習者の竹刀に関する知識量は低い[1]のが実態である。

1 ── 竹刀重量規定の変更

平成10年11月、全日本剣道連盟は竹刀の重量を新しく規定した。新基準では、竹刀先革部の先端最小直径値が従来のものより大きく規定され、竹刀先端部が面金物見部へ貫入する事故を防止するための安全性が高められた。また、竹刀直径が太くなったことにより、竹刀重量の下限値を改訂する必要性も生じ、例えば、中学生男子の使用する竹刀の場合では重量440g以上と定められ、旧基準（425以上）に比べて15gの増加となった。しかし、この重量基準の変更は、剣道の攻防時における安全性の面からなされたものではあるものの、発育期の中学生における個人差の大きい形態的特性や体力要因を考慮した上でなされたものではなかった。

2 ── 竹刀重量の違いと打突動作

体力や剣道技能がある程度定着している成人の剣道学習者の場合、打突動作時の身体の移動速度や打突所要時間は竹刀重量の影響を受けにくい。例えば、大学生の場合[2]、竹刀重量（400g、500g、600g）の異なる素振りや打突動作時には、竹刀振り下ろし動作時の手首の内転操作にタイミング調節がなされる。そして、このような「手の内」的操作に伴う竹刀先端速度の変化が、竹刀重量の打突所要時間に対する影響をキャンセルしてしまう。

しかし、小学生の場合、竹刀重量の違いにより打突動作は大きく変容する。特に、経験年数の浅い小学校低学年では、[3]竹刀重量（320g、338g、358g）が重くなるにつれて竹刀振り上げ動作が右足離床に先行し、打突についても踏み込み後に行われるなど、上肢と下肢の協調動作に影響が認められる。小学生の場合は、児童の体力に応じた軽い竹刀を使用することが剣道技能を学習する上で適切といえよう。しかし、小学生の通常用いている竹刀は、低学年ほど体重に比して重めの竹刀を使用している[4]のが実態である。

では、第二次成長期にあたる中学生剣道学習者では、竹刀重量の増加が素振り動作にどの程度影響するのだろうか。表2は、中学生の正面素振りについて、竹刀重量を15g単位で増加させた際の素振り所要時間の変化を示している。また、表3は、その際の打突の正確性について示している。その結果をみると、成人の剣道経験者では、剣道の技能レベルや体力的要因を反映した傾向が示されており、竹刀重量の影響が認められない。また、正面素振りの所要時間や正確性も中学生に比べてより正確で速い。いっぽう、中学生では、竹刀が重くなるのに伴って素振りの所要時間は遅延し、新基準（440g）以上の重さの竹刀を用いた場合は、旧基準（425g）以下の竹刀を用いた場合に比べて、1回の素振り動作に要する時間が長くなっている。中学生の竹刀操作において、新基準以上の重さは体力要因に依存する重さであることが推察される。

竹刀の規格や基準は、その時代背景、試合様式の変化、競技者の増加、身体能力の向上等により、様々に変化してきた経緯[5]を持つ。その中で、竹刀先革部の最小直径値の改訂については、剣道における攻防時の安全性を確保するためになされたものであった。そのため、それに伴う竹刀重量の15g増加をわずかと捉え、剣道指導者は無関心であったのではないだろうか。しかし、剣道の特性の一つには、体力要因よりも技術要因が勝敗の決定において大きな割合を占める点が挙げられる。この点から竹刀重量の基準改定と中学生の体力特性を考えた場合、発育・発達期にある中学生男子では、竹刀重量の基準改訂は剣道の攻防における

技術要因と体力要因のバランスの逆転を生じる可能性が考えられる。

(直原　幹)

[文献]
1) 岩切公治・井島　章・井上哲郎（1993）「大学生における竹刀に関する意識調査」日本武道学会第26回大会研究発表予稿集、28頁。
2) 板東隆男・杉江正敏・黒田英三・太田順康（1992）「剣道における竹刀重量の違いが技能に及ぼす影響」『大阪武道学研究』第5巻第1号、29-35頁。
3) 宮本賢作・山神眞一・岡田泰士・藤原章司・直原　幹・森　諭史・阿部純也（1997）「少年剣道における竹刀重量と打撃動作との関連について」『身体運動のバイオメカニクス』、369-372頁。
4) 岡嶋　恒・巽　申直（1994）「小学生の竹刀に関する調査研究」『北海道教育大学紀要』45（1）、79-85頁。
5) 中村民雄（1988）『剣道辞典』島津書房、98-107頁。
6) 五十嵐和義・土田了輔・直原　幹（2002）「剣道における竹刀重量の違いが発育期剣道学習者の素振り動作に及ぼす影響」『新潟体育学研究』20、29-34頁。

表1　竹刀の基準（一刀の場合）

	性　別	中学生	高校生	大学生・一般
長　さ	男女共通	114cm 以下	117cm 以下	120cm 以下
重　さ	男性	440g 以上	480g 以上	510g 以上
	女性	400g 以上	420g 以上	440g 以上
太　さ	男性	25mm 以上	26mm 以上	26mm 以上
	女性	24mm 以上	25mm 以上	25mm 以上

註）「長さ」は付属品を含む全長。「重さ」は鍔を含まない。「太さ」は先革先端部の最小直径値とされている。（全日本剣道連盟「剣道試合・審判細則」より抜粋）

表2　竹刀重量の違いと正面素振り所要時間[6]

（単位：秒）

竹刀重量	410g	425g（旧規準）	440g（新基準）	455g
中学生（初心者）	0.45 ± 0.14	0.43 ± 0.13	0.44 ± 0.12	0.45 ± 0.13
中学生（経験者）	0.33 ± 0.02	0.34 ± 0.02	0.35 ± 0.01	0.36 ± 0.02
成人（経験者）	0.33 ± 0.03	0.33 ± 0.03	0.34 ± 0.03	0.34 ± 0.03

註）対象は、中学生初級者10名（経験年数8ヶ月、身長156.3±13.1cm、体重47.4±11.8kg）、小学校以降から剣道を継続している中学生経験者10名（経験年数5.6±0.9年、身長155.5±6.3cm、体重44.7±7.9kg）および成人男子の剣道経験者群10名（経験年数18.5±6.2年、身長172±6.3cm、体重68.2±7.1kg）である。

3×4の被験者間計画。第一要因は技能レベル（中学生初級者、中学生経験者、成人経験者）、第二要因は竹刀の重量（410g、425g、440g、455g）とし、竹刀重量15g単位の違いと剣道の正面素振りを最大努力のスピードで行った際の所要時間を比較している。この表では、中学生初心者の素振り所要時間が他の群に比べて有意に長くなっている（$p<0.05$）。また、中学生経験者群において、竹刀が重くなるのに伴って素振りに要する時間が長くなっており（410g：0.33±0.02 sec、425g：0.34±0.02 sec、440g：0.35±0.01 sec、455g：0.36±0.02 sec）、竹刀重量の影響が有意に認められる（$p<0.05$）。

表3　竹刀重量の違いと打突点の正確性[6]

（単位mm）

竹刀重量	410g	425g（旧規準）	440g（新基準）	455g
中学生（初心者）	12.5 ± 2.2	13.1 ± 2.7	13.0 ± 4.1	14.2 ± 4.7
中学生（経験者）	13.0 ± 4.1	11.3 ± 4.2	10.7 ± 4.2	11.9 ± 2.5
成人（経験者）	9.6 ± 3.1	9.7 ± 1.7	10.8 ± 3.1	8.8 ± 4.4

（各群10名）

重量の異なる竹刀を用いた際の打突の正確性を、打ち込み台に提示された目標点と打突点の誤差距離から比較したものである。各群の打突点と目標点の誤差距離は、全ての重量の竹刀において成人経験者群が中学生群に比べて有意に小さかった（$p<0.05$）。しかし、全ての群において、打突の正確性に対する竹刀重量の影響は認められなかった。

第Ⅲ部　剣道の指導と評価

第 **7** 章 **指導法**

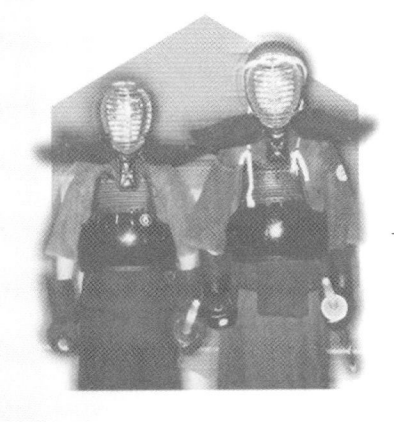

7-1　剣道指導における言語表現

1──運動感覚と言語

　剣道に限らず、運動の微妙な感覚を言語で表現することは至難のことである。

　剣道は「移動」と「打突」の結合運動であるといわれている。変化する相手を前に、どのように「移動」し、「打突」するかは、剣道修行者の究極の課題である。また、「構え」から「移動」「打突」の起こりに至る過程を「攻め」と定義することができるが、剣道指導においては、この「攻め」の感覚をどのように表現し、どのように指導できるかが、難しい課題となっているように思える。

　ここでは、剣道熟練者の多くが、「攻め」の感覚を擬音語を用いて表現していることに着目し、それらの擬音語を収集し、その感覚を分析・検討することを試みた。

2──擬音語の収集

　全国規模の剣道月刊誌である『剣道時代』『剣道日本』の中で著名な剣道選手の技を取材した記事から、擬音語を用いた「攻め」の記述表現を収集し、その記述表現をもとに、整理・分類し、「攻め」の内容を検討した。

3──擬音語の意味内容の検討

　以下に類似した擬音語をまとめてみた。
- 「スーッ」「スッ」「ススッ」「スッスッ」「スッスーッ」
- 「クッ」「グーッ」「グッグッ」「グッ」「ググッ」「グッグッグッ」
- 「パッ」「パッパッ」「バッ」
- 「ジッ」「ジーッ」
- 「ジリッジリッ」「ジリ」
- 「ジワーッ」「ジワジワ」「ジワリジワリ」
- 「ツッ」「ツツーッ」「ツッツッ」「ツツーッツツーッ」「ツツ、ツツ」

　これら類似した擬音語の特徴として、同じ擬音語が2・3回続いたり、「ー」と母音が伸びたり、「ッ」が入ったり、なくなっていることがわかる。

　上記の擬音語で、10名以上の者が使用しているものとしては、「スーッ」「スッ」「グーッ」「グッ」「パッ」「ジッ」があった。それらを「擬音語・擬態語辞典」により、「攻め」の意味内容を検討してみると、次の4つの要素に大別できよう。
1）「スーッ」「スッ」にみられる「滑らかさ」
2）「クッ」「グーッ」にみられる「力強さ」
3）「パッ」にみられる「変化」
4）「ジッ」みられる「保持」

　他の攻めに関する擬音語も、上記の要素の変形ないしは、組み合わせであるように思える。例えば、「ジリッジリッ」は「クッ」にみられる「力強さ」の変形したものに、「保持」の要素が加わったものと推察できる。

　一般的な剣道の動きの理解として、時系列的には、まず、気の充実、竹刀操作、体の移動、打突であろう。攻めから打突に至る過程で、どの過程をどのように意識するかは、かなりの多様性が見られる。また、それらの過程を無意識のレベルでは把握しつつも、意識しないで省略している場合もある。

　植田平太郎範士は、打つべき機会（タイミング）について次のように指導している。「剣道では、やたらに打っても当たるものではない。必ず打つべき機会がある。それは相手の起り頭（がしら）を打つことである。その起りまでに、一瞬のうちではあるが、三つの段階がある。先ず、匂いがする、次に兆しがある、それから起りが生ずる。匂いのとき、また兆しのとき打っても成功しないで、打返される。」

　この匂い・兆しから起り頭に至る一瞬をとらえる精神的・身体的な準備動作の「攻め」として、力を集中させたり、その状態を維持したり、といった、上記の擬音語の変化のバリエーションがあるように思える。

4 ── 攻めの言語表現としての擬音語

先の植田範士の指導の続きとして、「この匂い、兆し、起りの三つの心の動きをとらえるためには、無心でなくてはならない。無我の境地に達するため、無限の修業が続くわけである。」としている。私たちのレベルにおいても、試合などにおいて、すばらしい技を決めた人に、試合後、どのような体の使い方や意識をしたのかを尋ねても、多くの場合、「憶えていない」とか、「打とうと思った時には、もうすでに相手を打っていた」と答えている。今回取り上げた剣道選手の場合も同様であり、すばらしい技は、意識と無意識の境で発現されるのであり、無心の境地でありながら、あえて、意識のレベルでイメージとしての擬音語を使用しながら、可能な限り言語化していこうとしているように思える。当然、私たちの言語表現能力には、限界があり、実際の「攻め」で起こっていることのある特定の部分しか表現していない可能性も十分考えられよう。しかしながら、感覚的な表現であっても、言語を用いて運動を表現することは、剣道そのものを合理的に把握することにつながり、さらに、剣道を実践・指導する立場から、剣道の学習指導の発展にも寄与できる可能性があろう。

（木原資裕）

[文献]
- 植田　一（2001）「三つの言葉」『徳島の剣道』17号、8-11頁。
- 小林　篤（1994）「体育指導における感覚的な指示の言葉」兵庫教育大学研究紀要14（生活健康系）、43-56頁。

表1　擬音語辞典による解説

擬音語	記述内容
スーッ	「すっ」とほとんど同じ
スッ	滞りなく、滑らかに、順調に、鮮やかに、見事に、さりげなく、静かに行動、変化する様子
ススッ	早く、順調に、滞りなく、鮮やかに、見事に、さりげなく、あることを引き続いて行ったり、あることが引き続いて行われたりする様子
グッ	勢いよく、力強く、急に、一息に、突然、何かをしたり、何かが起こったりする様子
グーッ	力の加わり方が長く引き、強調される表現
ググッ	「ぐっ」の連続で、力が重なって加わっていく表現
クッ	急角度に折れ曲がっている様子
ググッ	かなり、勢いよく、力強く、何かをする様子、何かが起こる様子
パッ	動作・変化・状態などの発生が、極めて突然、急である様子
パッパッ	物事を惜しげもなく、遠慮なく、手早く、手際よく、盛んに、勢いよく、次から次へと、連続的に、起こす、行う、使うなどの様子
バッ	（一度に）まとめて、勢いよく、何かをする様子
ジッ	その時の状況・状態を、しばらく、そのまま保っている様子
ジーッ	その状況・状態を、しばらく、そのまま保っている様子。「じっ」を強調した感じ、また、じっとよりも、長い時間継続する感じの表現

擬音語・擬態語辞典（天沼寧）東京出版　1974

表2　攻めの記述表現

擬音語	年齢	記述内容
スーッ	34	気分が乗ってくるや、スーッと出て攻める
	38	気分を下に降ろして、スーッとした気持ちで入ること
	34	スーッと裏に回り、中心を抑えて詰め入る
	38	左手、左足が決まり腰の上に上半身がスーッと乗っている
スッ	32	突ける間合までスッと腰から入る必要がある
	24	相手が裏に回ると、剣先をスッと乗せるか、張って殺す
	38	左足をスッとつれていき、そこから同じように右足をだす
	41	スッと立ち、上から攻める気分そのまま自然に構える
ジッ	51	気でジッと中心を抑え、ときに剣先で強く攻める
	34	攻めの気分を持続させながらジッと溜める
	27	ジッと気を張って溜め、相手の呼吸から打ち気を知る
	41	竹刀が頂点に達するまでジッと観る
グッ	25	グッと体を入れながら剣先をあげる
	34	剣先を突き出したりグッと下にしたりして強い攻めをみせる
	38	グッと踵を下げて床から少し浮かすようにする
	33	グッと下げた剣先をすかさず上げて、上から突く
グーッ	21	裏をグーッと強く攻め、すぐさま表に回って攻める
	33	グーッと攻め込み、イチ、ニイで打つ
	39	強い気分で上からグーッと押さえる
パッ	37	その瞬間剣先をパッと外して下から裏に回りながら打つ
	33	パッと剣先をはずして上から跳び込む
	38	居合道の上下動のない足さばき、パッと出ておさえる感じ

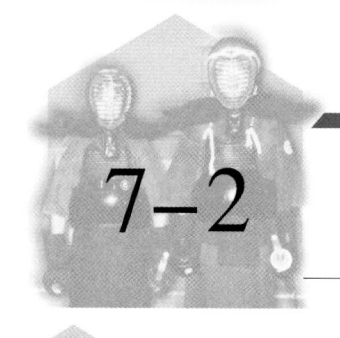

7-2 少年期の剣道に対する意識

1 ── 小中学生の剣道に対する意識

これからの剣道を担うことになる小中学生の考えや思いを把握することは、今後の剣道の普及や指導のあり方を考えるとき重要なポイントとなる。ここでは、現在剣道を実践している全国47都道府県の小学5年生から中学3年生までの男子2,676名、女子1,105名、計3,781名のデータをもとに、少年期の剣道に対する意識について述べる。剣道を続けている理由は、小中学生ともに「もっと強く・うまくなりたい」であり、意識についても「もっと試合で勝ちたい」が突出している。しかし、「中学校、または高校へ行っても剣道を続けたい」の継続意欲では、小学生が60.7％、中学生が55.5％、「大人になっても続けたい」では、小学生が38.5％、中学生が36.4％と、生涯剣道への意欲が低下していた。

指導者に対する意識では、小中学生とも70％以上が、教え方や指導のあり方（負けてもほめる）を肯定しており、また、剣道の先生を堅苦しいとは感じていない者が約60％を占めていた。剣道以外への関心では、剣道仲間と遊びやレクリエーションで交流することを強く望む者が、小中学生とも75％を超えていた点に着目する必要がある。

2 ── 年齢と戦績による比較

データを学校種と戦績（個人またはチームで、県大会レベルの試合でベスト4以上進出とそれ以外）によって、小学生高戦績群497名（以下「小高群」）、小学生低戦績群1,068名（以下「小低群」）、中学生高戦績群718名（以下「中高群」）、中学生低戦績群1,498名（以下「中低群」）の4群に分類した。

54の質問項目について因子分析を行い、5つの因子を抽出し、第1因子を「効果認識」、第2因子を「剣道からの忌避」、第3因子を「技能獲得・勝利欲求」、第4因子を「継続意欲」、第5因子を「稽古様式志向」と解釈した。5つの因子得点の平均値を算出し（図1）、4群を比較するため一元配置の分散分析を行い、さらにSCHEFFE（シェフェ）の方法により多重比較を行った。第1因子「効果認識」と第4因子「継続意欲」が同じパターンを示し、戦績によって是非が分かれた。小中学生の段階では、高戦績をあげることが、剣道をやってよかったと思い、それが継続へと結びついている。しかし、勝てなくなったときに剣道離れが生じることが懸念される。第3因子「技能獲得・勝利欲求」と第5因子「稽古様式志向」では、中高群のみがマイナスを示した。中高群は現状に満足しているものが多く、さらに上を目指すには今まで以上の努力をしなければならず、その負担に対する意識の表われとも推察できる。稽古内容では、約束稽古や掛り稽古よりも自由に攻防できる内容を好んでいた。第2因子の「剣道からの忌避」では、小中学生で意識が分かれた。中学生は自己主張や自意識の芽生えなどの発達過程にあり、小学生よりも練習の環境や条件に対する不満を率直に表わしていた。

3 ── 4群における特徴

図2の小高群は、剣道で学んだことは生活に役立ち、抵抗力や集中力の向上といった心身への影響・効果を高く肯定している。将来における継続意欲も高く、練習による拘束や自由時間の不足などの不満もあまり感じていない。

図3の小低群は、勝利体験の少ないことが継続意欲を低下させている。技能勝利欲求も高いとはいえず、目標達成を困難と考え、あきらめが先行していると推察できる。約束稽古や掛り稽古の内容志向のみが、他群より肯定度が高い。

図4の中高群は、剣道実践による効果を認めており、高校進学後の継続意欲も高い。反面、練習に時間をとられ、やりたいことができないことへの不満が強い。技能獲得・勝利欲求と稽古様式志向が唯一否定的である。

図5の中低群は、小低群と同様に勝利体験の少

なさが継続意欲に強い影響を与えている。勝ちたい思いはあるが、勝利を得るのは簡単ではない現実を反映している。試合中心・勝利第一主義以外の明確な指針を与えることが必要である。

(岡嶋　恒)

[文献]
- 全日本剣道連盟科学委員会調査部（1996）「小中学生の剣道観」、全日本剣道連盟。
- 岡嶋　恒、他（1997）「道場に通う小学生の剣道に対する意識—剣道の試合実績と練習頻度による意識の違い—」『武道学研究』第29巻第3号、36-43頁。
- 浅見　裕、他（1998）「生涯剣道の可能性についての一考察—中学校剣道部員の意識の分析から—」『スポーツ教育学研究』第18巻第1号、37-47頁。
- 岡嶋　恒、他（1997）「小・中学生の剣道に対する意識について—高戦績群と低戦績群における意識の違い—」『武道学研究』第29巻別冊、29頁。

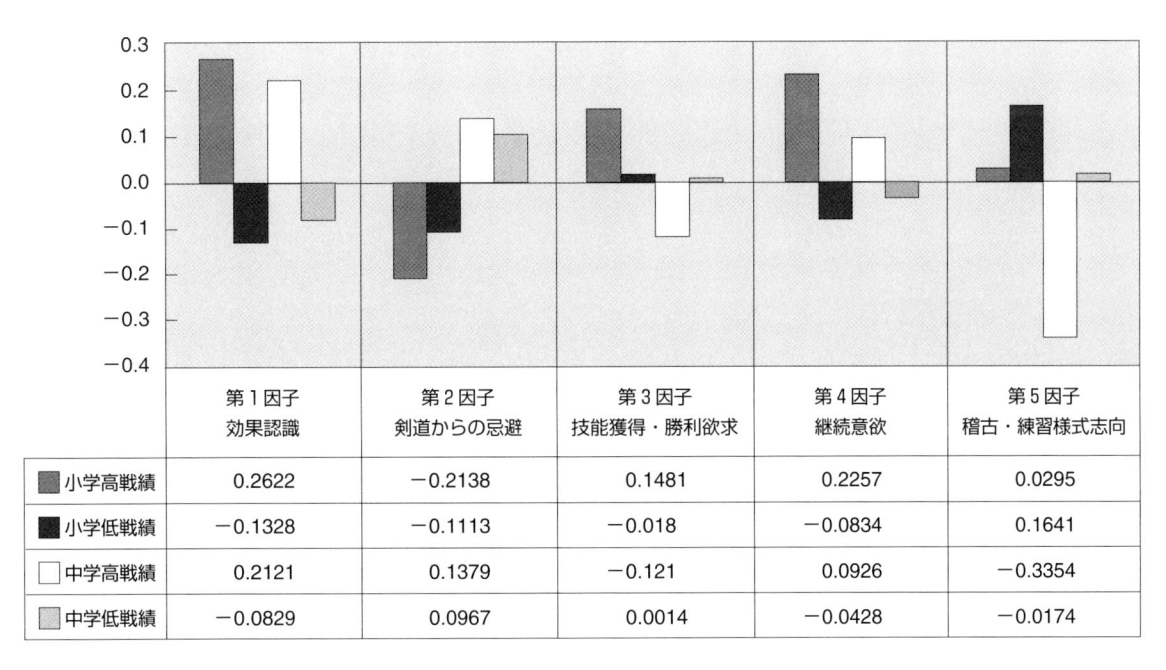

	第1因子 効果認識	第2因子 剣道からの忌避	第3因子 技能獲得・勝利欲求	第4因子 継続意欲	第5因子 稽古・練習様式志向
小学高戦績	0.2622	−0.2138	0.1481	0.2257	0.0295
小学低戦績	−0.1328	−0.1113	−0.018	−0.0834	0.1641
中学高戦績	0.2121	0.1379	−0.121	0.0926	−0.3354
中学低戦績	−0.0829	0.0967	0.0014	−0.0428	−0.0174

図1　各戦績群の因子得点による比較

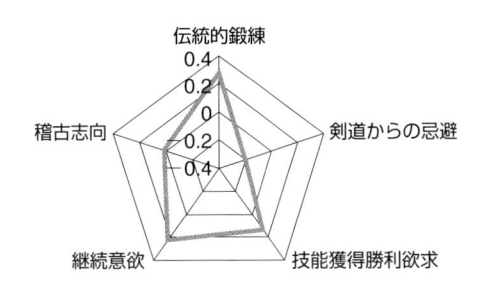

図2　小学高戦績

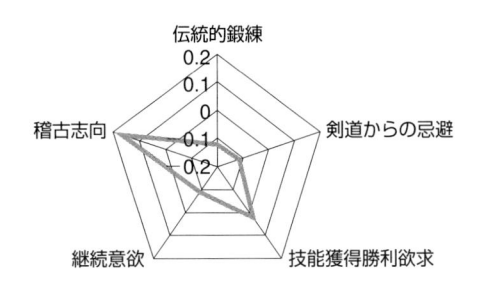

図3　小学低戦績

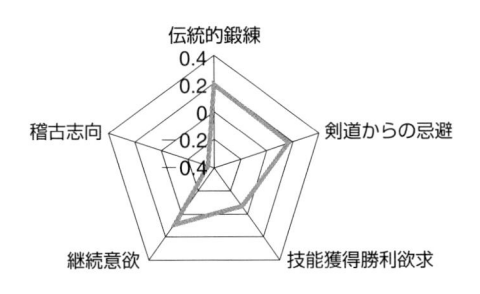

図4　中学高戦績

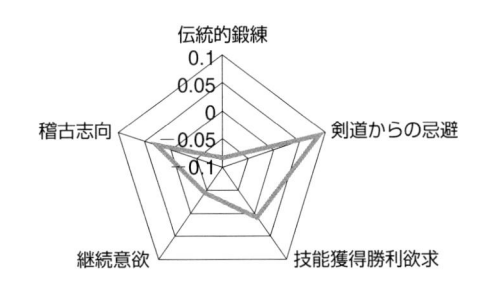

図5　中学低戦績

7-3 剣道実践にともなう阻害要因

1 ── 剣道部をやめる理由

わが国における運動部に関する研究は、体育社会学・体育経営学・体育心理学の分野において数多くなされており、退部者についての調査報告も少なくない。これらの先行研究では、人間関係のあつれき、練習のつらさ、勉強との両立、他にやりたいことがあるなどが主要な退部理由とされている。

こうした退部理由の背景には、「先輩後輩の関係を重視し、1つの種目に熟達した者が歓迎され、他の集団からの干渉を認めない排他的行動をとり、新入生は最下層に位置づけられ、自己を犠牲にしてまでも、集団や組織のために邁進する」という運動部の特質があると指摘されている。もちろん、この特質も時代とともに変容しつつあることは十分想像することができるが、競技志向の強い運動部にはまだこの特質が残っていると思われる。

2 ── 実態調査

筆者らは、剣道経験者に対して剣道をやめた理由に関する実態調査を行っており、本項では、実態調査の結果をもとに、剣道経験年数の違いによって剣道実践の継続を阻害する要因にどのような相違があるかを検討した。

高校生・大学生を対象として、11,846名分の調査用紙を回収することができた。それぞれの項目の中で経験年数によって、その割合がどのように違うのかを示した。同様に39の調査項目対して、主因子法による因子分析を行い、さらに因子得点を算出し、経験年数の違う4群を比較するため、SHEFFEの方法により多重比較を行った。

3 ── 調査結果

結果は次のようにまとめられる。

1) やめている者の経験年数としては「1～3年未満」が最も多く、次いで、「3～6年未満」「6年以上」「1年未満」の順である。初心者というより、ある程度進んだ段階、面を着けての基本練習および掛かり稽古・地稽古が始まったころからしばらくたった時期までに多くの者がやめる要因がある。

2) 剣道をやめた理由の上位の内容として、興味・関心の移行としてとらえられる項目群、剣道の不快感としてとらえられる項目群、強要を嫌う項目群にまとめられる。

3) やめた理由の項目を因子分析し、5つの因子を抽出し、第1因子「指導批判」、第2因子「強要批判」、第3因子「環境不適」、第4因子「限界認識」、第5因子「倦怠・不快感」と解釈した。

4) 特に、第2因子の「強要批判」において、経験年数「6年以上」群の因子得点が他の群との間に有意な差が認められ、6年以上の長期間の経験者ほど、強要されることを拒否してやめてしまう傾向がある。

5) 経験年数の違いによる阻害要因の特徴としては、「1年未満」においては「倦怠・不快感」、「1～3年未満」においては「限界認識」、「6年以上」においては「強要批判」および「環境不適」が阻害要因として顕著であった。

4 ── 今後の課題

剣道に限らず、どのような習いごとや他のスポーツにおいても、それを習い始めた者だれもが生涯、その実践を継続することができるものではない。何らかの阻害要因がその実践過程の中で生じ、途中で中断あるいは継続を断念している者が多いのが現実である。剣道に関しても、全日本剣道連盟は「剣道の理念」を制定し、人間形成の道として、生涯剣道を標榜しているが、「剣道人口減少の傾向」を指摘されるように、若者の剣道離れがあり、剣道界としてその対策を真剣に考えなくてはならない状況に迫られている。

指導者としては、青少年の心身の発達段階と習熟段階、さらには青少年の感性や認識の発達をも

把握する必要がある。そして、そこに派生する阻害要因との関係を構造的に把握し、これら阻害要因の存在を単に個人の問題として処理するのではなく、指導者・家庭・地域とともに積極的に克服できる取り組みを模索しなくてはならない。

また、剣道特有の不快感に関しては、面の汚れに対するあごあて、小手の中の汚れと臭いに対する手袋、痛みに対しても剣道具の補強や保護用のサポーターの使用など、具体的方策を積極的に導入すべきであろう。

剣道については、伝統的な気風・習慣の伝承を容認する傾向が青年の中にあるが、いっぽう、これまでの「百練自得」的指導に止まっていては、剣道人口減少の現実を克服することはできない。さらに、新たな展開を迫られているように思う。剣道文化と青少年の感性や認識の関わりの中で、阻害要因になっているものをできるだけ明瞭で納得できる具体的指導で克服できるかどうか、指導者自身の創意・工夫が期待されるところである。

（木原資裕）

[文献]
○ 青木邦男（1989）「高校運動部員の部活動継続と退部に影響する要因」『体育学研究』第34巻第1号、89-100頁。
○ 浅見　裕、他（1995）「現代青年の剣道観についての研究─剣道人口減少問題に関連して─」『武道学研究』第27巻第2号、8-17頁。
○ 木原資裕、他（1995）「剣道実践にともなう阻害要因の検討─経験年数による違いを中心に─」『武道学研究』第28巻第1号、33-46頁。
○ 中村敏雄（1995）『日本的スポーツ環境批判』大修館書店。

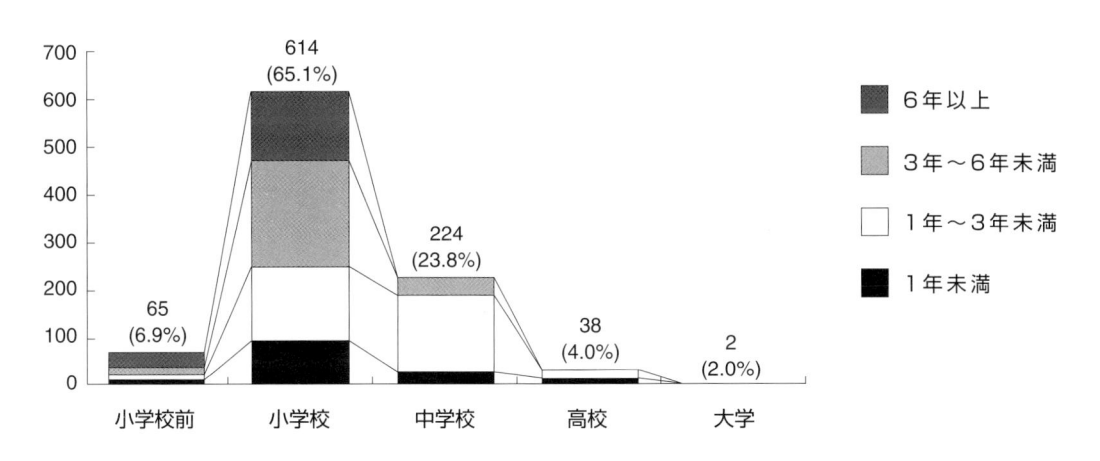

図1　退部者の経験年数と開始時期

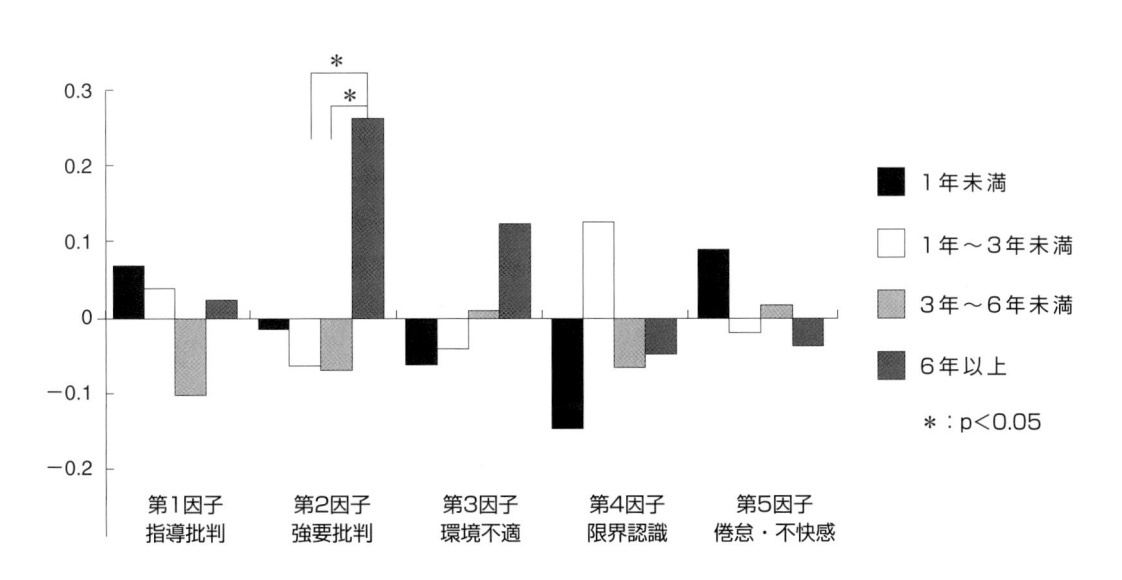

図2　やめた理由・因子得点の比較

7-4 生涯剣道の可能性

1 — 剣道の試合と昇段審査システム

　現在の剣道の試合と昇段審査システムは、剣道の普及・発展の大きな原動力となっている。少年剣道を熱心に指導している人たちは、一年のうち、自宅で過ごせる日曜日は数えるほどしかないという。また、少年たちの剣道試合は全国各地で数多く開催されており、試合という剣道のスポーツ的展開が、少年たちの心をうまく捉えている。

　いっぽう、審査という芸道的展開は、修行者のモチベーションを高め、さらに、審査料・登録料といった剣道連盟の運営資金をもたらすという効果を伴っている。剣道愛好家は、現在、日本に約200万人いるが、そのほとんどの人は、級や段を持ち、そのことで、その修行の程度を評価されている場合が多い。全日本剣道連盟は段位の評価基準を文章として規定しており、その内容を右のように表にまとめることができる。

　修行状態の各段位の具体的な違いを、国語辞典で調べてみると次のようになる。

　　修習…おさめ習うこと。
　　修得…習いおさめて会得すること。
　　修練…精神・技芸などを、みがき鍛えること。
　　修熟…習熟して、ある物事に慣れて十分に会得すること。
　　錬熟…慣れて巧みに行うこと。慣れて上手になること。
　　錬達…ものごとによく慣れて、巧みなこと。
　　熟達…熟練し上達すること。
　　成熟…情勢や機運などが最も適当な時期に達すること。

　これらの言葉から、剣道の修行の状態が経験を得ることによって、「習う」段階から、「熟する」段階へと移っていくことが推察できる。

2 — 本当の剣道の修行

　昭和の剣聖と呼ばれ、80歳を過ぎても現役選手を寄せつけなかったといわれる持田盛二先生（剣道十段）[1]は、89歳で倒れられるまで道場に立ち続けられたそうである。持田先生が、剣道の真髄を語った遺訓として次のような言葉が残っている。

　「私は剣道の基本を体で覚えるのに50年かかった。50を過ぎてから本当の剣道の修行に入った。心で剣道をしようとしたからである。
　60歳になると足腰が弱くなる。この弱さを補うのは心である。心を働かせて弱点を強くするよう努めた。
　70歳になると身体全体が弱くなる。今度は心を動かさない修行をした。心が動かなくなれば、相手の心がこちらの鏡に映ってくる。心を静かに動かせないよう努めた。
　80歳になると心は動かなくなった。だが、時々雑念が入る。今は心の中に雑念を入れないように修行している。」

　現代に生きる一般的な若者は、若々しく筋力に満ちた肉体を理想の存在とし、老いの姿を醜いものとして接してはいないだろうか。持田先生は特別な存在だと思われる方も多いだろうが、よく見ると、我々の周りにも、持田先生に類する剣道家は多くおられる。剣道の熟し方が、老いの究極まで繋がっているようである。この老いの姿を尊び、幼少年・青年・壮年・老年の者がともに剣道を実践できることは、本当に剣道のすばらしい点であると思える。

3 — 上達しつつ生涯剣道

　社会体育指導員養成講習会における「生涯剣道の推進」と題する岡村忠典氏[2]の講演において、岡村氏は、ご自身の体験をふまえ、剣道は、競技年齢が高まっても楽しく続けることができるし、また、自分の剣道を向上させ続ける可能性を持っていることを強調されている。図は、心・技・体の変化をイメージで示したものである。幼少年期

から青年期においては、剣道における体力的要素が大きな意味合い持つが、青年期から壮年期、老年期になると、技と心の割合が多くなり、体力を上回っている。特に、壮年期から老年期にかけて、必ず、体力的には減退し、剣道自体も一般的には図中波線CDのように落ちるが、稽古に取り組む姿勢と工夫で、実線CEのように壮年期の剣道の力を維持できたり、あるいは、点線CFのように、壮年期を上回る剣道の向上が可能であるとされている。

このことは、持田十段の遺訓にみえる60・70歳での体力的衰えを心で補う工夫と相通じるものがあるように感じる。

4 ─「自得」すべし

有名な剣術伝書『猫の妙術』最終段では、剣術の極意についての示唆を行いつつも、最終的には、自問自答しながら、自得するしかないと結論づけている。また、師から、教えを聞くことはやさしいが、自分の中にあるものを確かに見つけて自分のものにすることが難しく、これが悟りなのだと指摘している。

生涯剣道を目指している人の多くは、自分の中にある小さな悟りを掴み、小さな自得をした経験のある人たちではないかと推察できよう。自分がわかる楽しさこそ、剣道に限らず、芸道の中心課題であり、老いの状態まで継続できる要因であると考えられる。

（木原資裕）

[註]
1) 平成11年の剣道称号・段位審査規則の改定により、九段・十段の審査に関する項目がなくなり、実質の段位審査は八段までとなっている。
2) 岡村氏は、長年、東京都の高等学校の校長として、さらに、高体連の剣道専門部長を務められ、高等学校を定年退職後、剣道八段に合格された剣士でもある。

[引用参考文献]
○ 小川忠太郎（2000）『百回稽古』体育とスポーツ出版社。
○ 渡辺一郎（1979）『武道の名著』東京コピー出版社、7-16頁。

表1　全剣連における段位評価基準

段位	修行の内容	修行の状態	技倆
初段	基本	修習	良
二段	基本	修得	良好
三段	基本	修練	優
四段	基本と応用	修熟	優良
五段	基本と応用	錬熟	秀
六段	精義	錬達	優秀
七段	精義	熟達	秀逸
八段	奥義	通暁・成熟	円熟

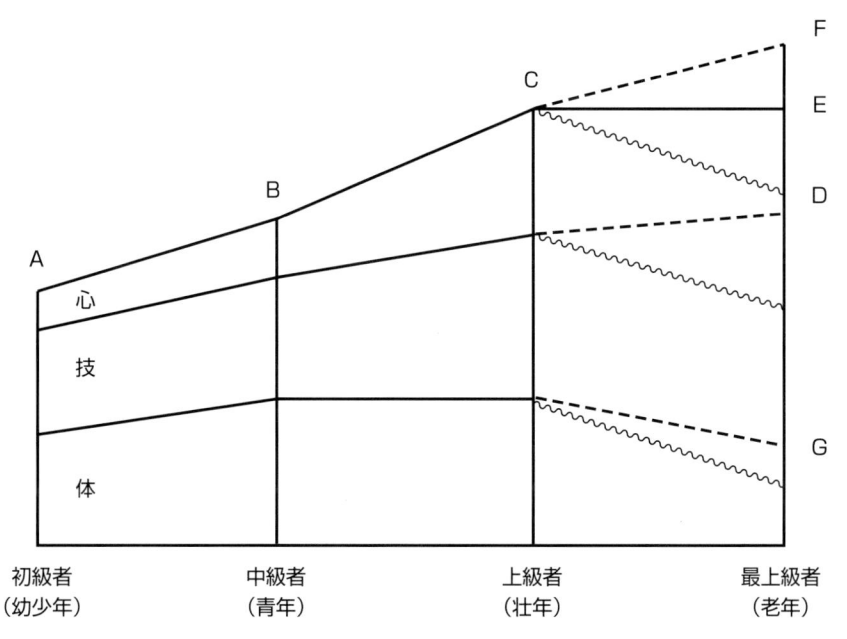

図1　心・技・体の変化

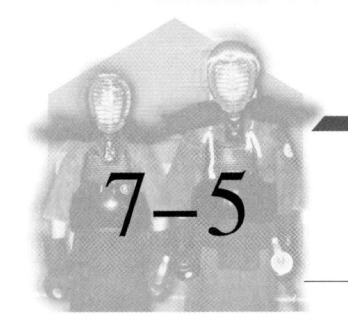

7-5 剣道の観察学習（1）：注意過程
―学習者に対する効果的なモデルの在り方

　新しい動作や技を身に付けようとするとき、あるいは自分の動作を修正しようとするとき、我々はモデル（示範）を見て、真似たり考えたりすることが多い。このようなことはモデリング（観察学習）と呼ばれ、バンデューラ（1979）がその理論を提唱した。この理論によると、学習者はモデルを見て、これから遂行しようとする動作への象徴的な置き換えをすることになる。そして、モデルの提示から最終的な学習の成立までには、「注意過程」、「保持過程」、「運動再生過程」、「動機づけ過程」という、相互に関連しあう4つの下位過程が存在すると述べられている。そこで、剣道の学習や指導について、バンデューラのモデリング理論を中心に―少々幅を持たせながら―述べることにする。

　モデリングの第一段階は「注意過程」である。モデルが提示されると、学習者は過去の認知体験や現在の状況によって影響されながら、明確なモデルの像にせまり、それを抽出しようとする。モデルの動作の中の何に注意をするか、何を学びとるかは、注意過程によって決定される。以下では、注意過程におけるポイントについて、いくつかの観点から考えてみよう。

1 ― モデルの行動特徴

　学習者がモデルの動きに注意を示さなければモデリングは成立しない。よって、モデル自体の感覚的な誘意性が高く、際立った特徴を備えていることが大切である。剣道で言えば、「かっこいいな。あんな動きや技をやってみたい。」と学習者が思うようなモデルである。かつ、それが正しく手本となる動きでなければならない。ゆえに、特に指導者は、学習者から見られている自分を常に意識しておく必要がある。また同時に、指導者自身が自己の動作のイメージを明確に把握するためにも、自分の剣道の姿をビデオ等を用いて観察することも大切であろう。

2 ― 言語的説明

　モデルを示す際に、言語的説明を加えることは有効である（西田・山本、1991, Wiese-Bjornstal and Weiss, 1992）。「今からやるから、見たとおりに真似なさい。」というのでは、どこがポイントで、どうすればよいかを理解させることは難しい。ただし、学習者の発達段階に応じたポイント、ならびにその説明を行い、過剰な言語的説明をしないよう留意すべきである。なぜならば、過剰な情報を与えられると、学習者はその情報を処理できず、混乱を招いてしまうからである。

3 ― モデルのスピード

　学習者に動作のモデルを提示する場合、どのようなスピードが効果的であろうか。これまでの研究（剣道以外）では、比較的速い動作を学習する初期、特に、連続的な動作の順序を学習するときには、ゆっくりとした提示が望ましいとされている。いっぽう、時間的要因（タイミング）がその動作の生命であるような場合には、自然スピードでの提示のほうが望ましい（Williams, 1989）。剣道に関する具体的な研究を紹介することはできないが、例えば、"メンに対するすりあげメン"の応じ技を考えた場合、竹刀や体の順序性や方向性といった前者の要因と、タイミングといった後者の要因を十分に考慮に入れ、指導していくことが重要だと思われる。

4 ― モデル提示の方向

　自分の剣道の動きを鏡で見ると、左右が逆に写し出されるが、我々はそれを頭の中で再度逆に編集することが可能である。しかし、これは年齢が低い段階では難しいことが明らかにされている（Wapner and Cerillo, 1968）。したがって、年齢の低い子どもに対面位置でモデルを提示する場合、左右が逆の動きを提示することが有効であろう。様々な運動場面では、このようなモデルを提示し

ている指導者を目にすることが多々ある。ただし、著者自身、剣道において左右逆の動きを行うことの困難さを強く感じており、子どもの指導に関する我々指導者の課題の1つがここにも残されていると思われる。

（吉村　功）

［文献］
- バンデューラ／原野広太郎監訳（1979）『社会的学習理論―人間理解と教育の基礎―』金子書房。
- 祐宗省三・原野広太郎・柏木恵子・春木　豊編（1985）『社会的学習理論の新展開』金子書房。
- 西田　保・山本裕二（1991）「ゴルフの学習過程に関する研究　―正しいイメージの形成―」『名古屋大学総合保健体育科学』14、1-7頁。
- Wiese-Bjornstal, D.M. and Weiss, M.R. (1992) "Modeling effects on kinematics, performance outcome, and cognitive recognition of sport skill ; An integrated perspective." *Research Quarterly for Exercise and Sport*, 63 (1), pp.67-75.
- Williams, J. G. (1989) "Throwing action from full-cue and motion only video-models of an arm movement sequence." *Perceptual and Motor Skills*, 68, pp.259-266.
- Wapner, S. and Cerillo, L. (1968) "Imitation of a model's hand movements ; Age changes in transposition of left-right relations." *Child Development*, 39, pp.887-894.

コラム

剣道におけるモデルのもうひとつの役割

精神分析学者にラカンという人がいる。彼の理論において「幼児は自分の鏡像を見ることで、自分の身体の統合された自己意識を持ち始める」というのがある。この理論は「子どもが成長するにつれて、他者が鏡の役割をする」と発展する。つまり、他者を「鏡」として、自分が一つの統合された存在であることを確認するというのである。東京成徳大学の市村教授は、この理論をさらに演繹し、剣道のような対人競技は、自己意識の確認、心身の統合された自己像の形成に役立っているのではないかという考えを示されている。さて、剣道における指導者と学習者の関係に目を向けてみよう。学習者は指導者が示したモデルに近づこうとし、自分の動きや心構えを反省する中で、自己への気づきを高めることになる。モデルを提示する指導者は、動作そのものだけでなく、心理学的意味においても大きな役割を果たしているものと思われる。

あがるとなぜパフォーマンスが低下するか

左頁において、「過剰な情報を与えられると学習者はその情報を処理できない」と説明したが、これは処理資源不足理論と呼ばれるものである。この処理資源不足理論は、あがりによってパフォーマンスが低下する現象を説明するための1つの理論でもある。すなわち、「失敗するのではないだろうか」「負けたらどうしよう」といった、運動課題以外のことに気をとられると、肝心な運動制御に割り当てられる脳の処理資源が不足するために。パフォーマンスが低下することになる。

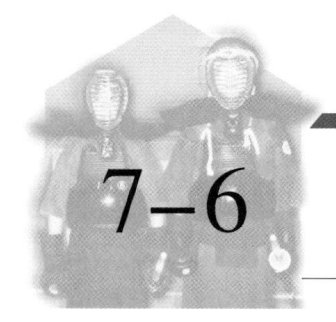

7–6 剣道の観察学習（2）：保持過程
——モデルの動作をどう記憶するか

モデルの動作に注意が向けられた後、学習者が実際にその動作を遂行するまでの間、モデルの動作を覚えていなければならない。モデリングの第二の過程は、見た動作を記憶として保持しておく「保持過程」と呼ばれるものである。ここでは、モデルの動作を象徴化して記憶の中に表象することになるが、主として、映像的表象（イメージ）と言語的表象によって保持することになる。以下では、イメージと言語的表象について取り上げてみる。

1——視覚イメージ

視覚イメージは、言語化しにくい動作を学ぶときや、言語技術の未熟な発達段階では、特に重要な役割を持っている。まだ言葉が話せない幼児でも、親や兄姉の真似ができるのはそれを物語っている。

スポーツにおいては、イメージは幼児期だけでなく、それ以降も重要な役割を果たしている。競技の直前にイメージをしている選手の姿を見たり、日々の練習でイメージを活用している選手の話を聞いたりしたことのある読者も多いであろう。このように、イメージの有効性については、選手自身がすでに実感していることでもあり、また多くの研究からも実証されている。そして、イメージが効果的に発揮されるためには、鮮明性（描いたイメージが現実体験と同様にはっきりとしているかどうか）と統御性（描いたイメージを操作・変換できるかどうか）の2つの要因が必要であることが明らかにされている（Start and Richardson, 1964）。しかしながら、鮮明性と統御性に優れたイメージを行うことは、実は容易なことではない。これらの能力を高めるには，やはりその練習（イメージトレーニング）が重要となるが、それについては後ほど簡潔に紹介する。

2——言語的表象

行動を調整する過程は、通常、言語によって行われる。例えば、「腕を○○の位置まで振り上げて竹刀を△△のように動かす…」といったことである。視覚イメージだけに頼るよりも、視覚情報を言語コードに変換したほうが有益であり、その際、自分自身で感覚のつかみやすいキーワードを用いることも有効である。

3——イメージトレーニング

前述のように、イメージが効果的に発揮されるためには、鮮明性と統御性の能力を高めることが重要であり、イメージトレーニング（IT）ではこれを基本的な柱としている。トレーニング技法は様々であるが、ここでは中込（1996）の技法を中心に簡潔に紹介する。

ITの最初の段階はリラクセーションであり、同時にITの土台として位置づけられている。これは多くのIT技法に共通しており、自己の身体に関する敏感さのアップ、精神状態をクリアにする、ということが鮮明性や統御性を促すと考えられている。リラクセーションの方法としては、呼吸法、漸進的弛緩法、自律訓練法などがある（右頁のコラムを参照）。

次に、イメージの基礎練習へと移る。ここでは感覚イメージ（風景、剣道用具、稽古場など）によって鮮明性を高め、さらにジョギングなどのイメージ想起により筋運動感覚を体験する。同時に、イメージをしている動きのスピードを変換させたりして、イメージの統御を行う。

そしてイメージの応用練習に入る。ここではまず、自己の競技（剣道）について、より具体的な目標とする動きの場面を設定する。例えば、"出ばなゴテ"の応じ技ならば、相手をじわじわと攻めていき、相手が苦し紛れに打って来ようとする（手元が上がった）瞬間に、距離を見計らって素早くコテを打つ、といったことを、紙に書いてみる。これを実際に、鮮明にかつコントロールしながらイメージをする。

ITに関する本は数多く出版されており、詳細に

ついてはそれらを参考にしてほしい。ITも稽古と同様、継続しなくてはその効果を高めることはできないことを最後に述べておく。

（吉村　功）

［文献］
- バンデューラ／原野広太郎監訳（1979）『社会的学習理論―人間理解と教育の基礎―』金子書房。
- 祐宗省三・原野広太郎・柏木恵子・春木　豊編（1985）『社会的学習理論の新展開』金子書房。
- Start, K. B. and Richardson, A. (1964) "Imagery and mental practice." British Journal of Educational Psychology, 34, pp.85-90.
- 中込四郎（1996）『イメージがみえる』道和書院。
- 山中　寛（2002）日本スポーツ心理学会編『スポーツメンタルトレーニング教本』。

コラム

リラクセーションのための呼吸法

　腹式呼吸による呼吸法である。第1段階では，息を吸い込んだ後、2、3秒止め、そして徐々に吐き出す。第2段階では、吐き出す時間を2倍程度長くする。第3段階では、意図的に3段階くらいに分けて吐き出し、最終的にはゆっくりとなめらかに吐き出す。このとき、呼吸に伴って自然に生じる心身の感覚に注意を向けることが重要であり、また吐き出すときに不安が消えていくイメージを重ねたりすることも有効である。

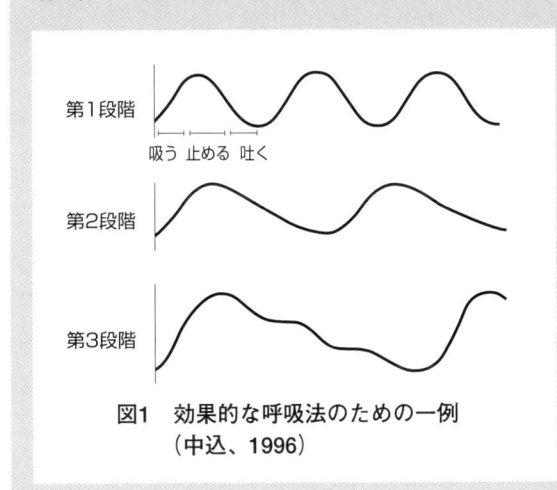

漸進的弛緩法

　漸進的弛緩法は、心身のリラクセーションを段階的に得るために、ジェイコブソンによって開発されたものである。これは、身体部位の「緊張」「保持」「弛緩」を以下の順番で繰り返し、最終的に全身をリラックスさせるものである。仰臥位で、手首を背屈させて力を入れ、4～5秒止めた後、ストーンと力を抜く（①②）。足も同様に行う（③④）。両手、両足で行う（⑤⑥）。両手に力を入れたまま両足にも力を入れ、4～5秒保持した後、両足→両手の順にストーンと力を抜く（⑦）。以下は⑦のようにして、緊張、保持はそれぞれ下の矢印のように進み、弛緩は矢印を逆に辿る。なお、胸は肩甲骨を引き寄せるように、腰は肛門を引き締めるように、顔は目を閉じてクチャクチャな顔になるように力を入れる。〔①右手（左利きの人は左手）、②左手（右利きの人は左手）、③右足（左利きの人は左足）、④右足（左利きの人は左足）、⑤両手、⑥両足、⑦両手→両足、⑧両手→両足→胸。⑨両手→両足→胸→腰、⑩両手→両足→胸→腰→顔〕（山中、2002）

図1　効果的な呼吸法のための一例（中込、1996）

7-7 剣道の観察学習（3）：運動再生過程
—動作再生時に指導者はどうすべきか

　保持過程に蓄えられたイメージを実際の行動に変換する過程が運動再生過程である。学習者は記憶の中のイメージを媒介にして、モデルと一致する動作を再生しようとする。しかしながら、モデルと同じようにできるとは限らない。以下では、モデルと同じようにできない理由を取り上げ、指導者としての在り方を考える。

1── モデルと同じようにできない理由

　第一に、学習者がモデルの動作を正しく象徴化していないことが挙げられる。モデルの動作を部分的にしか捉えていない、あるいは、ある部分を間違って象徴化していたならば、誤った再生がなされるであろう。

　第二に、モデルを正しく象徴化していたとしても、学習者の体力的要素が不足していることも原因として考えられる。例えば応じ技をする場合、相手の打突スピードに対応できる身体能力がまだ十分に備わっていなければ、モデルと同じような動作をすることは不可能であろう。

　第三に、自分にはできるという感覚能力が不十分であることも考えられる。このような場合、自己の動作遂行イメージが自分の感覚として先取りできないため、再生は非常に困難になる。

　第四として、あえて説明するまでもないが、最初から常に正しい再生ができるとは限らない。脳からの命令が抹消の筋肉まで正しく伝わり、十分に発揮されるためには、やはり練習の積み重ねが必要である。

2── 指導者としてどうすべきか

　上で4つの理由を取り上げたが、指導者はまず、学習者の問題が何かを見極め、そしてそれぞれに適した対応をすることが望まれる。

　第一の場合、モデルを再度提示し、見落としや間違いの箇所のポイントを指摘することで、修正を図ることができる。なお、子どもにある運動課題を行わせたとき、12回のモデル提示で初めて効果が示されたという報告（Feltz, 1982）がある。したがって、注意過程においても同様に、モデルは数多く提示する必要があろう。

　第二の場合、一言で言うならば、不足している体力的要素を強化すればよいことになる。しかしながら、その強化が発達年齢に適しているかどうかを、十分に考慮に入れなければならない。スキャモンの発達曲線（右頁）からわかるように、各要素の発達は年齢によって異なる。右頁の図（宮下）は、年齢に応じた体力の強化の要点を示したものである。詳細については割愛するが、中学校期以降の性差への配慮も加え、学習者の発達段階に応じた指導が大切である。

　第三の場合、自分にはできるという学習者の感覚能力を拡大させればよい。さて、このような感覚能力を、現象学者のフッサールはキネステーゼと呼んだ。これは運動感覚であるため、他者のそれを完全に理解することはできない。しかし、佐藤（2003）は、人間はそれを読み取る眼力を備える可能性を持っており、指導者にはそれが求められると述べている。そしてそのためには、学習者の動きの中に絶えず自分の感覚を入れ込んで、仮想的に実施するような観察態度が望まれると指摘している。つまり、学習者の運動感覚に対する共感であり、そこに指導者としての力量が問われることになる。

　ところで、モデリング理論とは少々離れるが、共感について「相手を攻めて打てない」「緊張してしまう」といった現象を考えよう。このような場合、その現象の背景となっている内面を感じ取り、心の状態について共感することが大切である（「攻めろ」「緊張せずに戦え」と言われても、それができずに苦しんでいるのである―言われてすぐにできるのならば、剣道における心の問題を騒ぎ立てる必要はまったくない―）。そして指導者がこのような共感する力をつけるには、指導者が自分自身を知ろうとする態度を持ち続けることが大切であり、自己理解の幅が他者理解の幅に相応

してくる（鈴木、2002）。

　第四については、練習意欲に関わってくる問題であり、次の「動機づけ過程」において取り上げることにする。

（吉村　功）

[文献]
○ バンデューラ／原野広太郎監訳（1979）『社会的学習理論―人間理解と教育の基礎―』金子書房。
○ 祐宗省三・原野広太郎・柏木恵子・春木　豊編（1985）『社会的学習理論の新展開』金子書房。
○ Feltz, D.L.（1982）"The effects of age and number of demonstration on modeling of form and performance." Research Quarterly for Exercise and Sport, 14, pp.262-269.
○ 佐藤　徹（2003）「下手な子の動きを読み取ろう」『体育科教育』51（2）、20-23頁。
○ 鈴木　壮（2002）「子どもとのきずなを深める教師の配慮」市村操一他編『体育授業の心理学』大修館書店、18-24頁。
○ 宮下充正（2002）『子どものスポーツと才能教育』大修館書店。

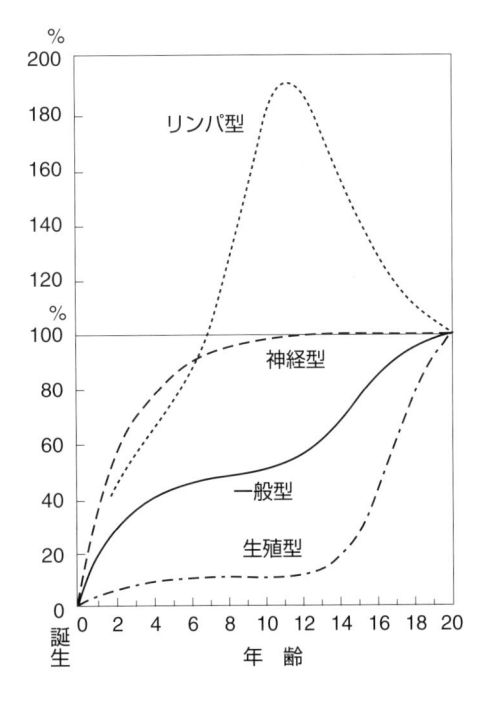

図1　スキャモンの発達曲線（Scammon,1930）

11歳以下
いろいろな動作に挑戦し、スマートな身のこなしを獲得する
（脳・神経系）

12～14歳
軽い負荷で持続的な運動を実践し、スマートな動作を長続きさせる能力を身につける
（呼吸・循環系）

15～18歳
負荷を増大させ、スマートな動作を長続きさせるとともに、力強さを身につける
（筋・骨格系）

19歳以上
スポーツにかかわる身体動作を十分に発達させた上に、試合のかけひきを身につけ、最高の能力を発揮できるようにする

図2　年齢に応じたスポーツに必要な諸能力の発達
　　（宮下、2002より）

7-8 剣道の観察学習（4）：動機づけ過程
―学習者の意欲向上にむけて

モデリングの最後は動機づけ過程である。学んだことを実際に遂行するかどうかは、動機づけに関わってくる。以下では動機づけ（意欲）について、いくつかの観点から考察する。

1 ― 意欲を引き出す指導者の発言

西田（1996）は、小学5年生を対象に、学習意欲の高いクラスと低いクラスを意欲検査によって抽出した。さらに、それぞれのクラス担当の教師の体育授業中の発言を記録した。その結果、学習意欲の高いクラスの教師は、特に是認や助言といった発言が多く（右頁表参照）、学習意欲の低いクラスの教師は、発問や指示（命令や要求など）に関するものが多いことを明らかにしている。したがって、学習意欲を喚起させるには、期待や感情を高めるような指導者の発言が重要となる。しかし、そう簡単なことではない。例えば、賞賛について考えよう。教育現場では、「叱るより褒めろ」とよく言われている。教師や両親からの賞賛が、子どもの内発的動機づけを高めることも実証されている。だが我々日本人は、人を褒めることが残念ながらあまり得意ではなく、とりわけ武道においては、叱ること、注意することが強調されているようにさえ感じられる―筆者の思い過ごしならばよいが―。さらに学習者のどこを褒めるかは、実際には非常に難しいことである。褒めるべきところを的確に褒めなければ、その効果は極めて弱い。指導者は、褒めるべき点は何かを十分に見極め、学習者の期待や感情が高まるような褒め方をしていくことが求められる。

2 ― 運動有能感を高める

自らすすんで剣道を行うには、剣道に対して内発的に動機づいていることが重要である。そしてこの内発的動機づけには、有能感が大切な役割を果たすとされている。さて、有能感、すなわち自信の重要性については理解できるが、技能水準の異なる者すべてに（特に技能水準の低い者に）有能感を持たせることは、そう簡単なことではない。そこで岡沢ら（1996）は、運動に対する有能感を「身体的有能さの認知」だけでなく、「統制感（努力すればできるようになるという自信）」、「受容感（指導者や仲間から受け入れられているという自信）」の3つで捉えることの必要性を示している。筆者は、これら3つの要因を含んだ運動有能感と課題失敗時における対処行動との関係を調査した。その結果、運動有能感が高ければ、失敗時に解決に向けた積極的な対処をし、逆に運動有能感が低ければ、できない状況を打開しようとせず、諦めたりごまかしたりするなどの回避的な対処をする傾向が強いことが示された。本結果は、運動有能感の3つの要因の意義と意欲との関連を示唆するものであろう。

3 ― 他者受容感

受容感（他者受容感）の重要性を別の視点から取り上げよう。桜井（1995）は、他者受容感が高ければ熟達目標（自分が努力し、新しいことを学習することに価値を置く目標）を抱き、たとえ達成場面で失敗したとしても、努力が大切であるため、失敗を努力不足に帰属し、無気力には陥らない、と述べている。吉村（2001）は体育場面においてこれを部分的に検証し（他者受容感と熟達目標との間に有意な正の相関が認められた）、他者受容感を得ることの重要性を示している。

4 ― 自律的動機づけ

速水（1998）は、自律的な動機づけの重要性を主張し、それを促進する指導者の働きかけとして、「承認を与えること」「親密な人間関係」「価値づけ」を示している。そして、価値づけの方法として、直接的に価値を説明する方法、話し合いによって理解させる方法、指導者がモデルを示すことによって間接的に提示する方法、を挙げている。第3の方法はまさにモデリングであり、指導者は、技術だけでなく、剣道の価値観をも提示する重要

な存在である。

（吉村　功）

[文献]
- 西田　保（1996）「体育における学習意欲の喚起に関する教師の発言分析」『総合保健体育科学』19（1）、1-8頁。
- 岡沢祥訓・北真佐美・諏訪祐一郎（1996）「運動有能感の構造とその発達及び性差に関する研究」『スポーツ教育学研究』16（2）、145-155頁。
- 桜井茂男（1995）『「無気力」の教育社会心理学』風間書房。
- 吉村　功（2001）「体育授業における社会的特性と学習目標との関係」日本体育学会第52回大会号、246頁。
- 速水敏彦（1998）『自己形成の心理　—自律的動機づけ—』金子書房。
- 阿江美恵子（2000）「運動部指導者の暴力的行為の影響：社会的影響過程の視点から」『体育学研究』第45巻第1号、89-103頁。
- 近藤良享（1999）「運動部活動における体罰—愛は暴力を超えられるか—」『体育科教育』47（11）、62-63頁。

表1　体育教師の発言カテゴリー（期待、および感情を高める発言）（西田，1996）

★目標提示（目標やめあての提示、目標設定など）
「10回やってみよう」「台をもう1段あげて挑戦してごらん」

★助言（技術向上の助言、学習方法のヒント、重要ポイントの指摘など）
「おへそを出して」「そこで蹴って」「着地も決めようね」
「ここを意識してね」「これ、大事なんだよ」

★KR（運動遂行や結果のフィールドバック、運動の結果に対する賞賛など）
「勢いが出てきたよ」「跳ねるタイミングがよくなってきた」
「いい着地だ」「○○君、よくなった」

★是認（運動の結果や授業中の行為に対する是認、承認、容認など）
「そんな感じね」「オッケイ」「よし、よし」「いいね」
「今の感じ、今の感じ」「そう、そう、そう」「今のオッケイ」

★賞賛（運動結果に対する賞賛）
「もう完璧だね」「おお、素晴らしい」「○○さん、いいねえ」
「うまい」「きれいだね」「これは上手」「ほれぼれするよ」

★激励・援助（励ましや手助けなど）
「それ、頑張れ」「見ててあげるから、やってごらん」
「先生が支持してあげよう」「交代してあげようか」

コラム

体罰を考える

　学校教育法において体罰の禁止は明記されているが、特に部活動において、体罰が行われているのは事実である。阿江（2000）は、体罰の主な原因として「できないこと」「ミスをしたこと」を挙げている。そして、本来「罰」はその行動が繰り返されないように制裁を与えることであるが、「できないこと」は罰を与えて制裁すべき内容かどうか。また罰に体罰は適切か。ということが問題になると述べている。さらに、体罰を受けた者がそれを肯定化し、今度は体罰の実践者となっていくと指摘している。近藤（1999）は、人は自らの体験を美化することで過去を正当化すると示した上で、しかしながら、自分の経験を他の人格をもった人間にも適用することは非常に危険であると述べ、体罰を用いる指導者は指導者としての無能さをあらわしている、と強く指摘している。体罰は、指導者としての倫理的、人格的問題が問われることになる。

7-9　剣道指導における二刀流の活用

　一般に、剣道は一刀対一刀で行うことが多いが、本稿では両手に大小二本の竹刀を持って行う二刀流について考えてみたい。つまり二刀対一刀の剣道である。

　剣道の指導において、相手から一本（有効打突）をとるためには相手に隙があるかどうかが重要なポイントとなる。剣道の指導において難しい課題の一つは、この隙の見つけ方・つくり方である。

　二刀流は、果たしてこの課題を解決できるのか、また、どのような特徴を持っているのか。

1──隙がよくわかる

　二刀経験者は、その効用について「相手の隙がよく見える」[1]ようになったと述べている。

　剣道で相手を打つには、相手を攻めて隙をつくる必要がある。一刀の場合、相手を攻めて隙をつくる動作と、その隙を打つ動作を一本の竹刀で行わなくてはならないので、相手に隙ができても瞬時に打突できずチャンスを逃しやすい。

　いっぽう、二刀の場合、二本の竹刀にそれぞれ役割を分担させることにより一刀では不可能なことが可能になる。二刀流には「二ヵ所同時斬り」[2]という考え方がある。つまり、片方の竹刀で相手を攻めて隙をつくると同時に、もう一方の竹刀で打突する。例えば小刀で相手の竹刀を抑えて隙をつくると同時に相手の面を打つ。この二ヵ所を同時に打つ、つまり攻め崩し（隙をつくる）と打突を同時に行うという考え方によって相手の隙がより明確になり、打突できる確率が高くなるのではないかと考える。

2──防御と反撃が同時に行える

　二刀流の経験者は、二刀をとるようになって「防御が強くなり、今まで簡単に打たれていた相手からも取られなくなりました」[3]、また、「一刀ではよけることと打つことがなかなか同時にはできませんが、二刀ではよけると打つが同時にできる」[4]と述べている。このように、二刀流は防御に優れ、防御と反撃を同時に行えることも特徴といえる。これも二本の竹刀の役割分担によって可能となる。例えば、相手が面を打ってきたところを大刀で防御し、防御することによってできた小手への隙を小刀で打つ。あるいは、相手が小手を打ってきたところを小刀で防御し、防御することによってできた面への隙を大刀で打つなど、一刀ではできない竹刀操作が可能となる。

3──誰にでもできる

　「のびのび剣道学校」[5]には、初心者から男女の別なく二刀流を中心とした剣道指導を行い、成果が得られたことが述べられている。筆者も勤務校の授業で二刀流を取り入れているが、男女、初心者、経験者の区別なく指導をし、面白かった、楽しかったなどの評価を得ている。

4──問題点

　二刀流は、竹刀を片手で振るので腕力が必要である。しかし、授業においては規定どおりの重さの竹刀を使う必要はない。特に、大刀は小学生用の竹刀を使うか、さらに手を加えて短くて軽い竹刀にすればよい。次に、二本の竹刀をどちらの手に持つか、という問題がある。利き手に大刀を持った場合、大刀は自由に振れるのに対し逆手の小刀の竹刀操作がぎこちなくなる。反対に、利き手に小刀を持った場合、大刀を自由に振れない。この問題は、練習によって克服するしか方法はない。

（折口　築）

［文献］
1）3）「特集　二刀新時代」『剣道日本』4月号、スキージャーナル社、20頁、1995年。
2）中村天信監修、佐々木博嗣編著（2003）『武蔵の剣　剣道二刀流の技と理論』スキージャーナル社、10頁。
4）「特集　二刀新時代」『剣道日本』4月号、スキージャーナル社、22頁、1995年。
5）大塚忠義・宇都宮伸二・坂上康博編著（1990）『のびのび剣道学校』窓社。
6）中村監修・佐々木編著、前掲書2）、32頁。
7）中村監修・佐々木編著、前掲書2）、56頁。
8）中村監修・佐々木編著、前掲書2）、77頁。

第Ⅲ部／第7章　指導法

二刀流

● 正二刀の構え[6]

● 逆二刀の構え[6]

● 正二刀からの正面打ち[7]

● 面に応じて胴[8]

151

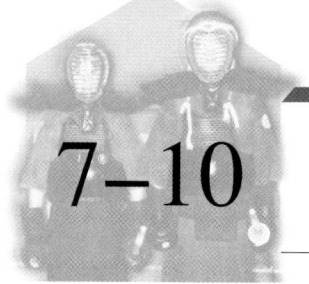

7-10 武道指導推進校における指導実践の傾向

武道指導の推進校指定制度は、昭和54年度、柔・剣道教育推進施策の一環として始まった。「推進拠点校」として指定を受けた全国47都道府県の中学・高等学校（毎年各2校）は、各校で設定した研究主題に基づいた武道指導実践を3年間実施し、最終年度には全国集会での実践報告を行ってきた。

いっぽう、多くの学校現場では、武道専門の教師が少数であることから、教科「体育」における武道指導法の確立と普及が望まれてきた。したがって、この指定を受けた推進校の実践報告が、全国の学校現場、特に武道専門の教師が不在の学校における武道指導に大きな影響を与えてきたといえる。

1 ── 教科「体育」における武道指導の現状と実践

教科「体育」における武道の現状は、配当時数基準の廃止、選択制の導入、および生徒の主体的選択に基づく「学習の個別化・個性化」という思潮の中で、個人や社会的レベルの躾や徳育の涵養のための授業として期待されているという特殊な状況に置かれている。そのような中で、武道指導推進校の指定は平成12年度を最後に終了した。現在の武道指導に関わる実践研究は、それまで併設されていた「体力つくり推進校」、「運動部活動推進校」とともに「体育・スポーツ推進校」に統合された中での課題の一つとして取り扱われている。

では、約20年間にわたり武道指導推進校でなされた指導実践とはどのようなものであったのだろうか。

2 ── 武道指導推進校20年間の実践傾向

平成元年の学習指導要領の改訂において「格技」から「武道」へと名称変更がなされた。そこで、武道指導推進校における実践傾向の推移を平成元年前後で比較してみると（図1）、推進校の指導実践では全国的に「技能」より「態度」が重視されていたこと、その「態度」重視の傾向が強くなるのは平成元年度以降であったことがうかがわれる。このとき、平成元年度以後の研究主題にみられる「態度」面のキーワードの中で、出現率が顕著に変化しているものは「自ら」と「心」である（例：「自ら学ぶ」、「心豊かな」等）。

では、このような傾向は武道指導推進校にのみ生じているのであろうか。武道指導推進校と体力つくり推進校の研究主題の傾向を比較（図2）してみると、体力つくり推進校における「自ら」、「心」というキーワードは、武道指導推進校のそれを上回る出現率を示している。また、武道指導推進校に特異的に認められるのは「礼」「特性」であり、体力つくり推進校の場合は「体力」である。「関心意欲」「態度」「指導法」的な面に関わるキーワードについては両推進校共に同様の傾向であり、「態度」「関心意欲」「指導法」の順に出現率が高くなっている。これらのことから、指定校の研究では、その推進課題（武道・体力つくり）と直接的に関わる実践内容のキーワード以外については、同傾向のキーワードを用いた研究主題が立てられていることがわかる。

ここで、武道推進校において特徴的に現れている「礼」・「特性」の平成元年前後の出現率（図1）に着目すると、前述した「心」や「自ら」が元年度以降2倍以上に増加しているのに対し、「礼」や「特性」の変化は微増である。このことは、「礼」や武道の「特性」といった視点が武道指導推進に関わって重視される特異的なキーワードであるものの、「格技」から「武道」という名称変更の意図である「日本固有の伝統文化としての特性を一層重視した指導」が推進校の実践に反映しなかった結果といえよう。

これらのことは、推進校の実践が「武道の研究」から「武道を通した体育・スポーツの研究」へとその重点が移行していった内実を示している。また、武道の「特性」や「伝統的な行動」に関わる

具体的な指導実践の達成が困難であった情況が読みとれる。

（直原　幹）

［文献］
1）野村英幸・幸田　隆・直原　幹（2001）「文部省指定「武道指導推進校」の実践内容に関する研究」『武道学研究』第34巻第1号、11-22頁。

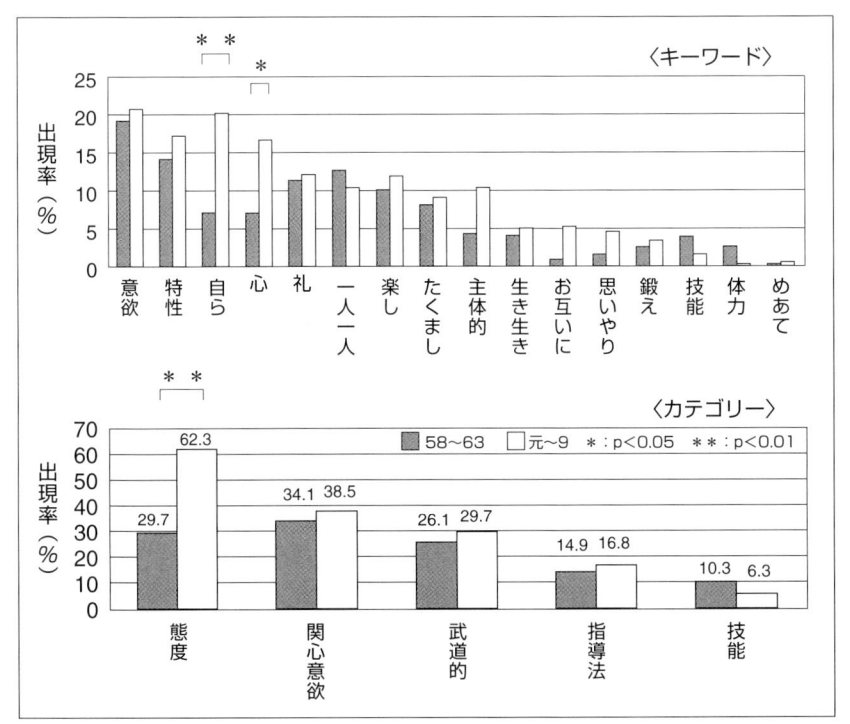

武道指導推進校が文部省に提出した最終報告書（実施年度のほぼ全数、総数899）をサンプルとし、そこに示された研究主題から、各推進校の期待する生徒像や実践方法などに関わって用いられているキーワードの抽出とカテゴリー化を行ったものである。図は、各キーワードおよびカテゴリーの出現数を総サンプル数における出現率で表し、推進校における実践傾向や重視内容の推移を「格技」から「武道」へと名称変更がなされた平成元年度前後で比較している。各カテゴリーを比較してみると、「態度」に関わるキーワードの出現頻度が最も高く、「技能」に関わるキーワードは最も低い。また、平成元年度以降は、「態度」の増加が著しく、元年度前が29.7％の出現率であるのに対し、元年度以降の「態度」に関わるキーワードは62.3％と約2倍に増加している。このとき、元年度以降に出現率が顕著に変化しているキーワードは「自ら」と「心」である。「自ら」の場合、元年度前が7.3％の出現率であったのに対し、元年度以降は21％と約2.7倍増加（$p<0.01$）していた。また、「心」では元年度前が9.3％の出現率であったのに対し、元年度以降は16.8％と約1.8倍の増加（$p<0.05$）であった。

図1　平成元年度前後における武道指導推進校の実践傾向の比較[1]

平成元年度から平成3年度の間に指定を受けた武道指導推進校163校および体力つくり推進校132校が文部省に提出した最終報告書の研究主題より抽出した各キーワードの出現率を比較している。カテゴリー別に比較した場合、「武道的」に関するキーワードが認められるのは武道指導推進校のみであり、体力つくり推進校では、「技能」に関するキーワードの出現率が高い。「関心意欲」、「態度」、「指導法」については両推進校共に同様の傾向が示され、その関係は、態度＞関心意欲＞指導法の順となっている。武道推進校における特徴的なキーワードは、「礼」：14.7％、「特性」：16.6％であり、体力つくり推進校でのそれぞれは0％であった。

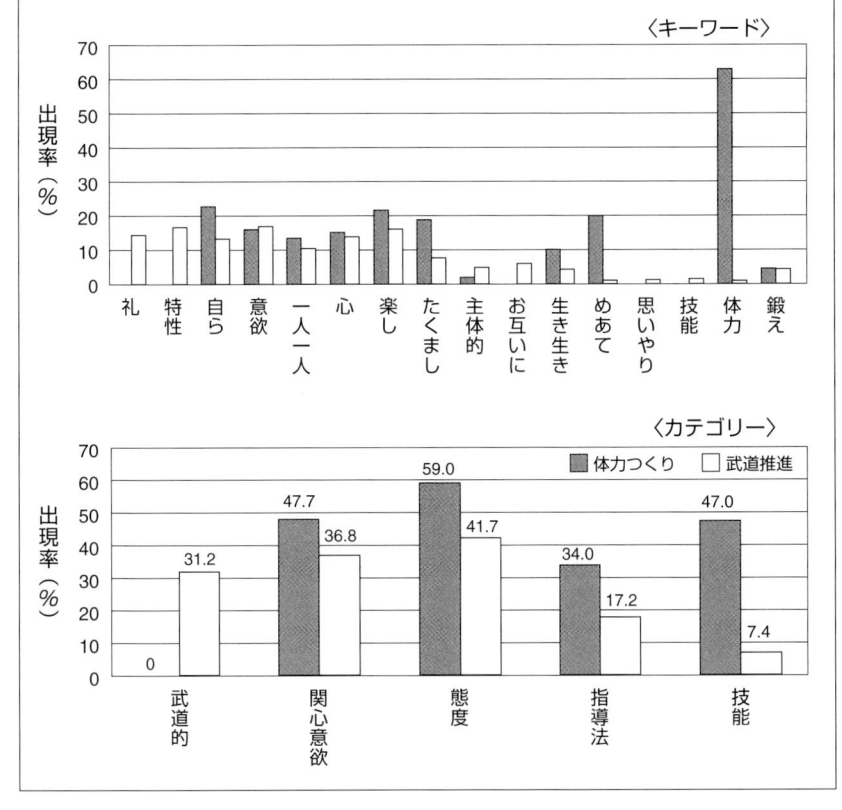

図2　武道指導・体力つくり推進校における実践傾向の比較[1]

7-11 剣道授業における教材づくり

1 ── 授業嫌い

　体育の授業では、教師の言うとおりに生徒に動作を反復練習させるだけ（学習者のロボット化）ではなく、生徒みずから工夫・試行・発表・討議などができる場面が必要である。ところが一般に剣道の授業においては、指導者の指示した動作に生徒は黙って取り組む一方通行的学習が多いと思われる。これは、師範が弟子に動作を指示し、師範の言うことを守らせる古い教習方法と同じである。剣道をやってみたいと入部した部員を相手にする部活動指導では、この方法でも稽古に取り組むかもしれないが、体育の授業における指導方法としては、合格点はつけられない。

　筆者らが実施した高校生・大学生の剣道観についての全国的なアンケート調査[1]によれば、「剣道を行ってみたい（続けたい）」という項目では、授業としての剣道を体験すると、未体験者群よりも剣道実践に否定的な結果であった（授業のみで剣道を体験した群（3,615名）：平均点2.36点。全くの未経験者群（6,277名）：2.49点。5点満点）。これまでの剣道授業の改善が必要であることを示していた。

　剣道の授業は中学校以上で行われるため、生徒の中にはすでに運動自体が嫌い・苦手、あるいは剣道に対して忌避的先入観を持っている場合もある。そうした生徒は、剣道授業において学習意欲が低く、学習前から嫌うことすらある。こうした生徒を含む剣道の授業では、指導方法の改善はもちろん、教え学ばせたい内容についても再吟味すべきである。

2 ── 教材づくり

　既成の運動文化財は、「教材」の原型としての「素材」として位置づけ、「素材」と「教材」は別のものとしてとらえるのが現在の体育科教育学の考え方である。

　剣道についても、「既存のスポーツ種目や技は、もともと学校教育において教えること・学ぶことを前提に生み出されてきたものではない。（略）子どもが学習するには複雑であり、高度すぎる」[2]という主張が当てはまる。佐藤は「教科体育では、特定の運動種目を専門的に教えるというより、あくまでも教材として、すなわち、その種目をどのようにアレンジし活用すれば子どもたちの発育発達に役立ちうるのか、そういった観点から取り扱わなければならない」[3]と主張している。

　こうした主張をいれれば、「素材」としての剣道を、学習者が取り組み挑戦していく課題としての「教材」に加工・修正（再構成）していくプロセスが不可欠となり、このプロセスが教師の仕事としての「教材づくり」である[2]。

3 ── 教材づくりの視点

　忌避的先入観を持たれている可能性がある素材としての剣道を加工・修正するには、2つの視点から取り組むべきである。1つ目は、学習意欲を沸き立たせるための視点。これは学習者の実態（興味・関心・意欲、阻害要因、技能、学び方）を把握し、全員に学習機会を保障し、知的好奇心をかき立て、挑戦的でプレイの面白さに満ちた課題設定をすることである[4]。2つ目は何を身につけ、心に残したいのかといった学習内容論の視点。すなわち、「わかりやすさ」「技能向上のしやすさ」を考慮することであり[4]、これら2つの視点を含めた作り替えをしていくことである。

4 ── 教材づくりの取り組み

　筆者が担当している剣道の授業では、類似の運動例（アナロゴン）となる「運動あそび（ゲーム）」を導入段階（単元、および毎時の授業）に活用し（表・参照）、相手との攻防のやりとりを、できるだけ早く可能にする授業過程にしている。最初から正確な動作を求めず、誰でもできそうだと思わせ、かつ楽しい雰囲気の中で試行錯誤しながら動作の習得に取り組ませようとしたのである。

学習者も導入段階でゲームがいつも行われることに気づき、ゲームの種類の意外性や剣道への関連性を味わえることから、面白さ・楽しさを感じ取っていた。また、技の学習に進んだときにゲーム時の運動感覚が残っており、技の学習にスムーズに入れる効果も認識するようになった。

技の学習については、条件を単純化して、動作の選択・実施に迷いを生じさせないような場面設定の工夫が必要である。筆者の授業では、「小手打ち・左右面打ち・突き・体当たり」を授業過程に取り入れず、面打ちと胴打ちのやりとりだけで単元を構成したことがある。不慣れな者でも打撃部位が少なければ、攻防における瞬間的な反応に迷いが減るという効果が得られた。

（浅見　裕）

[文献]
1) 浅見　裕、他（1995）「現代青年の剣道観についての研究：剣道人口減少問題に関連して」『武道学研究』第27巻第2号、8-17頁。
2) 高橋健夫・岡出美則・友添秀則・岩田　靖編著（2002）『体育科教育学入門』大修館書店、76頁。
3) 佐藤臣彦（2000）「体育学における哲学的研究の課題と二十一世紀への展望」『体育学研究』第45巻第3号、440-441頁。
4) 高橋、前掲書2)、77-78頁

表1　「剣道」授業で行ったゲーム

1時間目（2001.4.12）
1. 新聞紙で兜・刀をつくり、ジャンケンゲーム
2. 新聞紙切り（居合刀・木刀・竹刀で切る）
3. ボール打ち（木刀・竹刀でバレーボールを打つ）

2時間目（2001.4.19）
1. スキップ・ステップ
2. ウルトラマンごっこ
3. 押しくらまんじゅう

3時間目（2001.4.26）
1. 二人組で小手を投げてキャッチ
2. 二人組で手拭を投げてキャッチ
3. ジャンケンゲーム（手・足）
4. あっち向いてホイ
5. 掌で胴タッチゲーム

4時間目（2001.5.10）
1. 二人組になり、手刀で手拭を切り落とすゲーム
2. 指から放した手拭を床に落ちる前につかむゲーム
3. 二人組で、左右に投げられた小手を打ち落とす

5時間目（2001.5.17）
1. 竹刀に折り畳んだ手拭を乗せ、それを上から叩く
2. 横から投げられた小手を打ち落とす

6時間目（2001.5.31）
1. 二人組で握手をしながらジャンケンゲーム
①勝者は相手の甲をたたき、敗者は掌で防ぐ
②勝者は相手の額を手刀でたたき、敗者は前腕で防ぐ

7時間目（2001.6.7）
1. 竹刀を床に立て、手を離して回り、倒れる前に掴む
2. 向かい合った相手の竹刀を、互いに倒れる前に掴む
3. 一方が手を離したのに反応して倒れる前に掴む

8時間目（2001.6.14）
1. 目を閉じて頬にタッチ
2. 目隠しをし、近づいてきた相手の気配察知ゲーム

9時間目（2001.6.21）
1. ダッシュ競争
2. 送り足競争
3. 連続面打ち往復競争

10時間目（2001.6.28）
1. 二刀流仮想応じ打ち

11時間目（2001.7.12）
1. 細長い風船を使って鬼ごっこ
2. 風船割りゲーム―割れず、作戦変更―
3. 風船を面に付けて風船落としゲーム

12時間目（2001.7.19）
1. 新聞紙切り（木刀・竹刀・居合刀）
2. 広告紙切り（居合刀）

第8章 稽古法

8-1 守破離

1 ── ことばの由来と意味

「守破離（しゅはり）」ということばは、もとは軍学の用語であったが、不白流茶道の開祖・川上不白（1716～1807）が『不白筆記』（1749年）で用いて以来、修行段階を示すことばとして用いられるようになった。

剣道においては、北辰一刀流の『千葉成政先生夜話聞書』[1]に、「守敗離ト云コトアリ。守ハマモルト云テ、其流ノ趣意ヲ守ルコトニテ、一刀流ナレハ下段星眼、念流ナレハ平星眼ニテツカヒ、其流ノ構ヲクヅサズ、敵ヲ責打ヲ züleydiğiナリ。敗ハヤフルト云テ、左様ノ趣意ニナヅマズ、ソコヲ一段敗リ、修行スベシトノコトナリ。離ハハナルルト云テ、右守敗ノ意味ヲハナレ、無念無想ノ場ニテ、一段モ二段モ卓然ト立上リタル処ニテ、此上ノナキ処ナリ。」と説明されている。ここでは「破」に「敗」の字が当てられているが、意味は同じである。

今日の剣道書では、「守」は指導者の教えに忠実にしたがって学び、それを確実に身につける段階。「破」は「守」の段階で学んだことに工夫を凝らし、さらに技術を高める段階。「離」は「守」「破」といったことを超越して、技術をさらに深め、独自の新しいものを確立していく段階、というように説明されている[2]。

2 ── 型の創造へ

剣道の教習法は、堅苦しく、没個性的で、同じことを毎日繰り返しているようにみえる。しかし、この反復繰り返しは、やがて「伝え手の＜私のコツやカン＞が承け手の＜私のコツやカン＞に共振し、承け手に新しい運動感覚が図式化され」[3]たとき、新たな型を創造する契機となることを自覚する必要がある。

これを、守破離と同じ三つの段階にまとめた源了圓は、次のように述べている[4]。

（1）構えの姿勢：身・心ならびに上半身と下半身の間の逆対応への関心。
（2）わざを闘わし、あるいはわざを深める過程。
 a）身体を行使して、わざの訓練に専念する過程。この過程が深められた時、意識的次元の心の工夫が始まる。
 b）技術上の訓練が十分に深められ技として行きつくところまで行って、一つの壁に突き当り、これまでの心の訓練のあり方の再検討の必要を感ずる段階。
（3）稽古・習道をつくして学びとった数々のことが意識の中からまったく消えて、心中に一物もなくなった段階。（2）のb）の「有心の心」に対して「無心の心」の段階。

剣道人が「ヘリクツよりも稽古」を口にするのは、同じことを十年繰り返せば、そこに自ずと師とは違った側面が現われ、新たな境地が生まれてくることを経験的に知っているからで、これを「個性」と認識しているからである。形（剣道形）は単に古流を再現するためにあるのではなく、形を超えた働きとしての「型」を習得することが目的であり、無意識のうちに技が使えるようになることが大切なのである。

現代剣道において、かたちから入る日本剣道形は、わざの理合、間、姿勢などを会得するのに適した教習法であるが、これをいくら稽古しても相手の動きを「先読み」することや、変化を「予測」することは不可能である。こうした限界を打破する方法として「竹刀打ち込み稽古法」が考案されたのであり、両者は基礎と応用という補完関係にあることを押えておく必要がある。

（中村民雄）

［文献］
1）『千葉成政先生夜話聞書』写本、嘉永年間（1848～54）ころ、国立国会図書館所蔵。
2）全日本剣道連盟編（2000）『剣道和英辞典』同連盟。
3）金子明友（2002）『わざの伝承』明和出版。
4）源 了圓（1992）『型と日本文化』創文社。

8-2 師弟同行

1 ── ことばの由来

「師弟は三世の契り」ということばがあるように、師と弟子の関係は、過去・現在・未来にわたる、深い因縁で結ばれているという意味である。

そうした深い因縁にある師弟は、実は道を求める姿勢において「同行（どうぎょう）」であるという。この同行ということばは仏教用語で、禅宗では「どうあん」といい、志を同じくする人々、あるいは信仰・修行を同じくする仲間と解されている。

ただし、この二つのことばが結びついて、剣道の用語となったのがいつのことかはよくわからない。戦前の剣道界ではすでに使われていたようである。

2 ──「自得」学習

剣道の稽古論・学習論は、すべての教習過程において「自得」を基本とする。師は先達であるとともに、道を求める姿勢においては同行であると説くのである。

形稽古の場合、最初に流派の極意ともいえる事柄を全部示して、あとは自分で工夫しなさいという。形から入り、それを地道に稽古し、やがて自分の「型」を作り上げていくという長い実践期間を必要とする。そのため、師は弟子の上達に応じて、初段のレベルに達したと判断すれば、二・三段の位で相手する。弟子が二段になれば、三・四段の位で対峙するというように、弟子の「気づき」を大切にしながら指導する。そこに師と弟子との同行が成立するのである。

こうした稽古論・学習論の伝統を受け継ぐ剣道の稽古は、「面が打てれば一人前」「自分を捨てきった面打ち」といって、正面素振りに始まって、打ち込みによる正面打ちをまず練習するであろう。面打ちが剣道の入り口であるとともに、極意でもあるからである。また、どんなに高段者になっても、鏡の前で中段に構え、打ち込みの正面打ちを練習するのは、無意識のうちにも完璧な正面打ちを求めていることを意味している。

このように武道の「わざの習得過程」は、「自得」することからしか方法がないことを自覚しておかなければならない。

3 ── 稽古

稽古ということばは、もともと「古（いにしえ）を稽（かんがえ）る」という意味で、古くは鎌倉時代から芸道や武道の修行をさすことばとして用いられてきた。

世阿弥が『風姿花伝』で述べている年齢に応じた「年来稽古條々」は、芸の実力を養うために毎日わざを研くことの必要性を説いたもので、近世武芸にも大きな影響を及ぼしている。このように武道における稽古ということばは、世阿弥の説いた「わざの習得過程」という意味で、今日もそのまま用いられている。

剣道家は、よく「五十、六十鼻たれ小僧、七十になって一人前」というように、他の同種のスポーツには見られないような長い実践期間が必要である。しかも、年数とともにわざのレベルも向上し、若い選手と互角に稽古できるという特徴がある。これは、長い経験から得られたカン（勘）やコツ（骨）、相手の動きを予測するヨミ（読み）や集中力など、筋力とは別の要素が研ぎ澄まされていき、動きに無駄がなくなっていくからである。この長年の稽古によって培われたわざのレベルの向上と、動きの無駄が省かれていく過程（プロセス）そのものが人間的な深まりを伴うものと考えられてきた[1]。

ここが、剣道の「わざの習得過程」の特徴ともいうことができよう。

（中村民雄）

[文献]
1) 中村民雄（2003）「稽古と練習（トレーニング）」『月刊武道』12月号、日本武道館。

8-3 〈かた〉による稽古法

　剣道の競技は、「有効打突」を「相手よりも先に出そう」と、その技をお互いに「競い合って勝とう」とするものである。そのことから、〈かた〉による稽古の方法も原理的には以下の三つの方向で考えることができる（右頁図1参照）。
　①どうすれば「有効打突の形成」をすることになるか
　②どうすれば「相手よりも先に打突」への「移行方法の形成」をすることになるか
　③どうすれば①と②の二つを「統一して競い勝つことの形成」をすることになるか

1── 有効打突の形成

　竹刀による稽古、とくに互格稽古（地稽古）の方法では、相手よりも先に打突しよう（打突されまい）とするあまり、有効打突の形成そのものには困難が伴う。そこで、素振りや、切り返し、打ち込み・掛かり稽古、約束稽古などの基本稽古が重視されることになるが、そこでも、習技者にとっては、打突の「強さ」や「速さ」「早さ」感覚、または数多く打つための「我慢」感覚という、いわば自己感覚がクローズアップされてしまう。
　それゆえ、自己感覚よりは「体勢と気勢」の形成ということに力点がおかれた〈かた〉による「空間（寸止め）打突」の稽古法が必要になってくる。試合・審判規則第12条で示されている有効打突の条件である「気・剣・体」の一致した「残心ある」打突には、競技といえども、歴史的伝統文化の伝承という側面を色濃く有している。先達者（指導者）による〈かた〉の導きによって「有効打突」そのものの「体勢と気勢」を理解し、その動作を繰り返して身につけていくという稽古方法が必要になることの理由はそこにある。

2── 打突への「移行方法」の形成

　「日本剣道形」[1]の稽古や「木刀による剣道基本技稽古法」[2]は、「有効打突の形成」のみならず、「相手よりも先に」という打突への「移行方法」の形成についても多くを教えている。
　つまり、剣道での〈かた〉による稽古法は、勝ち方には仕掛けていく技（先の技）と応じていく技（後の技）があり、その勝ち方の理合（「剣術六十八手」[3]など）を身につけさせることをねらいとしている。理合に明るくなれば、相手への打突をより早い時期に、あるいはより速い動作での打突を仕掛けなくても、結果的には、「相手よりも先に」有効な打突へと「移行」できるのである。竹刀による「技の約束稽古」も有効打突への「移行方法」を身につけるための稽古方法ではある。しかし、竹刀による「技の約束稽古」では、踏み込み足を使うので、ついつい「早さ」または「速さ」を競うという自己感覚の形成に陥ってしまいがちである。理合の習得には、すり足での〈かた〉のじっくり稽古が必要である理由がそこにある[4]。

3── 競い勝つことへの「統一性」の形成

　剣の理法の修錬によって人間形成を目指すという「剣道の理念」や、稽古の段階や過程を示した「守・破・離」という教えがある。
　剣道の稽古法においては、剣道の「どの側面」を「どの程度」に身につけたいとするかによって、その稽古の「方法」も、その結果としての「評価」も違ってくる。剣道を生涯にわたって武道として上達させ続けたいというのであれば、竹刀による試合稽古もさることながら、古流剣術や居合道などの修錬も含めた〈かた〉による（日本刀や木刀での）稽古法が、競い勝つことへの統一性に多くを示唆してくれる。
　剣道技能の修得を人格（生死・生きることの教育）の問題としつつ、いわば人間力を培うことによって競い勝とうとすることに求めるならば、自分史や文化史を背負いつつ、部分を見ながらも、その統一性を目指そうとする〈かた〉の稽古が日々の稽古に位置づくことになろう[5]。

（松村司朗）

[文献]
1) 全日本剣道連盟（2003）剣道講習会資料、77-103頁。
2) 前掲書1)、65-73頁。
3) 小林義雄（2003）「剣道の技術史研究～竹刀稽古と型稽古に着目して～」『月刊武道』444号、日本武道館、102-107頁。
4) 中村民雄「文化と伝統を問う～型と競技～」『月刊武道』444号、日本武道館、16-19頁。
5) 松村司朗（1992）「剣道における＜かた＞と＜ことば＞」全国教育系大学剣道連盟編『ゼミナール　現代剣道』窓社、24-33頁。

＜かた＞による稽古法で身につく事柄

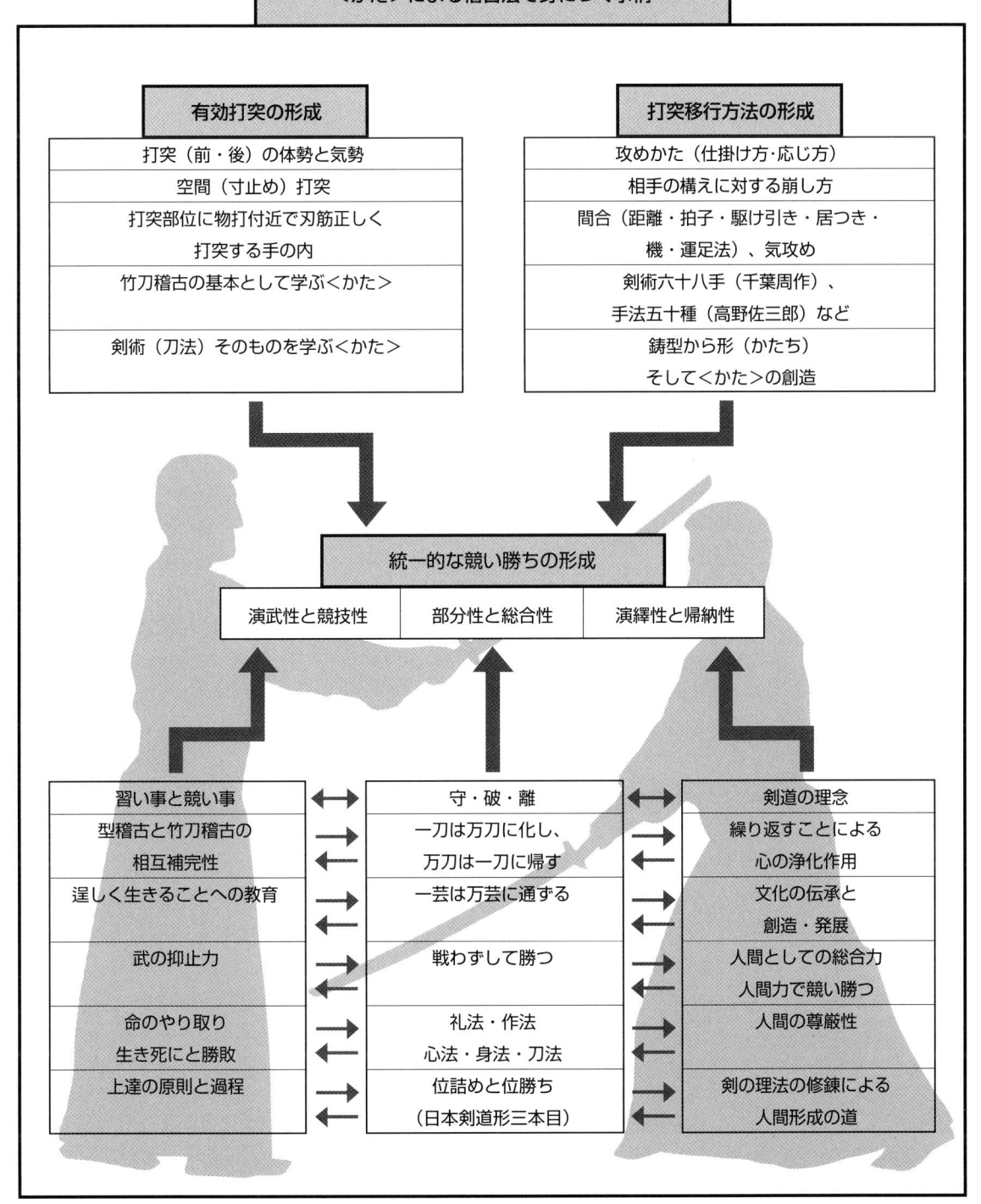

有効打突の形成
- 打突（前・後）の体勢と気勢
- 空間（寸止め）打突
- 打突部位に物打付近で刃筋正しく打突する手の内
- 竹刀稽古の基本として学ぶ＜かた＞
- 剣術（刀法）そのものを学ぶ＜かた＞

打突移行方法の形成
- 攻めかた（仕掛け方・応じ方）
- 相手の構えに対する崩し方
- 間合（距離・拍子・駆け引き・居つき・機・運足法）、気攻め
- 剣術六十八手（千葉周作）、手法五十種（高野佐三郎）など
- 鋳型から形（かたち）そして＜かた＞の創造

統一的な競い勝ちの形成
| 演武性と競技性 | 部分性と総合性 | 演繹性と帰納性 |

習い事と競い事	守・破・離	剣道の理念
型稽古と竹刀稽古の相互補完性	一刀は万刀に化し、万刀は一刀に帰す	繰り返すことによる心の浄化作用
逞しく生きることへの教育	一芸は万芸に通ずる	文化の伝承と創造・発展
武の抑止力	戦わずして勝つ	人間としての総合力　人間力で競い勝つ
命のやり取り　生き死にと勝敗	礼法・作法　心法・身法・刀法	人間の尊厳性
上達の原則と過程	位詰めと位勝ち（日本剣道形三本目）	剣の理法の修錬による人間形成の道

図1　剣道の＜かた＞による稽古法

8-4 打ち込み稽古・掛かり稽古

　打ち込み稽古・掛かり稽古は、剣道の基本的打突技術の習熟度を向上させるための伝統的稽古法である。打ち込み稽古は、元立ちが与えてくれる隙を打ち込む方法と、あらかじめ決められた部位を打ち込む方法がある。いっぽう、掛かり稽古は、元立ちの隙を見つけて打ち込み、隙がなければ隙を作って打ち込む稽古法である。

1──打ち込み稽古・かかり稽古の歴史

　打ち込み稽古は、直心影流の長沼四郎左衛門国郷により正徳年間（1771～1716）に始まったといわれている[1]。

　古来稽古は、木刀や刃引きを使った形や組み太刀の稽古が中心であった。しかし、江戸時代に入り平和が長く続く中で、実際に打ち合わない形や組み太刀の稽古では本気に取り組む者が少なくなってきた。そこで考案されたのが竹刀と防具によって実際に打ち合う打ち込み稽古である。つまり、打ち込み稽古は、形稽古の欠点を補う稽古法として誕生したと考えられる。

　いっぽう、掛かり稽古について1915（大正4）年に書かれた高野佐三郎の『剣道』をみると、撃込練習（稽古）の受け方、つまり元立ちの対応の仕方について次のように述べている。

　「撃込を受くるには唯撃ち込み来るを受け留むるのみにては宜しからず、透きを見て折々面を打ち、或いは籠手を撃ち、互に撃ち込み合ふ心得にて受くべし」[2]

　元立ちは、ただ打たせるだけではなく隙を見てときどき打ちなさいと述べているが、この内容は現在の稽古法の分類でいうと掛かり稽古になる。中村民雄は、稽古法の変遷について「打（ち）込み稽古は、もともと『撃（ち）込み稽古』と書き、今日いうところの『切り返し』『掛かり稽古』を併せもったものである。これが明治末年ころに、まず『切り返し』が分離し、さらに大正末年ころに『掛かり稽古』が分かれて、三者は別々の運動形態をもつにいたった」と述べている[3]。

2──打ち込み稽古・掛かり稽古の効用

　「打ち込み三年」という言葉があるように、剣道においては打ち込み稽古・掛かり稽古を重視している。この稽古法の効用について高野は前掲書の中で、撃込八徳として以下の8項目を挙げている[4]。

1. 姿勢良くなる。
2. 身体強壮となる。
3. 四肢の力を増し、動作軽妙自在となる。
4. 技術快速となる。
5. 気息長くなる。
6. 眼明らかに、撃間明らかになる。
7. 撃ち強くなり且つ手の内軽く冴え出づ。
8. 疑懼心を去り心気力一致ならしむ。

　つまり、打ち込み稽古・掛かり稽古は、剣道において大切とされる体さばきや間合の使い方、基本的な打突技術等を学ぶのに適した稽古法であると述べている。

3──打ち込み稽古・掛かり稽古の運動強度

　打ち込み稽古・掛かり稽古はどの程度の運動強度、運動量を持っているだろうか。

　掛かり稽古時の心拍数について「心拍数の最高は、185（回／分）前後に高まり各人の最高心拍数にほとんど近い値まで上昇する」という報告がある[5]。この実験では、30秒間の掛かり稽古を5回行い、稽古間の休憩は1分40秒～2分10秒であった。

　また巽は、掛かり稽古時の酸素摂取量と酸素負債量の関係についての実験結果から、掛かり稽古は「400m走と同様な運動形態であり、ほとんど無呼吸のままに運動がなされている」と述べている[6]。さらに、掛かり稽古時におけるエネルギー消費量とエネルギー代謝率（R.M.R）を表1のように算出している。この表1と表2を比較してみると、20秒間の掛かり稽古は、水泳のクロールで50mを力泳したときの運動強度に近く、かなりの激運動であることがわかる。一般的には、かか

り稽古は20秒前後で行うことが多いと思われる。
　打ち込み稽古・掛かり稽古は、短時間に全力をつくして行う稽古法であり、学校体育の剣道においては、基本的技術を全力で繰り返し反復練習する打ち込み稽古・掛かり稽古を積極的に取り入れることにより学習効果を向上させることができると考える。

（折口　築）

[文献]
1) 下川　潮（1984）『剣道の発達』復刻版、第一書房、270頁。
2) 高野佐三郎（1973）『剣道』復刻版、書房高原、93頁。
3) 中村民雄（1994）『剣道事典』島津書房、30頁。
4) 高野、前掲書2)、94頁。
5) 丹羽　昇・井上正孝・橋本明雄・猪狩道夫（1971）「剣道のかかり稽古時の呼吸循環機能の変動」『体育学研究』第15巻第2号、81-85頁。
6) 巽　申直（1988）「剣道の科学 60 運動量Ⅰ─切り返し、かかり稽古のエネルギー消費量─」『剣道日本』5月号、84-85頁。

表1　切り返し、かかり稽古時におけるエネルギー消費量とR.M.Rの平均値

		エネルギー消費量（KCal/kg/分）	R.M.R	打数	歩数
切り返し	平均値	0.494	27.9	23	70.2
	標準偏差	0.067	4.2	0	4.7
20秒間かかり稽古	平均値	0.636	36.0	12.8	78.2
	標準偏差	0.028	3.4	1.2	4.9
60秒間かかり稽古	平均値	0.573	32.9	33.0	203.6
	標準偏差	0.030	2.6	2.1	7.9

表2　各種スポーツ時のエネルギー消費量とR.M.R（長嶺）

			エネルギー消費量（KCal/kg/分）	R.M.R
ランニング	競走	100m	3.6483	205
		400m	1.7013	95
		1500m	0.5508	30
		10000m	0.3207	17
		マラソン	0.2959	15.6
水泳	力泳（50m）	クロール	0.6212	34
		平泳	0.3738	20
		背泳	0.4977	27
		横泳ぎ	0.3561	19
サッカー	試合（70分）	前衛	0.1526	7.5
		後衛	0.1614	8
		ゴールキーパー	0.0464	1.5
		チーム（平均）	0.1331	6.4
バレーボール	6人制	4セット	0.1437	7
		乱打練習	0.1437〜0.2499	7〜13
硬式テニス		シングルス	0.2127	10.9
		ダブルス	0.1561	7.7
スピードスケート		500m	0.9756	54
		1500m	0.4623	25
		5000m	0.3207	17
		10000m	0.2853	15

＊巽申直（1988）「剣道の科学60運動量Ⅰ」『剣道日本5月号』スキージャーナル社、84-85頁。

8-5 日本的学習方法―稽古のもつ意味

最近の学生の会話の中に「今日の練習は…」「練習のメニューは…」と、剣道の「稽古」を「練習」と読み替えることが多くなってきている。我々の世代からすると少し違和感を覚えることである。いっぽう、外国で剣道を指導するとき、外国人剣士から「excise manure…」とか「today's training…」などと聞いたことはなく、彼らも剣道の練習を「today's keiko…」ときちっと「稽古」と位置づけているようである。また、ダンスや音楽専攻の学生の会話の中には「今日のお稽古は…」と登場することがある。ではこの「稽古」という用語はどのような意味を持っているのであろうか。これを手がかりに日本的学習方法について考えてみる。

1 ― 稽古とは

中林によれば、「稽古」という用語がいつ頃から使われるようになったか特定できないが、中国の古典文献にあると言われている。わが国ではすでに「古事記」に「稽古照今」という言葉が登場しているという。ここでの「稽古」の意味は「古（いにしえ）のことを稽（かんが）え、今を照らしてみる。そして道徳や人倫が廃れないようにする。」というような意味である。つまり「稽古」とは「古（いにしえ）を稽（かんが）えること」であった。このように「稽古」は「ものを学ぶ」学問的・学習的な意味が強かったが、中世に至ると、歌道、芸道などで、技芸の習得のための実践という意味で用いられるようになり、心身を含んだ実践によるより「修行」的意味合いをもって用いられるようになる。このことにより、「稽古」は、より精神的なもの、行動規範的な意味を含むようになったと考えることができる。

2 ― 稽古の特性

「稽古論」の系譜には、歌道や芸道から派生した概念を、修養論、心身論を通して論じる流れがある。

川村が、芸道（蹴鞠）の伝書からまとめた稽古の特徴をもとに、中林は、稽古の特質を次の5つにまとめている。

①**専念・集中** 道に打ち込むためには、この道のためにならこと（好色・博徒・大酒）はすべきでなく、素直に、純粋に道に専念し、集中することを説き、このことは稽古時のみならず生活の仕方や人の生き方を含んだ教えである。

②**型の修練** 先人の体験や工夫で生まれた「型」を正しく繰り返しまねること（学ぶこと）という意味が「稽古」には含まれている。この「型」をまねることは「技術」のみではなく、「型」を通して先人の生き方そのものをまねることでもある。

③**反省・工夫・思念** 「型」を忠実に繰り返す稽古では、常に工夫、考案することが重要であり、自我を無にし、反省しながら「仕習う」（しならう）ことによって、真の個性、独創性が生まれる。

④**主体性の重視** 「わざ」は本来、主体的、個性的なものであり、師は弟子の個性・素養という主体性を重視する必要がある。

⑤**私心を捨てること（無私）** 稽古では、自我、わがまま、利己心、頑固さを戒めている。これは、「教え」の中に自己を没入することで、より「教え」や「型」が自己の中に入り、自然と自己のものになる。

まとめれば、「稽古」とは、その道に専念し、私心を捨て、師の示した「型」を繰り返し、工夫、反省しながらさらに繰り返すことで自己のものとしていく過程そのものとその行為を意味するものである。

生田は、「わざ」や「型」に関して、「わざ」や「型」には西洋的な言語を中心とした理論体系の中では表わしにくい日本的な知識（＝勘（カン）、骨（コツ）、間（マ）、位（クライ）など）が存在し、これらは「型」を模倣することで理解できるものであり、これを学んでいく過程が日本的な技

術習得過程であると述べている。

3 ── 舞踊・スポーツの稽古性について

これまでに示した通り、武道における「稽古」という用語には、単に身体的鍛錬以上に「主体性」や「行動規範」「精神性」を包含している。

「稽古」はこのような武道的な特性を持つが、千住は、ランガーやカミングハムの芸術論から、演技することについて「演技者の模倣行為は、演出者の与えられた演技を繰り返すことで、演技者としての自己像を新しい行動のプロセスとして受け止め自己の創造的個性を加えた新しい演技を再創生していくことである」、また「演技者は、演出者の与えた動き一つ一つを繰り返すことで、美的価値観の共有を高めていく」、さらに「演技者は、演出家の与える自己と、自己の内面にある自己とのずれを認識し、その揺れのはざ間に立ち、演技を繰り返すことでの美的価値観の共有から、さらなる芸術的表現を生み出す基盤となる」とまとめている。この演技者の主体性を重視し、技術を習得していく過程は、武道の技術習得過程と共通性が見出され、特に、一つは「与えるもの」（師・演出家）「与えられるもの」（弟子・ダンサー）との関係、また、「型」（わざ・作品）に対する考え方、さらに、前者を獲得する過程とそこでの「与えるもの」内面的外面的な態度・考え方に共通性が見出されるとまとめている。

4 ── イチローの稽古性について

齊藤は、イチローが何万回も素振りを繰り返し、独自の技術を獲得していく姿から「天才とは、技術の量的な積み重ねにより質的な変化を生じるという"量質転化"を絶対的な積み重ねから生むことのできる人である。一般的に絶対量を繰り返し返しは飽きを生じるが、天才は、前回の技術と今回の技術の言葉にできないわずかな差である、言い替えれば"暗黙知"を感じることで、繰り返すことを毎回異なった繰り返しに感じることができる人であり、天才は飽きを生じない。この繰り返しができた人が天才であり、また天才であるから繰り返しもできる」と述べている。

5 ── 稽古とは

身体を媒介とした技術や技能を修得していく過程では、技術の合理化・細分化による記号化の過程も必要だが、記号化（言葉）できない内容を、全体像の模倣を通して伝達することが求められる。

剣道には「一刀は万刀を発し万刀は一刀に帰す」という教えがあるが、真の一本は存在するがなかなか実践できないものであり、一本からすべてが生じる。簡単にいえば「基本が大切」という教えである。対人動作である剣道では一本一本はすべて異なっており、万に一つ同じ一本は存在しないからこそ、真の一本を求め繰り返すのである。時間には同じ瞬間が存在しないように、同じ一本は存在していないのである。これを求めることが「暗黙知」を知ることである。

このことから考えると、これは「稽古」という用語がもつ「古を稽える」「古」とは、先人の作り上げたもののみならず、「自らの古を探ること」（寸前の自分を知ること、前の技術と今の技術の違いを知ること）を「稽える」（考える、知ること）ことである。

この過程が「稽古」であり、この過程で常に学習者には、自己を客観視した内外の自己認識が求められる。さらに自己の主体性を保ち、自己を客観化していく過程で、自己の内的な成長を含み技術習得していく過程が、中林のいう「稽古」といえる。

人間性の回復と全人教育を思索する現代教育では、技術・技法の獲得過程以上のものを包含する「稽古」に期待が寄せられよう。

（太田順康）

［文献］
○ 中林信二（1986）『武道のすすめ』中林信二先生遺作刊行会。
○ 中林信二（1986）『武道論考』中林信二先生遺作刊行会。
○ 生田久美子（1987）『「わざ」から知る』東大出版会。
○ 千住真智子、他（1994）「武道・舞踊・スポーツの技術習得に関する研究」『大阪教育大学紀要』Ⅳ-42．2、305-315頁。
○ 齊藤 孝（2003）『天才の読み方』大和書房。

8-6 藩校での武術教育

　我が国では、明治5年にフランス教育制度を範とした「学制」が発布され、近代教育が始まったと言われている。しかし、それ以前の我が国の教育を見直したとき、江戸時代に各藩が設けた藩校は注目すべきものである。特にそこでの「武術教育」は、現在の「武道教育」を探る上でも、また「身体教育」（体育）を考える上でも重要なものである。そこで藩校での武術教育の実態についてまとめてみる。

1 ── 「藩校」とはなにか

　徳川体制も江戸中期（十八世紀末）以降、社会が成熟すると、それまでのように単純な世襲制度で役職を定めるわけにもいかず、人材の登用をはかり政務の実効性を高める必要性が生じ、各藩は子弟のための教育機関として藩校（藩学校）を設け、文武教育の充実をはかる。幕府は昌平坂学問所を開設するが、諸藩もこれに同調するように学校経営を手がけるようになる。一般的にこれらの学校が藩校と呼ばれているが、「藩」という名称が歴史上正式に現われるのは、明治4（1871）年の版籍奉還後であり、当時は、「学問所」「学校」「稽古場」など統一された名称はなく、県制施行により「県立学校」が出現し、旧管理者が経営した学校と区別する必要性が生じ、旧藩が管理した学校を「藩学」「藩校」と呼ぶようになった。石川によれば、藩校には広狭二つの意味があり、広義には、狭義の藩校をはじめ医学校・洋学校・国学校・兵学校・郷学校（郷校）など、藩が経営にかかわるすべての教育機関を、狭義では、儒学を主とする漢学を中心に、文字の学習・人間教養のための学問を学ばせる藩士の子弟を対象とした学校を意味している。当時の教養には武芸が含まれ、武芸稽古所・武館・武学校などもこの狭義の学校に含まれる。

2 ── 藩校での武術教育の成立

　それまで剣術は、流派の秘密主義から師範家で私的な教育として実践され、組織的な教育は行われていなかった。藩校の成立する江戸時代中後期は、年代的に剣術が「かた剣術」から「しない剣術」に移行する時期と重なり、その流派的秘密主義が徐々に薄れ、千葉道場のような巨大な民間道場も生まれるようになる。このような中、黒船が出現し、夷敵や国内の騒乱の備えとして、あるいは藩内の尚武の気風を高めるための武士の教養として、武術が見直され、またいっぽうでは、藩内の治安維持のため、武術を統制する必要性が生じ、武術を管理する必要性も高まる。このように武士の教養としての武術実践、戦闘術としての武術実戦の両面から、各藩はこぞって藩校での武術教育を手がけるようになるのである。

　藩校における武術教育の実際は、大きく三つに類型できる。一つは、総合学園として藩校敷地内に武術稽古所を設ける場合（学校管内の稽古所）。二つは、藩校敷地外に独立した流派別、種目別の道場・稽古所を設け教授する場合（稽古所）。三つは、特別な武術教場は設けないが、師範家を定め、そこに通わせることで武術教育をする場合（師範家道場）である。

　次の「武芸教育施設の推移」（図1）は武術教育の行われた場所を『日本学校史の研究』からまとめたものである。当初、武術教育は、師範家道場で行われていたが、宝暦年間から徐々に学校の稽古所に移行し、天保年間（1830～1843）にその数は逆転し、組織的な武術教育が広がったことがわかる。

3 ── 藩校「武場」での武術教育制度

　各藩は藩校武場ができると、さまざまな「御触れ」を公布し、武術を奨励している。「御触れ」には、「開設御触れ」「武場掟」「日割」「考課」などがあり、これからは、各藩の武術奨励や普及状況をうかがうことができる。

　「開設御触れ」は武芸稽古場開設を通知し、武場での稽古を奨励するものである。例えば、鳥取

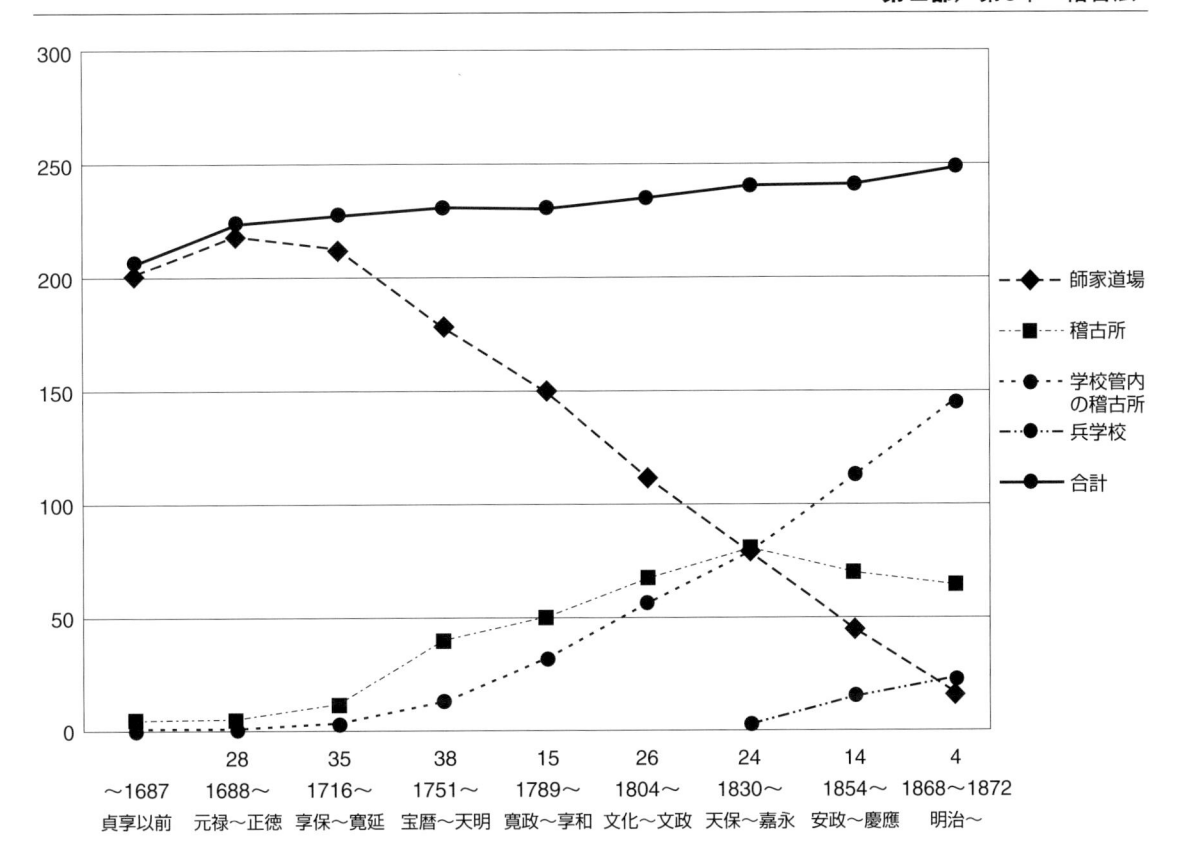

図1 武芸教育施設の推移（『日本学校史の研究』より作成）

藩では次のような御触れが公布されている。

> 武芸稽古場御建て成され御家中の師範の面々、召し連なる門弟にて出ずるを罷め、修行致し候様付き間にて仰がるるべく右の稽古道具御貸し渡し成られ候に付き左の面々へ左の通り申し渡す。
>
> 　　　　　　　　　嘉永六年丑二月廿一日
> （「御国日記」『鳥取藩史』鳥取図書館、354頁）

このように道具を用意し、師範・門弟ともに藩校での稽古を奨励していた。

「武場掟」は、武場での武術教育が効果的になるように、また流派間でのもめごとが生じないように、武場での礼儀作法や修行心得などさまざまな規則を定めたものである。鳥取藩の「講武所掟書」（「御国日記」）では、「武芸は勝負を専らと致す事に候へ共礼譲を守り喧嘩口論を慎み行儀を正し敷く」「他之批判すべからさる事」など礼儀に関するもの、「刃の寸尺、流派に寄て、各其の差有り之の儀は勿論に候えども、当館に入り、他組合の試合致し候え節は、兼て申渡し置候え通り、相心得え可く申す事」と稽古内容に関する「掟」があった。

「日割」は、流派の秘密性の維持や武術に教育が偏らないようにすることを目的に、流派や師範の稽古日を定めたものである。「日割」は、より具体的に定められた藩がある一方、定めていない場合もある。「日割」を定めなかったのは、藩の規模にもよるが、藩校武場での「しない剣術」化が進み、流派性が薄れ、「日割り」を定める必要性がなくなったとも言える。この「日割」を調べると、藩校で行われていた流派や人数を窺い知ることができる。鳥取藩では、「御国日記」や「役用日記」に次のような六十人の武術師範の「日割」が残っている。

> 此の度御造営之れ有り、御家中の稽古の為左の講武所御建て成られ候に付き、右の師範の面々召し連なる門弟にて出づるを罷め、稽古を致す

べく旨出し仰がれ候、尤も稽古の日割り・時刻を始め以って前の学館奉行・同じく御目付の承る所を合わせ候の上出づるを罷むこと申すべき事。

　弓術　鎗術　剣術　居合　柔術　体術
　　　　　　　　　　　　嘉永六年三月十八日

剣術
　二日　十三日　廿四日朝　　笹尾鉄三朗
　七日　十八日昼
（中略）
　二日　十三　廿四日　　尼子庄右衛門
　八日　一九日朝
（中略）
　三日　十四日　廿五日昼　　岡野久次郎
　九日　廿日朝　　　　看坊　熊沢　極馬
（中略）
　五日　十六日　廿七日朝　　浅田　主計
　十日　廿一日朝
　　（「役用日記」『鳥取藩史』鳥取図書館、586頁）

「考課」は、藩校内での武術教育と文教育との進級・進度の整合性や流派間での進級・進度に整合性を持たせるために、教授内容や教授段階、試験内容を定めていたものである。例えば、福山藩では、考試には内考試と本考試とがあり、試験科目も具体的な内容を定めていた。

初段考試科目
　剣術　自現流表五か条　身捨流仕合口　一伝流棒之理　玉心流は位付迄にて、之を許し無し
　自他流打込の事　前方専ら業六七十日　考試之の者四人と定む　但し四人考試之者之の節は無し、考試済之者、為助可罷出事　相手　拾三四歳無段より無段之内達者を加へ二三人　初段二人　二段前之者一人　二段一人　三段一人　右之通罷出、先つ一と息に八人を相手と定め、朝五つ時より七時迄致稽古候事。
二段考試科目
　剣術　自現流奥十か条　身捨流小具足　一伝流棒小太刀　玉心流仕合口
　自他流打込の事　前方専業六七十日　考試之者三人と定む　但しまに書に前同断　相手　初段二三人　二段前達者者二三人　二段二人　三段三人　右之通罷出、先つ一と息に十人を相手と定む

三段考試科目
　剣術　自見流免許　身捨流目録　一伝流免許　玉心流免許
　自他流打込の事　考試之者二人と定む但し書前同断　相手　初段一人　二段之者一人　二段三人　三段五人　右之通罷出一と息に十人を相手と定む、
　相手に出る者数之所は師範にて何本と定め数を
　　　取り候事、但初段二段共同断
（『日本教育史資料』文部省　645頁）

これらからは、段位制度や審査基準などの萌芽を見ることができる。

4——藩校武場での武術教育の様相

松田清直が明治23（1890）年1月にまとめた『鳥取維新前旧事実録』からは、当時の藩校での剣術稽古の様子をうかがい知ることができる。

長くなるが、文意を崩さないために全文を引用する（ただし、句読点と下線は筆者）。

武場
　剣術場

<u>剣術場ハ竪十四五間横七八間斗リノ土間造リニ、一方二間通リニ床ヲ張リ敷ク二畳ヲ用ユ、之レ其休息場ナリ</u>。時間至レバ、各各筒袖半衣二袴ヲ穿キ、面小手胴等道具ヲ着、竹刀ノ長五六尺斗リナルヲ携ヘ、先生連中上方二立テハ、諸生ノ者共各々下方ヨリ出立、己好ミノ人前二行キ「一本願イ上マス」ト取立テヲ乞ヒ、礼終ルヤ否ヤ、チャンチャンカチカチ上段下段、竪横十文字ニ撃テドモ突ケドモ、当ラバコソ、竹刀ノ先ニテ左右前後ニ羽ネ付ケラレツツ、猶モ屈セズ、汗ヲ流シ油ヲ湧カシテ、一生懸命打込ム。竹刀何ノ苦モ無ク打落サレ、<u>御面—ンノ声ト共ドモニ、頭部ニ一本頂戴スレバ</u>、其痛キコト頭骨ノ割ルル斗リノ思ヒヲナシ、<u>モウ之ニテ御免、有ガタウ御坐ンシタ、ト引退ケハ</u>、待居ル面々入リ代リ立代リ、各々思ヒ思イ取立ヲ乞ウ者、数百人。
此処彼処モ、場中満面、チャンチャンカチカチノ撃声ト、<u>御面御小手ノ懸ケ声ト、相応ジテ其音声</u>

ハ、館外数町ニ轟リ。一方ヨリハ、同等ノ者互ヒニ仕合ヲ試ミ双方秘術ヲ尽シテ勝敗ヲ決スルアリ。又一方ヨリハ、既ニ組ミ打トナリ上ヲ下ヘト転ビ合フアリ。又一方ヨリハ、先生分一人ニシテ数人ノ壮士一同ニ向ヒ、甲突キ、乙撃チ、丙丁組ミ付カントシテ、各々汗油ヲ湧カシ、力ヲ尽シテ向ウト雖モ、流石ノ先生、事トモセズ、右ニ受ケ左ニ外ツシ、前ニ飛ビ後ロニ退キ、上段下段ニ受ケツ外シツ、仕会アリ。実ニ一場ノ乱軍ノ始ヶ、之レ誠ニ武士タルモノノ、神心ヲ鼓舞シ、戦陣ニ臨ンテ、謂ユル日本魂ヲ振ヒ、死シテ而シテ、後止ムノ気象ヲ練磨スルニ足レリ。故ニ奥羽戦争ノ際モ、天下ノ者薩長土因ト称シ、少シモ他藩ニ後レザリシハ、鳥取士人ノ面目ニシテ、池田公ノ餘恩ヲ、仰カサルエヲ得サルナリ。

（「武場　剣術場」『鳥取維新前旧事実録』より）

　これによれば、幕末期の武場（剣術場）が「縦十四、五間（25～26m）横七、八間（14m）の土間造り」規模が大きかったことがわかる。また、「オメ～ン」と長息で発声したり、「御面、御小手の懸ケ声」で打突部位を呼称していたことがわかる。さらに「先生が上方に立って生徒が下方進み、好みの先生に"一本願イ上マス"と礼をして稽古を始める」現在のような稽古の作法・礼法が存在していたことまでうかがえる。

　このように、この随筆から、当時の稽古の様子がいきいきと伝わってくる。剣道での発声、礼法の発生の起源、あるいは集団での稽古法については、明確になっていない部分も多いが、このように随筆や書簡が手がかりとなることの一つの事例であろう。

5 ── 藩校から現在へ

　江戸時代中期になると、武術の持つ実戦性は薄れるが、幕末の動乱をひかえ徐々に尚武の気風は高まり、武士の教養教育としての武術教育が見直されるようになる。また、流派を超えた交流が可能となった「しない打ち込み稽古」の流行は、藩校での武術教育をより盛んにする。いっぽうでは「日割」などで流派性を残しながらも、稽古に関する取り決めや考査の制度を定めることで、現在の規則や段位制度の基盤となるものを制度化してきた。これらのことから、藩校での武術教育は、後の身体教育（体育）や現代剣道に大きな影響を残してきたと考えられる。

（太田順康）

[文献]
○ 太田順康（2003）「藩校での武術教育」『日本剣道史』全日本剣道連盟。
○ 太田順康（2002）「幕末藩校での剣術場の様相に関する研究―『鳥取維新前旧事実録』にみられる『尚徳館』での武術教育について」日本武道学会35回大会発表資料。
○ 全日本剣道連盟資料委員会（2001）『藩校における剣術実施状況』全日本剣道連盟。
○ 文部省（1902）『日本教育史資料』文部省。
○ 鳥取県立図書館（1970）『鳥取藩史』鳥取県立図書館。
○ 石川　謙（1977）『日本学校史の研究』小学館。
○ 今村嘉雄（1967）『十九世紀における日本学校体育の研究』不昧堂出版。

8-7　試合形式の変遷について

　剣道は竹刀を持ち互いに有効打突を競い合う競技である。したがって、相手と力量を比べ合う「試合」は古くからあった。しかし、文字通り「試し合い」の意味が強く、今日のような競技としての意味合いは薄かった。現在のような競技としての「試合」が定着するのは、明治末から大正時代にかけてである。そこで、試合の定着と試合形式と試合運営法の変遷をいくつかの事例からみていく。

1──演武会形式の対抗戦

　明治初年代は、宮廷や警察でたびたび演武会形式の試合が行われていた。しかしここでは、対戦する個々人の力量比べが目的であって、順位つけは目的ではなく、今日の京都大会のような立会い形式の試合が主であった。

2──紅白戦による対抗戦の台頭

　学校で剣道が復活した明治20年代から徐々に対抗戦が始まる。中でも旧制高校を中心に学校対抗戦や警察での対署試合では、紅白戦形式で行われ、両者間の優劣が強く意識されるようになる。すると競技として規則の整備が必要になり、"取り決め""心得"が事前にとり交わされ、初期の規則が生まれる。多くは対勝負による紅白戦であったが、抜き勝負により参加者の中から個人優勝者を決める高点試合も行われていた。

3──優勝大会の発生

　明治後期なると、スポーツの輸入や剣道の大衆化に伴い、多くの参加者の中から優勝者や順位を決める優勝大会形式の試合が行われるようになる。
　優勝大会では、試合者間の公平性が求められる。演武会や対抗戦のほとんどが、一試合場で行われるのに対して、優勝大会では、参加者も増え、複数の試合場で行われることもあり、試合場間での公平性が求められ、成文化した規則が必要となる。徐々に規則が整備されたが、全国統一されたものではなく、当初は大会ごとのローカルルール的なものであった。また、試合の運営方法にも公平性と効率が求められ、輪点戦、高点戦、勝ち残り戦、巴戦、リーグ戦トーナメント方式など運営方法が徐々に整備される。

4──優勝大会の形式の変遷（「明治神宮体育大会」での事例を通して）

　大正9年に明治神宮が造営されるが、当時の内務省は、造営を機会に、国民の体力向上、国民の士気の高揚を目的に総合体育大会を計画、大正13年10月に第一回の「明治神宮体育大会」を開催する。主催団体の変遷を経て、昭和18年の第十四回大会が最後となる。この大会は、各競技の競技規則や競技運営方法の確立、また、準備計画の段階で、各種目の交渉窓口となる競技連盟の組織的充実や予選会のための地方組織の充実などに大きな影響を与えた。この我が国初めての総合体育大会からは、大正末・昭和初期のスポーツの様相を詳しく知ることができる。剣道界も同様であり、年齢別、職域別の詳細な部門を設けた総合大会形式の本大会は、剣道の規則や競技方法など競技的側面、組織面の充実に影響し、戦前の剣道界に果たした役割は大きい。そこで、本大会の各回の報告書から剣道での試合方法の変遷をみていく。

▶第一回大会（大正13年）

　全国の中学校、宮内省、警視庁、武徳会各支部代表の参加を呼びかけ、五部門444名が参加した。青年団、在郷軍人の部以外の三部門は優勝者を決めない演武会形式の三本勝負で行われたが、青年団、在郷軍人の部は他競技との兼ね合いから（優勝旗を主催者が準備していたので）優勝者を決めることになり、在郷軍人の部は高点試合、青年団の部は勝ち残り決勝方式（トーナメントに類似）で行われ、優勝者が決定している。また、青年団の団体戦の部は、個人優勝者の所属する団体が優勝という取り決めで、個人優勝者が所属する団体が優勝となった。

▶第二回大会（大正14年）

八部門270名が参加している。試合は個人勝ち残り決勝方法（トーナメントに類似）、慎重を期すという理由から一回戦のみ三本勝負、以降は一本勝負で行われた。青年団の団体戦の部は、各団体から二名が個人戦を行い、個人個人が勝ち上がった数を得点とし、二人の合計点で団体の順位をつける形式で行われた。

▶第三回大会（昭和2年）
▶第四回大会（昭和3年）

ほぼ第二回と同じ方式で行われた。

▶第五回大会（昭和4年）

前年から始まった全日本学生剣道大会の第二回と本大会の大学高等専門学校の部が合同開催となり、本大会優勝者は第五回明治神宮体育大会大学高等専門学校の部優勝者であり、第二回全日本学生剣道大会優勝者でもあるという珍事が生まれた。この年から同年5月に行われた御大典天覧剣道大会（昭和天覧試合）の試合規則がそのまま流用され、以後この規則で行われた。

▶第六回大会（昭和6年）

予選、本選とも一本勝負となる。予選は全参加者が抽選で四試合行い、全勝者が本選に進み、勝ち残り方法で優勝者を決定する方式になった。

▶第七回大会（昭和8年）

それぞれの全国大会が充実してきたので、中等学校、大学高等専門学校、警察官の各部門は廃止され、一般の部が細分化される。また、専門家の部が設けられ、剣道教師や師範など剣道を職業としている専門家が参加するようになる。予選は一本勝負、本選は三本勝負で行われたが、この大会の規則から「七分を経過する時は一本勝負とする」と試合時間が明記されている。青年団の部は、この大会から個人戦と団体戦が別々になる。団体戦は二人戦形式で行われ、二人が順に戦い、一勝一敗の時は勝者同士が決定戦を行う方法がとられた。

▶第八回大会（昭和10年）

すべて三本勝負になり、制限時間は五分となる。また、今回から範士の立会いが無検証で行われ、教士の立会いが三本勝負で行われた。

▶第九回大会（昭和12年）

事変の影響から現役軍人・在郷軍人の部が休止され、小学校児童、尋常高等科児童の50組の特別試合が行われた。

▶第十回大会（昭和14年）

この大会から府県対抗の団体戦が主体となり、このときから団体戦がほぼ現在と同じ方式で行われている。中等学校の部は府県別の選抜選手で編成される三人戦、一般府県対抗の部は、35歳未満の成年、35歳以上の壮年、専門家で編成される三人戦が行われた。

▶第十一回大会（昭和15年）

戦技武道の影響により、試合はすべて一本勝負になる。一般府県対抗の部は、先鋒：小学校教員、次鋒：警察官、中堅：成年、副将：壮年、大将：専門家で編成される五人戦が行われた。この職域と年齢で編成される団体構成の考え方が、今日の都道府県対抗剣道大会に継承されている。

▶第十二回大会（昭和16年）

戦時下のため、青少年団、中等学校の部では選手の服装が稽古着、教練ズボン、または青年団服ズボンに改められ、青少年団も三人戦に統一された。一般府県対抗は、先鋒：産業従業者、次鋒：国民学校教員、中堅：警察官、副将：一般、大将：専門家で編成される五人戦が行われた。

▶第十三回大会（昭和17年）

「健民練成」の成果を発揮し、「実戦的演錬」を展開し、武道練成の成果を示すことを合言葉に開催されたが、状況下による稽古不足など、試合をすること自体が難しくなる。府県対抗も専門家による個人選手権のみが行われた。

このようにして剣道は大衆化と同時にスポーツとしての規則が整備され、競技化が進む。中でも団体戦が導入されることによって運営方法や競技方法での整備が進み、より剣道の競技化が促進された。特に我が国初の総合体育大会である明治神宮大会に剣道が参加したことは、剣道の競技化を考える上で重要な意味があったといえる。

（太田順康）

［文献］
○ 太田順康・長瀬聡子（2002）「明治神宮体育大会に関する研究―明治神宮体育大会と昭和初期のスポーツについて―」『大阪教育大学紀要』51-2、485-499頁。
○ 文部省・厚生省、他（1924〜1943）『明治神宮体育大会報告書』第一回〜第十三回　各巻。

8-8 加藤田平八郎の日記から武者修行の実態を探る

加藤田平八郎については、第1章-3（加藤田平八郎の剣術論について）で、二度にわたり武者修行を経験していることに触れた。ここでは、一度目の足跡を書き留めた加藤田伝書『歴遊日記』から当時の武者修行の実態を探る。

1 ──『歴遊日記』について

『歴遊日記』は、鈴鹿家蔵本中59号・加藤田文書に収められている。平八郎の一度目の武者修行については、「久留米藩の剣道師範加藤田新八は当年二十二歳にて文政十二年五月より十二月まで両豊・四国・中国・五畿内・伊勢・近江等二十ヶ国を廻国修行して九九八人と試合せしことは当時新八が認めし日記によりて明かなり」[1]と述べられている。また、『歴遊日記』の「まえがき」（資料1）に書き留められている行程の内容は、前述のものとほぼ一致している。この『歴遊日記』には、文政12年5月9日から同年12月8日までの武者修行の行程が、日付ごとにまとめられている。（表1）

行程は全部で90日間であり、これを稽古をした日としなかった日に分類した（2日間は欠落日）。
(1)稽古日（試合・刺撃等含む）…40日間

全日程の半数近く稽古をしているが、一日の稽古時間は、4時間位が最も多く、午前・午後の2回したことも数日あった。
(2)稽古をしなかった日（移動・観光・滞留等含む）…48日間

稽古をしないときは、ほとんどが移動または観光日で、一日に3～9里も移動することがあった。途中に名所旧跡があれば観光し、神社・仏閣に参ることが多かった。また宿泊は、全行程で50ヶ所を利用しているが、分類すると、①旅籠または商家…28ヶ所　②知人宅…15ヶ所　③茶屋…2ヶ所　④船中…2ヶ所　⑤道場…1ヶ所　⑥不明…2ヶ所である。

宿泊は、半数以上が旅籠または商家を利用し、毎晩、盛大なもてなしを受けていたようである。

2 ── 当時の武者修行の内容について

『歴遊日記』の記事を引用しながら、稽古の内容や場所と、使用した竹刀や防具などについてまとめると、以下のとおりである。

▶「五月二十四日・佐藤半吾、鈴木誠之助同道に於射場にて撃剣八ツ過より暮迄…」と射場において撃剣を行っている。

▶「六月朔日・朝五ツ半頃より川崎藤之亟小枚主柄導場にて終日試合、出席百四十人直心影流にて対決勝負を争ひ我慢の試合にて尠も勝を付、引揚る処を三四本も絶撃手荒き勝負にて数十人相手をして夜は余程疲し…」と一日中試合をし、自分はすべての試合に勝つことができたが、大変厳しい内容であった様子が窺える（資料2）。

▶「六月晦日・朝五ツ過商家の庭にて荒木兵蔵湯田新平両人立合候処、兵蔵極て歩合悪敷至極残念模様に相見也…」と商家の庭で立合いを行い、兵蔵が残念がる姿を書き留めている。

▶「七月三日・…八ツ頃より小志方へ行出席鮮兄弟三人格別之事も無之、残暑中土蔵の内にて試合誠に蒸気難堪困入候…」と土蔵の中で三兄弟と試合をして、非常に蒸し暑かった状況が述べられている。

▶「七月十四日・…仙左衛門神道無念流之師範立合候処未熟、無念流未突剣無之故突剣に甚だ恐怖にて当り軽しと云は、両三度づつも板張へ突附候に付、激念之色面に顕れ試合中門人も追て引取、不都合にて後悔致候」と立合いでの戦いぶりと自分の態度を後悔している。

▶「七月二十五日・…笹谷竹次郎方参り稽古所至て手狭八畳之土間に、門人共央に相敷候に付度各々へ引候様申候得共、兎角間合を詰る一刀流にて撓惣長さ三尺三寸位両人撓は、惣長さ三尺八寸位少寸延候故困候模様に相見也…」と狭い土間で、かつ流派によっての撓の長さが異なることに、かなり戸惑った様子が窺える。

▶「六月二十八日・…友八云然ば拙者共面籠手□

(□は解読不明文字。筆者は「庸」と解読)て試合致流儀にて、貴殿の流儀は素面素籠手に候得共…拙者之流儀は、面を隠し腹巻を掛け…」と平八郎らは、面・籠手を付けて試合をしていたことが理解できる。また、対戦者の表現に「腹巻を掛け」という個所があり、これは、現在の胴に相当するものである。

(村山勤治)

[文献]
1) 下川　潮（1931）『剣道の発達』大日本武徳会本部、301頁。
○ 村山勤治（1985）「鈴鹿家蔵加藤田文書『歴遊日記』について」『武道学研究』第17巻第1号、73-74頁。
○ 加藤田平八郎（1979）『加藤田日記』久留米郷土研究会。

資料1『歴遊日記』の「まえがき」

資料2『歴遊日記』「六月朔日」の稽古に関する内容

表1　加藤田平八郎『歴遊日記』にみられる武者修行の日程および行程（伏見から小倉までの月日は不祥）

1	久留米	5/9	25	奈美村	7/1	49	一ノ谷	8/6
2	秋月	5/10～5/12	26	福川	7/2	50	湊河（湊川）	8/7
3	桑原村	5/13	27	徳山	7/3	51	尼崎	8/8
4	吉井	5/14	28	高森	7/4～7/5	52	大坂（大阪）	8/9～8/10
5	日田	5/15～5/17	29	新湊	7/6		伏水（伏見）	
6	森	5/18～5/19	30	宮島	7/7		京師（京都）	
7	湯坪	5/20～5/21	31	音戸	7/8		津	
8	岡	5/22～5/25	32	尾道	7/9		二見ヶ浦	
9	石ノ上	5/26～5/28	33	福田	7/10		長谷寺	
10	臼井	5/29～6/1	34	笠岡	7/12		芳野山（吉野山）	
11	鶴崎	6/2	35	玉島	7/13		奈良	
12	府内	6/3～6/4	36	岡田	7/14		堺	
13	別府	6/5	37	岡山	7/15		浪華（浪速）	
14	日出	6/6	38	早島	7/16		明石	
15	立石	6/7～6/9	39	瑜伽山	7/17～7/18		瑜伽山	
16	宇佐	6/10	40	早島	7/19		丸亀	
17	中津	6/11～6/15	41	岡山	7/20～7/22		金比羅山	
18	神田	6/16	42	西大寺	7/23		波止浜	
19	小倉	6/17～6/20	43	岡山	7/24～7/25		御手洗	
20	馬関	6/21	44	一日市	7/26		広島	
21	吉田	6/22～6/25	45	香戸	7/27～7/28		馬関	
22	船木	6/26	46	赤穂	7/29～8/1		大里	
23	佐山	6/27	47	網干村	8/2～8/3		小倉	
24	山口	6/28～6/30	48	高砂	8/4～8/5		久留米	12/8

第 **9** 章 　評価法

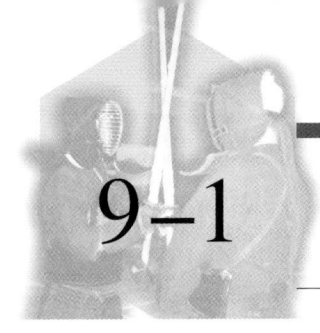

9–1 新学習指導要領に対応した剣道の評価

　従来の剣道の評価は、技能の出来ばえや課題の達成度にとらわれすぎたきらいがあり、どちらかといえば努力している側面が評価されにくい傾向にあった。これからの学習評価は、生徒が積極的に剣道に親しむことができたか、剣道の機能的特性に触れることができたかなど、生徒一人ひとりの良さや可能性を積極的に評価することが重要である。

1 ── 評価の観点

　観点としては、①剣道の楽しさを味わったか、②剣道の学び方を身につけたか、③剣道の技能、正しいマナーや行動の仕方がどの程度身についたか、④剣道の知識や理論に関する理解はどの程度深まったか、等が挙げられる。

　①、②については、体育の学習では、剣道の運動特性に触れて得られる楽しさや喜びを味わわせることがねらいとなるため、それがどれだけ達成されたか、そのための学び方を身につけたかが重要となる。③については、技能をただ単に数多く習得し、上手になればよいのではなく、どのような学習活動に取り組んだかが重要となる。マナーや行動の仕方についても剣道固有のものを身につけたかが重要となる。④については、剣道実践の理論的基礎となるものであり、どの程度理解しているかが重要であり、実際の運動場面での学習がより有効である。

2 ── 評価の方法

　評価を効果的に進める方法として、教師による他者評価とともに、生徒による自己評価や相互評価を有効に機能させ、学習者自身が自己の課題のできばえを確かめることができるよう、形成的評価を学習活動と一体のものとして位置づけることも重要である。そのことにより、「関心・意欲・態度」の情意面や「思考・判断」の認知面に関する適切な評価が可能となる。
①生徒による評価では、「自己評価規準」を具体的に提示し、目標の達成規準を明確にすることが求められる。そして、具体的な評価尺度となる学習カードやグループノート、VTRを有効に活用することが大切である。つまり、剣道の技能の全体構造を示し、技の完成までの見通しを理解させるとともに、その上達の程度を把握し、理解できるようにすることが必要となる。
②教師の評価においても、課題は適切か、つまずきはないか、剣道の楽しさを味わっているかなど、一人ひとりの学習の状況を総合的に評価していくとともに、自己の指導の成果を確認し、改善していくことが大切である。

3 ── 生徒の学習意欲を高める評価

　単に相対評価的な捉え方による順序づけ的な技能や知識の評価にとどまることなく、生徒一人ひとりの良さや可能性を見出し、その進歩の程度を積極的かつ適切に評価していかなければならない。そのことが生徒の自発的・自主的な学習の展開に結びつくことになる。これからは、剣道の学び方を身につけることを重視し、積極的に剣道に親しんでいこうとする資質や能力を評価することが大切である。したがって、技能重視に陥らず意欲、関心、思考力、判断力など一人ひとりの学習への取り組みや進歩の状況を総合的に評価することが重要である。個人カード、記録ノート、グループノートなどの学習資料には、学習のねらい、練習や試合の仕方、技術のポイントなどとともに活動記録などの項目を設け、指導はもとより、評価にも有効に活用できるよう創意工夫することが大切である。

　表1は、中学3年生における「関心・意欲・態度」についての具体的な評価規準の例である。その内容には、①運動の特性に触れる楽しさや喜びを体得しようとする（関心）、②継続的に進んで練習しようとする（意欲）、③礼儀作法を重んじる（社会的態度）、④勝敗や結果を受け入れる（公正な態度）、⑤練習環境や自他への安全に留意

する（安全への態度）、が含まれている。表2は、単元目標から導かれる具体的な評価規準の「Bおおむね満足できる」を3年間の高まりや発展を見通し設定したものである。1・2年生との密接な関係のもとに設定することが大切である。

（岡嶋　恒）

[文献]
- 国立教育政策研究所教育課程研究センター（2002）「評価規準の作成、評価方法の工夫改善のための参考資料（中学校）―評価規準、評価方法等の研究開発（報告）」。
- 岡嶋　恒（2002）「学校体育指導者中央講習会中・高等学校剣道班指導要領」独立行政法人教員研修センター、79-86頁。

表1　単元の目標・単元の評価規準・具体的な評価規準　　　（中学3年生「関心・意欲・態度」の例）

単元の目標	単元の評価規準	具体的な評価規準
自分に適した技を習得し、相手の動きに対応した攻防の楽しさや喜びを味わおうとする。	自分に適した技を習得し、相手の動きに対応した攻防の楽しさや喜びを味わおうと進んで練習しようとする。	① 剣道を楽しんでいて、自分に適した技を習得する喜びや相手の動きや技に対応した攻防の楽しさを味わおうとする。（関心） ② 技の習得につまずいてもあきらめずに、互いに協力し、進んで練習しようとする。（意欲）
礼儀作法を重んじて、相手を尊重する態度をとろうとする。	礼儀作法を重んじて、相手を尊重し、勝敗に対して公正な態度をとろうとする。	③ 礼儀作法を重んじ、相手の技の良さを認め合おうとする。（社会的態度） ④ 勝敗や結果を公正な態度で受け入れようとする。（公正な態度）
用具や服装、練習場などの安全を確かめたり、練習や試合をするうえでの安全に留意しようとする。	用具や服装、練習場などの安全を確かめたり、練習や試合をするうえでの安全に留意し取り組もうとする。	⑤ 用具や服装、練習場などの安全を確認しようとし、練習や試合をするうえでの自他の安全に留意し取り組もうとする。（安全への態度）

表2　中学校「関心・意欲・態度」の「具体的な評価規準」　　　「おおむね満足できる（B）状況」の例

第1学年	第2学年	第3学年
① 自分に適した技を習得する喜びを味わおうとする。	① 自分に適した技を習得、相手の動きに対応した攻防の楽しさを味わおうとする。	① 剣道を楽しんでいて、自分に適した技を習得する喜びや相手の動きや技に対応した攻防の楽しさを味わおうとする。 ② 技の習得につまずいてもあきらめずに、互いに協力し、進んで練習しようとする。
② 礼儀作法を重んじようとする。	② 礼儀作法を重んじ、相手を尊重しようとする。 ③ 勝敗に対して公正な態度をとろうとする。	③ 礼儀作法を重んじ、相手の技の良さを認め合おうとする。 ④ 勝敗や結果を公正な態度で受け入れようとする。
③ 用具や服装、練習場などの安全を確かめようとする。禁じ技を用いない。	④ 用具や服装、練習場などの安全を確かめ、練習や試合をするうえでの安全に留意しようとする。	⑤ 用具や服装、練習場などの安全を確認しようとし、練習や試合をするうえでの自他の安全に留意し取り組もうとする。

9-2 基本打突の評価―基本判定試合の活用

1 ── 少年剣士の思い

　少年の剣道に対する考えや思いについての意識調査[1)2)]は数多く行われている。その中で、小中学生は「試合で勝つこと」に対して非常に強い関心を示していることが報告されている[3)]。しかし、剣道を始めて間もない初心者や初級者が通常の勝負試合を行うには、基本動作・基本打突などの基礎技能を習得しなければならず、そのため多くの時間を要することになる。そこで、その基礎技能の習熟度や習得過程に応じ、試合形式で楽しむことができる方法の一つが基本判定試合である。これは、初心者や初級者を対象として、剣道の基本動作や基本打突の定着度を評価し、判定する試合方法である。基本は短時間に身につくものではない。しかし、繰り返し行われる基本稽古の大切さを認識させ、継続して行わせるためには、確固たる動機づけや目標を持たせることが重要になる。

2 ── 審査会方式による基本判定試合

　基本判定試合については、全国各地域で行われているが、ここで紹介する基本判定試合の特徴的なところは、審判員は記録用紙をもとに評価・判定を行っている点である。審判員は、段・級審査会のように3人が横一列に並び、競技者を評価し、判定する（図1）。記録用紙には観点別（打ちの強さ、気のつながり、正確度、リズム、スピードなど）の評価項目が並べてあり、判定の根拠が明示できるようになっている（表1）。立会いは、審判員が表示する審判旗を見て勝敗の宣告を行っている。参加者は3つのクラス（初級：級なし〜8級、中級：7・6級、上級：5〜1級）に分け、内容については、高校生の元立ちに対し、初・中級の部は、切り返し、面打ち、胴打ち、小手―面打ちを行っている。上級の部は、切り返しと打ち込みを合わせて30秒間を行っている。本大会に参加した小学生126名に対しアンケート調査[4)]を実施（回収率は86.5％）したところ、基本判定試合は面白いか（図2）、基本判定試合は役立つか（図3）、これからもやってみたいか（図4）という質問に対し、肯定的な回答を得ることができ、日常の基本稽古への動機づけにプラスの作用をもたらすことが確認できた。また、多くが剣道経験の浅い者であるため、試合をすることにより自分がどのくらい基本技能を身につけているのかを知る手掛かりにもなると考えられる。その結果を受けて、負けた者は基本の何が足りなかったのか、何が劣っていたのかを確認し、指導者もこれからの基本稽古に役立てることが可能となる。

3 ── 基本判定試合の有効活用

　全国の道場指導者へのアンケート調査[5)]の中で、「基本稽古にかける時間」をみると、30分〜39分がいちばん多く、稽古時間の半分近くを費やしている。つまり、剣道指導者は基本稽古に多くの時間を費やし、基本の重要さを子どもたちに教えていることが推察できる。幼少年指導時における、基本の取得には反復練習が不可欠であり、剣道の基本を習得させる過程で、試合形式を導入しての指導は、子どもたちに基本稽古への関心・意欲を高めさせるとともに、同じレベルの者同士で競い合う場として機能させることも可能である。また、基本動作の習熟度を他との比較の中で自己評価する上でも有効であると考えられる。

　この基本判定試合は、学校体育における剣道授業の中でも生かすことが可能である。これからの剣道の学習指導は、生徒の今持っている力量に応じて練習や試合をさせ、運動を楽しみ、深めていけるような自発的・自主的な学習を促進していかなければならない。そのためには早い時期から試合を取り上げ、生徒が意欲的に学習に取り組んでいく学習指導の工夫が必要である。さらに、この基本判定試合の評価記録を分析して、指導資料の一つとして子どもたちと指導者の両者にフィードバックさせることは学習効果を高める可能性を含んでいる。今後は、この点についてのさらなる工

夫・検討が必要である。

(岡嶋　恒、増谷大輔)

［文献］
1) 岡嶋　恒他（1997）「道場に通う小学生の剣道に対する意識—剣道の試合実績と練習頻度による意識の違い—」『武道学研究』第29巻第3号、36-43頁。
2) 木原資裕、他（1997）「小・中学生と高校生・大学生の剣道観の比較検討」『武道学研究』第29巻別冊、29頁。
3) 全日本剣道連盟科学委員会調査部（1996）「小中学生の剣道観」、全日本剣道連盟。
4) 増谷大輔（2000）「剣道における幼少年指導に関する一考察—基本判定試合の活用—」大学院教育学研究科修士論文、16-21頁。
5) 『月刊剣道日本』スキージャーナル、12-35頁、1983年。

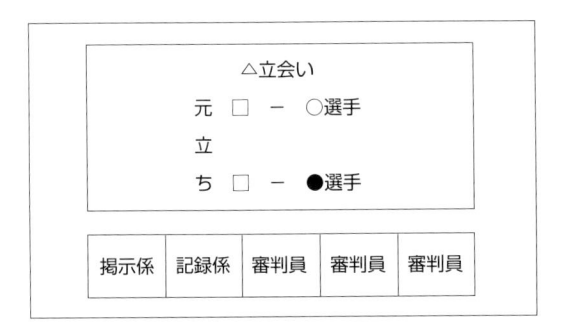

図1　基本判定試合会場

表1　基本判定試合記録用紙

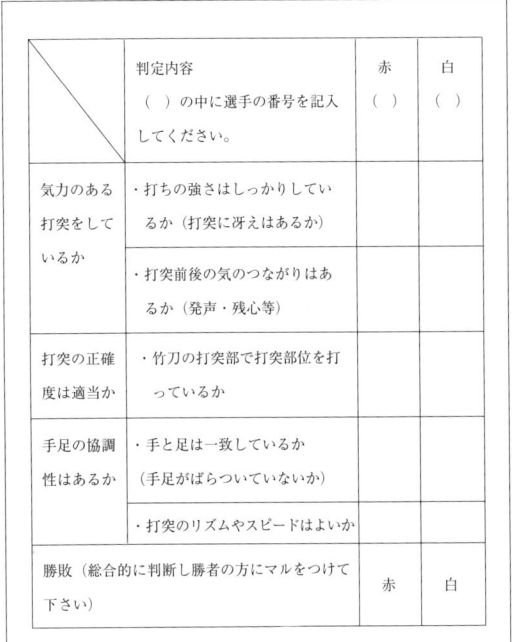

	判定内容 （ ）の中に選手の番号を記入してください。	赤 （　）	白 （　）
気力のある打突をしているか	・打ちの強さはしっかりしているか（打突に冴えはあるか）		
	・打突前後の気のつながりはあるか（発声・残心等）		
打突の正確度は適当か	・竹刀の打突部で打突部位を打っているか		
手足の協調性はあるか	・手と足は一致しているか（手足がばらついていないか）		
	・打突のリズムやスピードはよいか		
勝敗（総合的に判断し勝者の方にマルをつけて下さい）		赤	白

※これらの項目を3段階で評価する。非常に優れている場合をA、劣ると思われるものをC、どちらともいえないものは空欄で記入する。

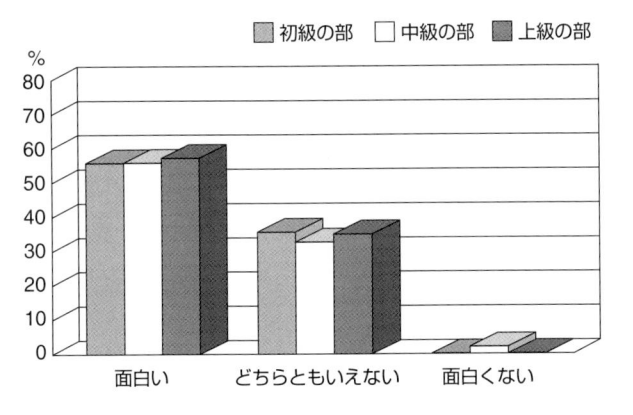

図2　基本判定試合は面白いか

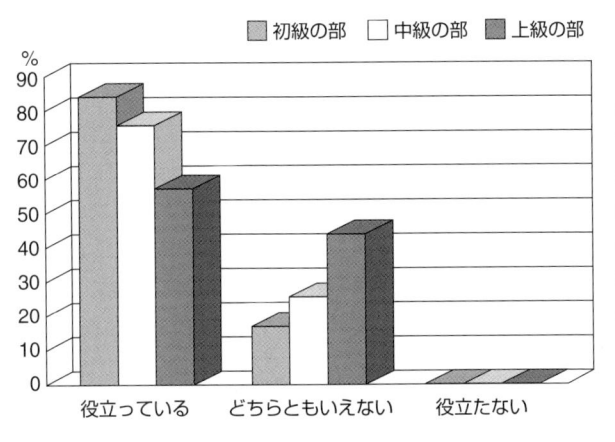

図3　基本判定試合は役立つか

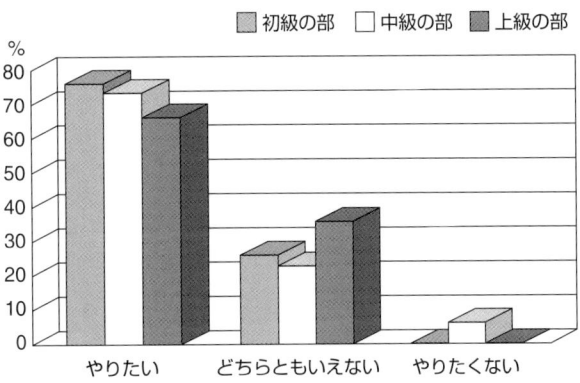

図4　基本判定試合をこれからもやってみたい

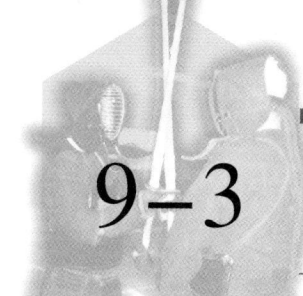

9-3 気剣体一致の評価―すり足打突と踏み込み足打突

剣道は、有効打突（一本）を取り合う競技であり、気剣体一致は有効打突の条件となる。

「気は打突の意志とその表現である掛け声、剣は竹刀、体は踏み込む足と腰の入った姿勢をそれぞれさし、三者が打突時に一致すること」[1]とあるように、掛け声、打突動作、足さばき（身体移動）と姿勢の各要素が協調性を持ったときに気剣体一致の動作となる。

1 ― すり足打突と踏み込み足打突

すり足と踏み込み足は、打突するときの足さばき（身体移動）の方法であり、基本的に中段の構え、一足一刀の間合いから打突する。

1. すり足打突

すり足は、足の裏をなるべく床から離さず、床を滑るように移動する足の運び方である。打突動作（上肢）と移動動作（下肢）の関係は、右足着床―打突―左足引きつけとなる。

2. 踏み込み足打突

踏み込み足は、剣道特有の足運びであり、踏み込んだとき右足は床から離れる。打突動作（上肢）と移動動作（下肢）の関係は、右足着床と同時に打突（一致）できるようにといわれているが、実際の運動経過は、打突―右足着床―左足引きつけとなる。（図1、2）

男子の踏み込み足正面打ちで、右足から床面に加わる垂直下方向への足の力は平均800kgという報告がある[2]。正しい動作ができなければ右足の踵を傷めやすい。

2 ― 評価項目と評価法

気剣体一致を目標に、すり足打突と踏み込み足打突を評価する場合、フォームの完成度（運動の質）という視点から評価をする必要がある。以下試案を提示する。

1. 評価項目

① 間合：一刀一足の間合から打突できる。
② 竹刀の振り方：左こぶしの下から相手の打突部位が見えるところまで竹刀を振り上げることができる。竹刀の軌跡が正中線上を通っている。
③ 打突の正確さ：竹刀の打突部（物打ち）で打突部位（面、小手、胴、突き）を正確に打突できる。
④ 足さばき：すり足で滑らかに素早く移動できる。踏み込み足は、右足を高く上げすぎない、左足を跳ね上げない、打突後左足を素早くひきつける。
⑤ 上肢下肢の協調：すり足打突では「右足着床―打突―左足引きつけ」、踏み込み足打突では「打突―右足着床―左足引きつけ」の各協調動作が正確にできる。
⑥ 姿勢：すり足打突では移動の際腰の上下動が少ない。踏み込み足打突では竹刀の振り上げ振り下ろしのときに腰を曲げない。
⑦ 掛け声：メン、コテ、ドウ、ツキと掛け声をかけることができる。
⑧ 打突後：踏み込み足で打突後、正しく振り向いて残心を示すことができる。

2. 評価法

すり足、および踏み込み足打突における気剣体一致は、フォームの完成度（運動の質）からの評価となる。方法としては表1のような技能チェック調査票を作り、各項目をチェックして評価する方法、あるいは「掛け声」、「打突（竹刀操作）」、「姿勢」、「足さばき」などの項目から剣道技能プロフィールを作成して評価する方法など、いろいろな方法が考えられる。また、問題発見・問題解決能力の向上の観点から、個人内評価など学習者自身による評価も必要であろう。

いずれにしても評価をするためには、指導者自身が剣道のビデオなどによって気剣体一致、すり足打突、踏み込み足打突をよく理解しておく必要がある。

（折口　築）

[文献]
1) 全日本剣道連盟編（2001）『幼少年剣道指導要領「改訂版」』全日本剣道連盟、153頁。
2) 安藤宏三・百鬼史訓・小沢 博（1987）『グラフィック剣道』大修館書店、20頁。
3) 竹田隆一（1992）「剣道の運動構造の解明」全国教育系大学剣道連盟編『ゼミナール現代剣道』、224頁。

表1　調査票例（指導者による評価）

すり足打突	評価
①正しい間合で打っているか	(　　　)
②竹刀の振り上げは小さくないか	(　　　)
③正面を正確に打っているか	(　　　)
④左足を素早く引きつけているか	(　　　)
⑤正面打撃と右足着床の関係は	(　　　)
⑥面を打ったとき、左ひじが極端に曲がっていないか	(　　　)
⑦面を打ったとき、右こぶしは肩の高さにあるか	(　　　)
⑧竹刀の軌跡が正中線から外れていないか	(　　　)
⑨「メン」と掛け声をかけているか	(　　　)

踏み込み足打突	評価
①正しい間合で打っているか	(　　　)
②竹刀の振り上げは小さくないか	(　　　)
③正面を正確に打っているか	(　　　)
④左足を跳ね上げていないか	(　　　)
⑤正面打撃と右足着床の関係は	(　　　)
⑥面を打ったとき、左ひじが極端に曲がっていないか	(　　　)
⑦面を打ったとき、右こぶしは肩の高さにあるか	(　　　)
⑧竹刀の軌跡が正中線から外れていないか	(　　　)
⑨「メン」と掛け声をかけているか	(　　　)
⑩打突後、残心を示しているか	(　　　)

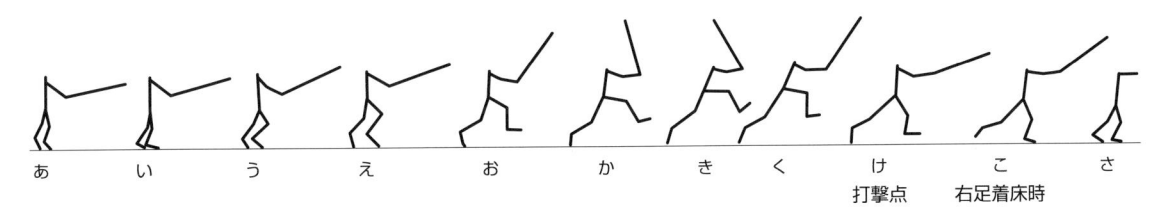

あ　い　う　え　お　か　き　く　け　こ　さ
　　　　　　　　　　　　　　　打撃点　右足着床時

図1　習熟者の「面打ち」の運動経過[3]

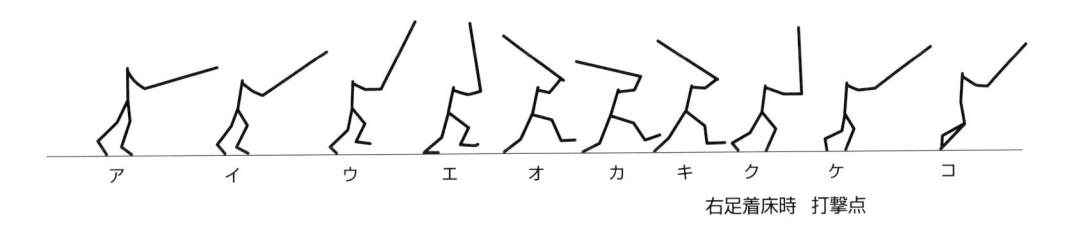

ア　イ　ウ　エ　オ　カ　キ　ク　ケ　コ
　　　　　　　　　　　　右足着床時　打撃点

図2　未習熟者の「面打ち」の運動経過[3]

9-4 有効打突の評価

　剣道は技能の上達を手がかりとしながら、その修錬の過程で独特の行動規範を学び、あるいはさまざまな心理的・情意的刺激を享受することによって人間性を高めようとする伝統的な運動文化である。

　技能の中心課題は対人的攻防技術にあるが、基礎的な個人技術の正確な修得は、対人運動としての打突運動の成否にとって不可欠の要因となる。基礎的な個人技術とは、一つは前方への急速な移動運動時（踏み込み動作）の上体の安定した腰の水平移動であり、もう一つは竹刀の運動軌跡と竹刀の向きとの一致（刃筋）である。そしてさらに打突の意志が明らかに表現（十分な声量による打突部位の呼称）として伴わなければならないという特徴を持っている。

　対人的技能として発揮された、気（充実した攻撃の意志）と剣（刃筋）と体（安定した働態）とが打突の瞬時に適正に一致し、必要にして十分な打突力として発揮されたか否かが評価の対象となる。さらに打突の後にも体勢や気勢の余韻が十分に備わっているか（残心の有無）も、打突の有効性を判定する際の重要な評価の対象となる。これらは"気・剣・体の一致"と表現されており、初心の段階から基本動作（素振りなど）や基本打突の反復運動によって習熟が図られなければならないと同時に、修錬の過程を通して常に意図的に追求されるべき対人的技能の中核をなすものである。つまり技能の上達とは、質の高い有効打突を発揮する能力の向上ということができる。

1 ── 有効打突の条件と諸要素

　瞬時に展開される対人的技術としての打突運動の成否は、"気・剣・体一致"の完成度（満足度）によって判定されるものであり、試合・審判規則第12条に以下のように示されている。

「有効打突は、充実した気勢、適正な姿勢をもって、竹刀の打突部で打突部位を刃筋正しく打突し、残心あるものとする。」

　これは有効打突の条件を示しているが、それらは右の図に示すように、剣道技能の特徴である対人的攻防技術の理合に叶っているかどうかが同時に問われることになる。つまり、理合を構成する次のような有効打突の要素も判定（評価）の重要なポイントとなるのである。

①間合：相手との空間的な状況をいかに有効に自己の打突運動に結びつけたか。
②機会や拍子：打突に至る時間的な状況は、いかにして有意に作り出されたか。
③体捌き：相手の攻防動作に対応して、自己の体勢をいかにして有効に働かせたか。
④手の内の作用：瞬時の移動運動が竹刀操作の終局に、いかに合理的に連結されているか。
⑤強さと冴え：④との関連で打突の衝撃力は必要にして十分であったか。

2 ── 判定力（評価力）の形成をめぐって

　以上のような有効打突の条件や要因の完結度を瞬時に判定（評価）する際には、競技者の習熟度（錬度）や多彩な技の種類によって、その基準を適切に設定することが重要な判定者（評価者）の課題となる。

　また、体育授業における剣道学習の成果を形成的に評価する際には、学習内容との関係性を重視しなければならない。つまり、諸条件・要因はそれぞれが単独に評価の対象となるのではなく、一瞬に生起する現象に内在する条件や要素を総合的に判断して評価するものである。このような極めて高度な作業を初歩的段階から課すことは困難であると認識しなければならない。技能の向上と判定（評価）の能力とは相乗的に変化するものであり、学習内容に関係の深い条件や要因に限定して、判定（評価）活動を体験的に学習させ、剣道の技能理解を深めさせる手だてを講ずるべきである。

　また、判定はall or nothingではなく、5段階評価を用いるなどして、いくつかの条件や要素との関係で総合的判定（評価）を決定するという剣道技

能の特性の理解を深めさせたいものである。さらに、打突の有効性は第三者よりも競技の当事者、特に打突を被った側の事実認識のほうがより確実な判定（評価）であることも考慮されなければならない。そこで、打突者・被打突者の判定（評価）も加味して、第三者としての判定（評価）者の判定力（評価力）を高める工夫も必要となる。

3 ― 判定（評価）の陥りやすい問題

先に述べたように、有効打突は諸々の条件や要因が相互に関連し合って一瞬に生起するものであり、判定（評価）にあたっては、その視点がいずれかの条件や要素に偏ってはならない。以下、偏りやすい条件・要素と見落としやすい条件・要素をあげ、有効打突判定（評価）の妥当性を高める研究材料としていただきたい。

1. 偏りやすい条件・要素
① "機会"を重視しすぎてはいないか。
　タイミングさえ良ければすぐに有効と評価する傾向はないか。
② "打突部位"にのみ注目していないか。
　当ったか否かのみに意識が集中していないか。

2. 見落としやすい条件・要素
① "不適正な姿勢"を見落としてはいないか。
　竹刀の動きに注目しすぎて、当たれば有効と評価していないか。
② "玄妙な技"を見落としてはいないか。
　スピードや先の技を尊重するあまり、引き出して軽妙に応じた技を見落としてはいないか。
③ "刃筋"を見落としてはいないか。
　竹刀の握り方や太刀筋の悪癖を見落としてはいないか。
④ "残心"を見落としてはいないか。
　打突時の気勢や打突部のみに注目して評価していないか。

（角　正武）

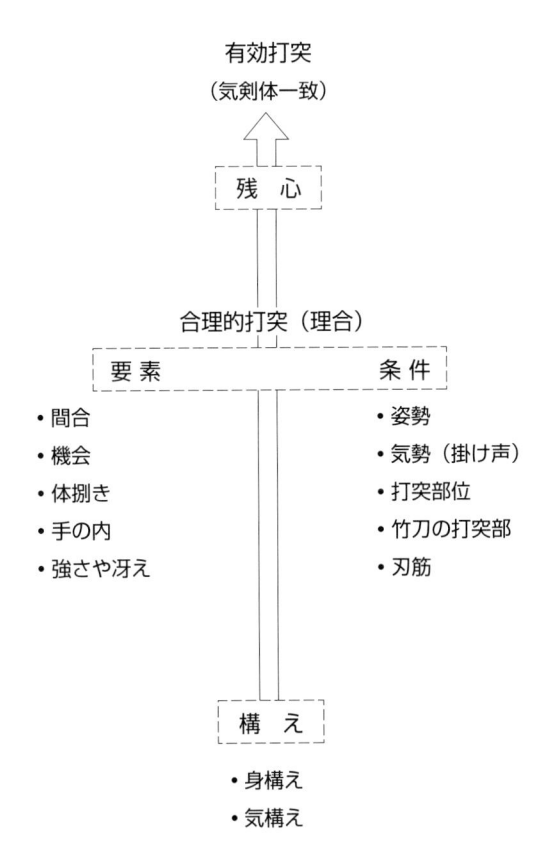

図1　有効打突の構成

[文献]
○ 福本修二（2003）『0から分かる剣道審判法』体育とスポーツ出版社。

9-5 審判の評価

剣道の修錬過程における試合の体験は、重要な意味をもつことは異論の余地はないけれども、今日ではさまざまな問題点も指摘されている。

つまり、平素の稽古が競技偏重に陥って、試合に出場して勝てばよいという競技志向や勝利至上の考え方が横行しているのである。勝つことをめざして努力する姿勢は好ましい態度であるが、試合の結果に拘泥すると剣道の内容が劣化しやすいことは否めない。特に幼少年期の初心の段階では、指導者や保護者が剣道修錬の目的を誤まらないようにし、試合経験はごく少なくして、稽古そのものに興味を持って取り組ませることが大切である。初級の段階（初段～三段あたり）においては、試合体験を厳選して課題に気づかせることに重点を置くべきであり、中級の段階では、試合の結果よりも内容について自ら反省する態度を養成したいものである。

以上のことがらは指導の側面であるが、剣道を良くする立場から試合を運営し判定を下す審判の役割も少なくない。審判は、勝敗の結果を明らかにする任務と試合を運営する任務を併せ持っており、その両側面において試合者を納得させ、かつ剣道をより正しい方向に導く重責を負っているからである。

剣道の試合審判は、極めて高度な剣道理解に基づく判定能力と試合運営能力を問われるので、高段位者にしか務まるものではないが、高段位者が必ずしも有能な審判たり得ないこともまた事実である。つまり、審判にはそれ相当の理解力や判定能力、または態度が要求されるのである。剣道の競技志向が極めて強くなってきていることや、未熟な競技者の試合を判定によって善導することの必要性の増大、あるいは映像機器の普及によって運動場面の再現が容易になったことなどを背景に、審判能力を高めるための評価の必要性は増している。

1 — 審判の何を評価するのか

1. 打突の有効性の判定力

剣道の打突運動は、①瞬時の現象である、②多彩な条件や要素を総合的に判断しなければならない、③相対的要因を加味しなければならない、④独特の規範を持っている、など極めて複雑な要素を含む一過性の現象である。したがって、剣道の"わざ"に関する高度の見識や体験が十分であるかどうかが問われ、さらにその判定の妥当性・客観性が問われることになる。

2. 反則行為の判定力

剣道の試合者に求められるのは、剣の理法を全うし公明正大に競技する態度である。したがって、故意に反則行為を行うことは厳に慎まなければならないのは当然である。しかしながら、過失や技能の未熟さのゆえに規定された禁止行為に抵触したり不適切な行為に陥ることがある。また、近年反則行為ギリギリの行為によって自分有利に試合を展開しようとする傾向も散見される。

したがって、反則行為の判定にあたっては、まず、公平無私の態度が貫かれているか否かが問われる。さらに事態の原因と結果の関係を見極めて、違法性・不当性の適用範囲を厳格に堅持しているか否かが問われることになる。

3. 試合の運営能力

審判は試合中のすべての事態を正しく判断して、適正に運営することによって、試合を活性化し、試合者に技能のすべてを発揮させなければならない。現行の三審制においては、判定の権限は三者同等に有するけれども、試合の運営に関しては主審にその責任と権限が委ねられている。試合の開始・中止・再開・終了の宣告や表示における姿勢やタイミングや声量なども評価の対象となる。

また、試合者の打突行動を正しくとらえるための位置どりの適否や三審判員の連携の取り方も判定と深く関わるがゆえにその適否が問われることになる。

4. 審判としての品位や風格

　審判は試合者の打突行動のすべてを評価し判定する立場にあり、その判定には絶対的な権限が与えられている。しかしながら、"審判員自身も評価を受けている"という事実を認識しなければならない。

　したがって、判定にあたるときの態度はもとより、試合場への入退場や控え席での態度についても剣道人としての完成度が問われることになる。また、服装や審判旗の取り扱い方、あるいは宣言の明瞭さなども試合者のみならず、関係者や観衆の注目を集めていることも自覚されなければならない。

2 ── 審判力はどのように形成されるか

1. 規則を熟知し、その解釈について研究する

　現行の「剣道試合・審判規則」「剣道試合・審判細則」「剣道試合・審判運営要領」などを精読し熟知することはもちろんのこと、審判の使命・任務・資格などについて熟慮して自覚をもって審判に臨む態度を平素から培っておくことが大切である。経験則のみに頼っていたのでは、審判力は低下するのみである。

2. 剣道の"わざ"の理合に精通するよう自己の稽古を通して努力する

　他者の試合において多彩に発揮される"わざ"を判定するためには、何よりも自らがその"わざ"を履行できなければならない。したがって、平素から"わざ"の理合に叶った稽古を積むことは審判として欠くことのできない研修の内容である。また、予定される試合者相当の人びととの稽古を通して、その技能の特徴や発生しやすい反則行為などについても熟知しておかなければならない。「最近稽古は行っていないけれども審判ならできる」などという態度は厳に慎むべきである。

3. 数多く審判を経験し、自らを反省するとともに優れた審判から学び取る態度をもつ

　高段位者必ずしも適正な審判たり得ないことを自覚して審判の経験を積むことが大切であると同時に、自らの審判内容について他者の意見を徴して反省する態度を持つことは審判力向上に欠かせない。独善や主観のみを保守していたのでは審判力が高まらないばかりか、剣道人としての品位や風格を欠き、信頼を失うことになりかねない。

4. 審判することが剣道の伝承に強く影響していることを自覚する

　審判の判定は試合者の価値観を形成し、観衆の剣道理解にも影響を与えるものである。したがって、審判を単に大会の役割分担ととらえるのではなく、剣道の文化的継承を負う重大な責任を委託されているととらえるべきである。したがって、審判法講習会や審判会議に、積極的に参加して研修すると同時に、自分の考えを率直に述べて謙虚に他者の意見を参考にすることが大切である。

　以上のように審判の評価は、現在では他者評価よりも自己評価に委ねられる部分が多いけれども、公認審判員制度や審判員査定制度などを検討して、剣道の審判力を高めることが大きな課題となっていることを付記しておく。また、審判員の査定は、そのことによって当該審判員を評定するものではなく、審判力の向上ひいては剣道を良くする方策ととらえて、剣道組織（連盟）の制度確立を待つのではなく、各種の大会で実績を積み上げることが求められていると考えるべきである。

（角　正武）

［文献］
- 『剣道試合・審判・運営要領の手びき』全日本剣道連盟、2003年。
- 福本修二（2003）『0から分かる剣道審判法』体育とスポーツ出版社。

9–6 スキルの評価

剣道のスキル（技能）評価は、試合の勝ち負け、昇段審査の合否などでなされ、そのほとんどが高段者あるいは指導者の主観に任せられている。それゆえに高段者あるいは指導者の力量が問われ、高段者や指導者によって評価に違いを生じてきた。一方、剣道を体育の教材として取り上げた場合、教師にとっても学習者にとっても剣道のスキルを適切、妥当に評価し知る手段を有していることは必要である。しかし、正課剣道を担当する教師で段を有している者はむしろまれである。ここでは[1][2][3]、体育教師にも参考となるスキルテストとその評価法の一例を示してみる。なお、このテストは個人の上達を縦断的にみるものであり相対的に評価するものではない。

1 ── 前進・後退素振りテスト

テストのねらいは、スムーズな足さばきと素早く連続して打ちができるかどうかをみるものである。

1. 準備するもの

① 竹刀：長さは中学生男女とも114cm、重さ男子440g、女子400g。高校生の竹刀の長さは男女とも117cm、重さ男子480g、女子420g。
② 受け手用竹刀：打ち込み用竹刀と同様のものを使用する。
③ ラインテープを床に2本貼る。ラインの間隔は40cmとする。
④ 計測するもの：1000分の1秒まで計測できる時計。

2. 実施要領（写真1）

① 打撃者は「用意」で右足先をラインの外に位置して中段に構える（**写真1**）。受け手は受け手用竹刀を160cmの高さに両手で保持する。
② 「はい」の合図で、打撃者は受け手用竹刀を前進・後退しながら打突を繰り返す。20秒間にできるだけ数多く打突する。
③ 受け手は被験者に合わせて前進・後退する。また、打突回数を数える。
④ 2回の試技で数の多いほうを記録とする。
⑤ 竹刀の振りかぶりは背中につくまでとし、つかないときは回数に数えない。
⑥ 打撃者の右足がラインを越さないときは注意を与え、やり直しとする。

2 ── 連続小手面打ちテスト

テストのねらいは、気剣体一致した小手面打ちの素早さをみる。

1. 準備するもの

① 竹刀：普通の117cmの竹刀を使用する。
② 補助員10名の立つ位置にラインテープを貼る。
③ ラインテープを床に貼る。スタート時点に1本とスタート位置から2m、3m、6m、7m、10m、11.3m、14.3m、15.6m、18.6m、20mの距離に貼る。
④ 計測するもの：1000分の1秒まで計測できる時計。

2. 実施要領（写真2）

① 補助員10名は、床のラインテープの所に立つ。すなわちスタートラインに近いところから小手（高さ110cm）、面（高さ160cm）、小手、面と交互に竹刀を持って立つ。
② 打撃者は、「用意」で左足先をスタートラインに合わせ、中段に構える。
③ 「はい」の合図で、打撃者は前方の打ち込み竹刀を連続して打撃する。打撃は小手、面、小手、面と面と小手を交互に打撃し、合計10本打撃する。
④ 時計係は、「用意」「はい」の合図から10本の打ち込み竹刀の10本目を打撃するまでの時間を計測する。
⑤ 記録は、少数第2位を四捨五入して、少数第1位まで求める。2回の試技で時間の小さいほうを記録する。
⑥ 試技の時、左足が右足の前に出て走る動作になったり空振りした場合はやり直す。

3 — 評価表

表1、2に中・高校生を対象とした評価値を三段階で示した。

（惠土孝吉）

［文献］
1) 惠土孝吉、他（1988）「剣道のスキルテストに関する基礎的研究（Ⅰ・Ⅱ）」『金沢大学教育学部教科教育研究』24巻、29-37頁。
2) 惠土孝吉、他（1989）「剣道のスキルテストに関する基礎的研究（Ⅰ・Ⅱ）」『金沢大学教育学部教科教育研究』25巻、1-8頁。
3) 惠土孝吉、他（1991）『練習法百科、剣道』大修館書店。

写真1　前進・後退素振りテスト

写真2　連続小手面打ちテスト

表1　中・高校生を対象とした技能評価（男）

項目　評価	やや劣る	普通	優れる	備　考
前進後退素振り（回）	−26.0	27.0−29.0	31−	20秒で
連続小手面打ち（秒）	−5.07	4.60−4.84	4.33−	20mで

表2　中・高校生を対象とした技能評価（女）

項目　評価	やや劣る	普通	優れる	備　考
前進後退素振り（回）	−23.0	24.0−26.0	29.0−	20秒で
連続小手面打ち（秒）	−5.49	4.90−5.17		20mで

9-7 授業の評価—教師行動の分析

1 — 授業の評価

　授業評価は、教師の教授活動場面などに焦点を当て、授業の効率化や問題点の改善を図り[1]、よい授業を生み出すことを目的としている。教授活動場面は、授業計画・授業過程・授業成果の各段階に表出する。このうちの授業過程段階において、外観可能な教師行動・学習者行動を組織的観察法（Systematic Observation System）により数量化し、授業の評価につなげることが可能となる。

2 — 4大教師行動

　体育授業中の教師行動について高橋[2]は、日本の体育授業における教師行動が、①マネジメント（27.0％）、②直接的指導（21.3％）、③巡視（25.8％）、④相互作用（21.5％）の「4大教師行動」から成り立っていることを確認した。同時に、個々の子どもを対象として技能的な肯定的・矯正的フィードバックを営むことが、授業の雰囲気を良くし、子どもの授業評価にプラスに影響することを明らかにしている。この研究結果は、おもに小・中学校の体育授業を対象としている。しかし、剣道の授業における教師行動を取り上げた先行研究はきわめて少ない。

3 — 剣道授業の事例

　浅見ら[3]により、ある高校の9回分の剣道授業における教師行動について、VTR機器により映像・音声を収録し、頻度や時間比率を算出し、4大教師行動について報告したものがある。

　その分析結果（図1参照）によると、直接的指導の割合が小学校教師に比べて多く、逆に相互作用が少ないことが特徴であった。

　直接的指導場面の頻度が多い授業は、教師主導の色合いが濃い授業になり、その頻度が多すぎると、学習の勢いを奪ってしまい、授業の雰囲気や生徒の活動意欲を減退させてしまうことが報告[4]されている。

　剣道単元の生徒は、ほとんどが初心者であったことから、教師主導の授業スタイルがとられたことは頷けるが、体育授業の目的でもある「生涯スポーツへの展開」という観点からすると、生徒の自主的な活動を取り入れていくことが求められ、直接的指導場面の頻度や時間量を減少させることが必要と言える。

　表1は、毎時間の教師の相互作用の頻度を示している。相互作用の平均値を見ると、高橋ら[5]の報告では平均91.9回とされているので、運動学習時間内に教師が生徒に関わる回数が少ないことがわかった。その内容では、肯定的フィードバックと否定的フィードバックはほとんど観察されず、発問は単元を通してほとんどなかった。高橋は、「肯定的・矯正的フィードバックや励まし」を積極的に営めば、授業評価の向上に有効に作用するとの示唆を得られた[2]と述べている。ここで取り上げた剣道単元の場合は、相互作用が貧弱であり、生徒の評価も低いものとなった。

4 — 授業の改善

　こうした教師行動の分析により、授業改善の方途として、直接的指導を減らし、相互作用を活発にしていく手立てを考えるべきであることが判明する。

　教育実習に臨む学生や経験の少ない教師は、授業計画の段階では、どのような指示・説明・演示をしようかと苦慮し、直接的指導についての検討を重視しがちである。しかし、実際の授業過程の中では、指導行動はできるだけ短い時間で伝える工夫をこらし、より重視すべきことは、学習活動中の生徒に積極的にかかわり、多くの肯定的言葉をかけることに留意することである。こうした教師行動が学習者に肯定される授業へと結びつくのである。

（浅見　裕）

[文献]
1) 武田清彦・高橋健夫・岡出美則編著（1997）『体育科教育学の探究：体育授業づくりの基礎理論』大修館書店、327頁。
2) 高橋健夫（2000）「子どもが評価する体育授業過程の特徴：授業過程の学習行動及び指導行動と子どもによる授業評価との関係を中心にして」『体育学研究』第45巻第2号、147-162頁。
3) 浅見裕・神崇尋・清水茂幸・細越淳二（2002）「M高校の剣道授業における教師行動の分析：4大教師行動の分析から」『武道学研究』第35巻第1号、53-61頁。
4) 日野克博・高橋健夫・平野智之（1997）「よい体育授業を実現するための基礎的条件の追証的検討：小学校の体育授業を対象にしたプロセス—プロダクト研究を通して」『筑波大学体育科学系紀要』第20巻、41-58頁。
5) 高橋健夫・岡沢祥訓・中井隆司・芳本真（1991）「体育授業における教師行動に関する研究：教師行動の構造と児童の授業評価との関係」『体育学研究』第36巻第3号、193-208頁。

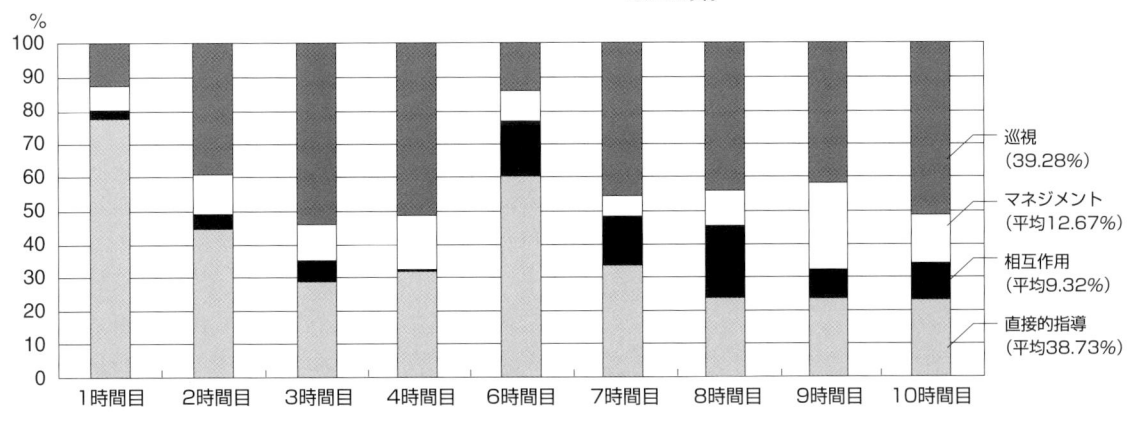

図1　4大教師行動に費やされた時間量

巡視（39.28%）
マネジメント（平均12.67%）
相互作用（平均9.32%）
直接的指導（平均38.73%）

表1　相互作用頻度　　　単位：回

		時間	1	2	3	4	6	7	8	9	10	AVG.
発問		回顧的	0	0	0	0	1	2	1	1	0	0.56
		分析的	0	4	0	2	0	0	0	1	0	0.78
		問題解決的	0	0	0	0	0	0	0	0	0	0.00
フィードバック	肯定的	一般的 技能的	0	2	0	0	5	2	0	1	0	1.11
		一般的 認知的	0	0	0	0	0	0	0	0	0	0.00
		一般的 行動的	0	0	0	0	0	0	0	0	0	0.00
		具体的 技能的	0	0	0	0	0	0	0	0	0	0.00
		具体的 認知的	0	0	0	0	0	0	0	0	0	0.00
		具体的 行動的	0	0	0	0	0	0	0	0	0	0.00
	矯正的	一般的 技能的	2	1	1	1	0	0	0	4	0	1.00
		一般的 認知的	0	0	0	0	0	0	0	1	0	0.11
		一般的 行動的	0	0	0	0	0	0	0	0	0	0.00
		具体的 技能的	10	27	15	6	15	25	17	14	17	16.22
		具体的 認知的	0	4	7	1	6	0	0	2	2	2.44
		具体的 行動的	2	2	4	5	5	6	6	6	1	4.11
	否定的	一般的 技能的	1	0	0	0	0	0	0	0	0	0.11
		一般的 認知的	0	0	0	0	0	0	0	1	0	0.11
		一般的 行動的	0	0	0	0	0	0	0	0	0	0.00
		具体的 技能的	0	0	0	0	0	1	0	0	1	0.22
		具体的 認知的	0	0	0	0	0	0	0	0	0	0.33
		具体的 行動的	2	0	0	0	1	2	0	0	0	0.56
励まし		技能的	0	0	0	0	3	0	0	0	0	0.67
		認知的	0	1	0	0	0	0	0	0	0	0.11
		行動的	0	0	0	0	0	0	0	0	0	0.00
受理		傾聴	0	0	1	2	3	0	4	1	0	1.22
		解答	0	0	1	1	0	0	2	0	0	0.44
		受容・活用	0	0	0	0	1	0	0	0	0	0.11
補助的相互作用（確認）			1	9	1	5	1	2	3	2	2	2.89
合計			18	50	30	26	42	43	33	32	24	33.11

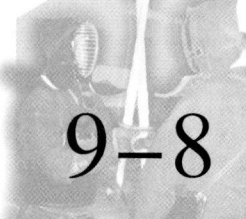

9-8 授業の評価—学習者による評価

1 — よい授業の条件

高田は、体育の授業ごとに子どもたちから授業の感想メモを提出してもらい、それらからよい授業の条件[1]として、①精一杯運動させてくれる②技や力を伸ばしてくれる③友人と仲よくさせてくれる④新しい発見をさせてくれる、の4つをあげ（のちに「高田四原則」と言われる）、子どもが良いという授業をよい授業とした。

また、長谷川ら[2]も291の小学校体育授業終了後に子どもたちに授業を振り返って評価させた。このデータを分析し、表1に示す調査票（「形成的授業評価票」と称す）を作成している[3]。

学習活動時間をカテゴリー別に分類するALT-PE（Academic learning Time in Physical Education：体育的学習内容に適切に従事する時間量）観察法[4]と形成的授業評価法を組み合わせて検討してみると、運動学習場面が多いと授業評価が高く、学習指導やマネージメントの頻度が高いとマイナス評価になり、「仲のよい、賢い（運動や練習のわかる）学習集団」を育てることも良い評価につながることが認められている[3]。

2 — 形成的授業評価法

剣道の授業についても、細越ら[5]によって形成的授業評価法を用いてＩ大学教育学部（2001年度前期）の剣道の授業分析が行われている。授業における学習者の評定結果は図1・2の通りである。これらの授業では、動きが簡単で剣道の動作に類似した楽しい運動から取り組ませ、剣道の基本動作や礼儀作法をはじめから重視するのではなく、打撃動作の運動感覚を養うような運動のアナロゴンを取り入れた学習プログラム[6,7]を設定した。

形成的授業評価に関しては、大まかな目安として統一の診断基準が高橋ら[3]によって示されている。それによると、総合得点が2.77以上であれば、大変評価の高かった授業ということであり、2.34を下回るような授業であれば大いに反省をしなければならないとされている[8]。本研究で対象とした12回の授業のうち8回が2.90を超えており、学習者から高く評価された授業であったことがわかった。

この結果は、運動のアナロゴンを取り入れたゲーム（遊び）を導入段階で行ってから、剣道の学習に入るという活動の流れで展開されたことの他に、教師と学習者、学習者同士のコミュニケーションがスムーズであり、教師が肯定的・矯正的な言葉かけを行ったことから、肯定的な雰囲気の中で活動を展開できたことが評価を高める大きな要因と考えられた。

因子別に5段階評価で見てみると、「成果」次元が11時間目の「4」を除いて全て「5」と、単元を通して高い評価を示した。「学び方」次元が2・8時間目を除いて「5」の評価であった。「協力」次元においても、4時間目以降は「5」の評価を維持し続けていた。「意欲・関心」次元では、8時間目に「3」の評価が出たものの、他はすべて「4」または「5」と、高い評価であった。高橋らの報告[3]によると、「意欲・関心」因子が学習者の求める授業の基礎的条件であり、この条件の充足の上に、「成果」因子や「協力」因子が満たされたとき、学習者の眼からみた「優れた授業」が実現されるとある。

12時間中9時間の「意欲・関心」因子が「5」の評価であり、さらに、9時間のうち8時間は全ての因子が「5」の評価を示した。つまり、3分の2の授業が、学生の眼からみた「優れた授業」になっていたことになる。

3 — 授業評価の資料

授業後に記入させたデータは、授業内の出来事一つひとつに対応したものではない。学習者からの評価は形成的評価法の評定尺度だけでなく、他の方途（逸話記録、学習カード、体育ノート、インタビュー、日誌、感想文、作文、映像など）からも得られる。こうした多面的な学習者の評価が

授業評価に直結していき、具体的に授業のどの場面をどのように改善すればよいかが浮かび上がるのである。

（浅見　裕）

［文献］
1) 高田典衛（1997）『体育授業の方法』杏林書院、4-7頁。
2) 長谷川悦示・高橋健夫・浦井孝夫・松本富子（1995）「小学校体育授業の形成的評価票及び診断基準作成の試み」『スポーツ教育学研究』第14巻第2号、91-102頁。
3) 高橋健夫（2000）「子どもが評価する体育授業過程の特徴：授業過程の学習行動及び指導行動と子どもによる授業評価との関係を中心にして」『体育学研究』第45巻第2号、147-162頁。
4) 高橋健夫・岡沢祥訓・中井隆司（1989）「教師の『相互作用』行動が児童の学習行動及び授業成果に及ぼす影響について」『体育学研究』第34巻第3号、191-200頁。
5) 細越淳二・清水茂幸・浅見　裕（2003）「I大学教育学部の『剣道』授業における教師行動分析」『武道学研究』第36巻。
6) 浅見　裕（2002）「武道の授業づくり」『体育科教育学入門』大修館書店、211-218頁。
7) 浅見　裕（2003）「剣道授業へ動機づける導入ゲームと教師の関わり方」『体育科教育』第51巻第2号、48-51頁。
8) 高橋健夫編著（1994）『体育の授業を創る：創造的な体育教材研究のために』大修館書店、236頁。

表1　形成的授業評価票

体育授業についての調査　　　　　　　月　日（　　）
小・中学校　　年　組　男・女　番　名前（　　　　　　　　）
◎　今日の体育の授業について質問します。下の1〜9について、あなたはどう思いますか。当てはまるものに○をつけてください。

1　ふかく心にのこることや、かんどうすることがありましたか。	（はい・どちらでもない・いいえ）
2　今までできなかったこと（運動や作戦）ができるようになりましたか。	（はい・どちらでもない・いいえ）
3　「あっ、わかった！」よか「あっ、そうか」と思ったことがありましたか.	（はい・どちらでもない・いいえ）
4　せいいっぱい、ぜんりょくをつくして運動することできましたか。	（はい・どちらでもない・いいえ）
5　楽しかったですか。	（はい・どちらでもない・いいえ）
6　自分から進んで学習することができましたか。	（はい・どちらでもない・いいえ）
7　自分のめあてにむかって何回も練習できましたか。	（はい・どちらでもない・いいえ）
8　友だちと協力して、なかよく学習できましたか。	（はい・どちらでもない・いいえ）
9　友だちとおたがいに教えたり、助けたりしましたか。	（はい・どちらでもない・いいえ）

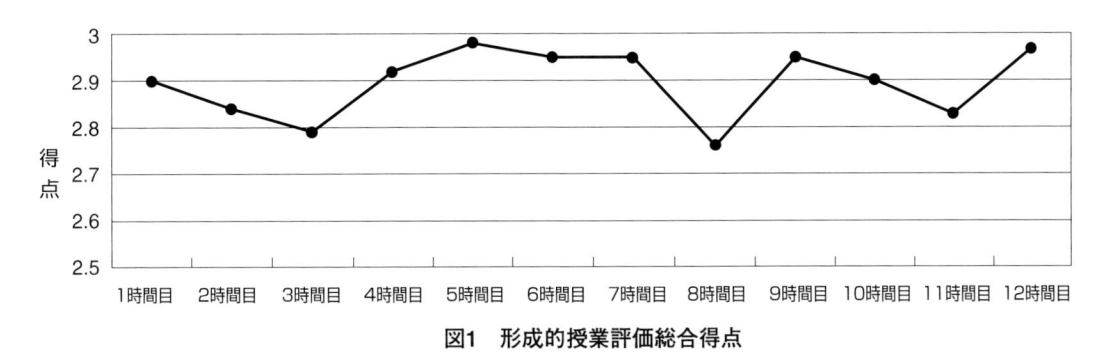

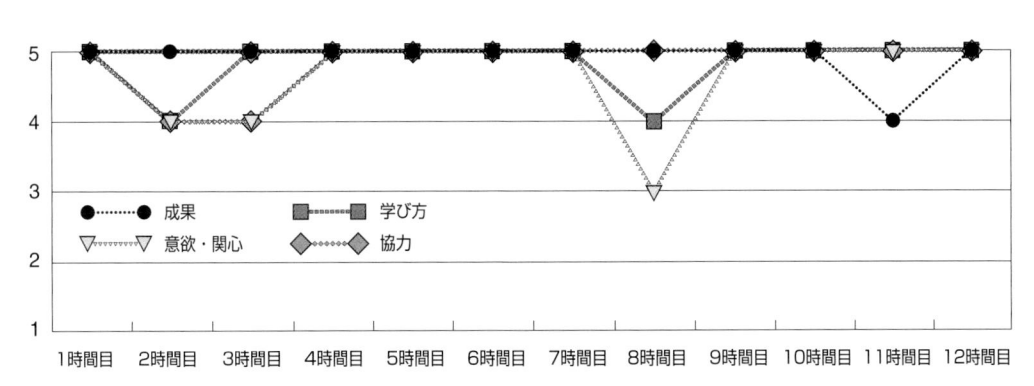

図1　形成的授業評価総合得点

図2　4次元別形成的授業評価得点

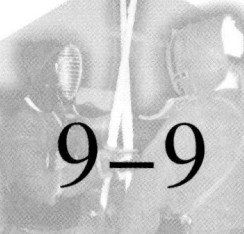

9-9 授業の評価—学習者の感想

1 — 質的研究法

　一般教育学における授業研究では、5つのアプローチがある。現象学的アプローチ、教育工学的アプローチ、行動科学的アプローチ、認知科学的アプローチ、事例研究（個性記述的研究・法則定立的研究）である。一般にこれらのアプローチは質的研究と工学的・数量的研究として、その特徴がわかる[1]。体育授業研究の分野でも、数量的分析だけでなく、質的研究法による分析が必要と指摘[2]されている。

　日本の質的研究法には2つの流れがあり、現場教師による経験的記述解釈法（エッセイ風の授業記録）と、研究者による経験科学的現象解釈法（事実の規則性を経験的に記述解釈）である[3]。現在では質的研究法の手法として、エスノグラフィー（未開部族などが持つ文化を社会現象として可能なかぎり組織的かつ網羅的に記述し解釈）が、授業研究に数多く利用されている[4]。

　しかし、日常の授業実践・学校生活の中では、上記の手法そのままにデータを採るのは時間的に困難な面がある。そこで、本稿では、事例的に前項で取り上げたI大学の剣道の授業において、各授業後に学習者に本音を聞き出すインタビュー（約1時間）を実施した結果を紹介する。このような1時間程度の聞き取りも現場では困難かと思われる。教師は学習者のつぶやきや一瞬の表情などから、本音を感知できる「感性」が必要となる。

　こうした学習者の言葉から、授業過程の中での学習者の率直な感想を理解・把握し、授業者の考え・判断とのズレを明らかにし、授業評価（授業改善）につなげるものである。

2 — インタビュー回答の特徴

　I大学の剣道授業についてのインタビューにおける回答より、特徴的なことを以下にあげる。

①今まで持っていた剣道についての印象とは違っていた、と答えていた。その理由としては、正座や礼法が強調されなかったこと、技術指導の前にゲーム的な要素の運動が盛り込まれており、しかも、これらのゲームが、あとで行う動作の中で生きてくると実感したという感想もあった。

　これらは学習者に親しみ易さを持たせ、堅苦しさを軽減させる効果を持つと考えられる。

②課題に対する難しさに関する感想が多かった。この難しさについては、授業が進むにつれて対応が変化した。はじめは戸惑いやいい加減な動作で切り抜けようとしていた。それがやがて、難しい課題に直面すると、学習者は動作がスムーズにできないと感じると他者観察を行い、自分がつまずいているところと比較するようになった。次に、教師や経験者の動作を頭の中に思い浮かべながら実際に動いてみて、それを教師や他の学生から評価の言葉を受けることによって、できたかどうかを判断（自己評価）していた。もしできたと感じたならば次の新しい課題に取り組んでいった。

　このことから、課題の与え方については、到達できたかどうかを自己評価できるように「技能の到達目標」を明示することと、教師の積極的な相互作用行動が重要であることが判明した。

③剣道への興味・関心については、知識が増えたことによって興味・関心が高まったと述べた学生がいた。授業者は毎時間に知的学習活動にも取り組ませた。身体動作だけを教えるのではなく、学習者に未知の知識を紹介することで、知的好奇心を満たすことにもなり、それが評価を高めたと思われる。

④有効打突について、学生は当初、まったくわからない（判定できない）状態だったが、授業が進むにつれ、自分が打たれたときの感覚と、他者が打突するところを観察することによって、「今のは一本だ」と判断できるようになった。

　しかし、難しいとしていたのは自分自身が打撃した時であり、これについては、授業者に「良い」「一本」「もう少し」と声をかけられる

ことにより、「今のは有効打突になる」と判断するようになったことも明らかとなった。授業者の「相互作用」行動の重要性が確認できた。

3 ── 剣道初学者の感想実態

剣道の授業について、主に導入段階における初学者の感想実態を以下のように把握した。

◎授業者・指導に関して
★授業者と剣道に対して、「厳しい・難しい・できない」という忌避的先入観を持っている。
★導入のゲームを面白がっていた。
★「竹刀の先の方」という説明ではなく、「先から〇cm」と具体的に述べる配慮が必要である。
★約束の声がけの指示において、言葉の内容まで説明しても、いつ発声するかという時期がわかっていないので、発声できない。
★授業者の示範通りの動作は単純でも難しく、できない。
★イメージ化してからの動作はやりやすいとしていた。しかし、熟練した動きはまねできない。
★動きのある対象に応じた動作は難しい。
★授業者は、対比させる動作を示範すると理解される。
★授業者の評価の言葉を手がかりにして、動きの質を決めている。
★工夫を要求されても、実効のある結果に結びつけられず、難しい。

◎学習者に関して
★スポーツ体験により、動きの多様さがなければ意欲的になれない学習者（学生）気質がある。
★授業者にほめられると喜ぶ。
★学習者は、ほめられる言葉により肯定的な自己評価をする。
★初学者でも、打たれる（打たせる）瞬間の打撃の質を感じ取っている。
★自分の動作について、自己評価ができない。
★他者の動作から学んでいる。
★足裏の汚れに不快感を持った。

◎学習過程の中で（肯定的）
★類似の運動体験があると、動作の要領をつかみやすい。
★理解できることにより、興味・関心が高まる。
★段階練習において、あとから初めの段階の学習の意義を理解している。
★相手の反応に応じた動作の学習では、相手の動きに集中している。
★学習過程における導入段階で、ゲームを取り入れていることに着目している。
★導入のゲームの面白さとは違った面白さとして、技の応酬から、剣道独自の面白さを感じている。
★自由に打ち合う稽古により、剣道らしさを感じている。
★防御法まで学習し、自由稽古が剣道らしくなったと自覚している。
★打撃の音により、技能向上を認識している。
★授業者に一本を認められることにより、有効打突の基準を認識している。

◎学習過程の中で（否定的）
★学習活動において、単純な動作でも初学の動きであると「できない」「難しい」と感じていた。コツがわからずにできないままであると、「面白くない」「わからない」「無理」との否定的感想を持つようになる。
★動作をこなせないとき、「適当」な動きですませている。
★面の装着法が難しい。
★初めて面を装着して、違和感を持った。
★有効打突（一本）であるかは、打たれたときはわかるが、自分が打ったときはわからない。
★防御の原理を聞いても、体現できない（理解したと思っても、実践できない）。
★脇を打たれて痛い思いをしていた。
★うまくできた動作を復元できない。

（浅見　裕）

[文献]
1) 武田清彦・高橋健夫・岡出美則編著（1997）『体育科教育学の探究：体育授業づくりの基礎理論』大修館書店、349頁。
2) 高橋健夫（2000）「子どもが評価する体育授業過程の特徴：授業過程の学習行動及び指導行動と子どもによる授業評価との関係を中心にして」『体育学研究』第45巻第2号、147-162頁。
3) 平山満義編著（1997）『質的研究法による授業研究』北大路書房、17頁。
4) 平山、前掲書3)、24-25頁。

9-10 剣道の試合観戦者からみた「面白さ」の評価

近年の学校体育では、生涯体育・スポーツとしての運動実践の継続がねらいとされ、各スポーツ種目においても、その運動がどのような楽しさ・魅力を持っているのかという視点が避けることのできない課題となっている。では、剣道の「面白さ」とは何であろうか。「面白さ」は日常的な用語であるため明確な概念規定が難しいが、試合や稽古に際して生じる「面白さ」に対する何らかの視点を整理することは可能である。

1 — 「面白い」と評価される剣道の試合様相

試合展開の様相を質的側面や量的側面から検討してみると、「面白い」と評価される試合は、明らかに違いがみられる。その質的要素（図1）としては、「勝つ」という試合本来の目的にかなった向文脈的な試合展開であること、武道において伝統的とされる倫理観や価値観に則った理念的な姿勢・態度であることが条件に挙げられる。また、量的側面から把握が可能な要素（図2、3）としては、試合中の打突本数が過多になっていないこと、打突動作発現までにも一定時間以上の攻め合う局面（時間）が生じていることが条件に挙げられる。

スポーツを見る際に感じる「面白さ」の根源を心理的な揺れ動きの体験に置き、試合様相に対して共感的にかかわることによって生じると捉えるならば、剣道の場合の心理的な揺れ動きは、勝つ（生）と負ける（死）という両義性が、竹刀（刃）を媒介とした攻防において瞬時に反転した場合に生じるのかもしれない。そのため、剣道試合に感じる「面白さ」には、武道の世界における生死の問題（あるいは真剣さ）が連想できるような向文脈的で理念的な内容が必要となり、また、観戦者が試合の勝敗の決着に共感するためには、攻防の駆け引きにおいて観戦者が共有できる程度の時間的「間」が必要なのであろう。

2 — 試合観戦者の「面白さ」の契機

中学生や成人が観戦者の立場から「面白さ」を評価する場合、その「面白さ」の基準を「身体的」、「知的」、「情動的」側面[1)2)]から比較すると（図4、表1）、身体的側面に関しては中学生も成人も試合中に生じる事象に対しては同程度に共感している。ただし、成人は剣道の理合や具体的な技を客観的に認識しているのに対し、中学生では「打突がすごかった」「相面に感動した」など感性的な認識に留まっている点が相違している。また、明らかに異なるのは、知的側面と情動的側面である。すなわち、中学生段階では情動的側面が強く、仲間意識や場の雰囲気を条件として「面白さ」が喚起する。例えば「自分と同じ学校の人が出ていたからドキドキした」や「多くの選手の中で一番強い人が決まるときだったから」など、仲間意識による共感性やその試合が決勝戦であるといった「場」の雰囲気に因っている点が特徴である。一方、長期間剣道を継続している成人の場合、剣道の理念や理合に関する個人の知識量や価値観といった知的側面を契機として面白さが生じている。例えば、「基本の理にかなった剣道人として面白い試合」や「剣道と勝負の違いが感じられた」など、剣道の理合や個人の価値観を基準に試合を評価している点が特徴である。

「剣道をどのように指導するのか」という問い、これは指導現場で解決を求められる切実な問題である。小・中学生年齢の剣道指導には多様な指導方法が考えられるものの、生涯剣道との関わりからは、学習者の立場に立った剣道の面白さを尊重する努力も必要となる。

（直原　幹）

[文献]
1) Kintsch, w. (1980) "Learning from text, levels of comprehension: Why anyone would read a story anyway." Poetics, 9, pp.87-98.
2) 佐藤臣彦（1991）「体育とスポーツの概念的区分に関するカテゴリー論的考察」『体育原理研究』22、8-9頁。

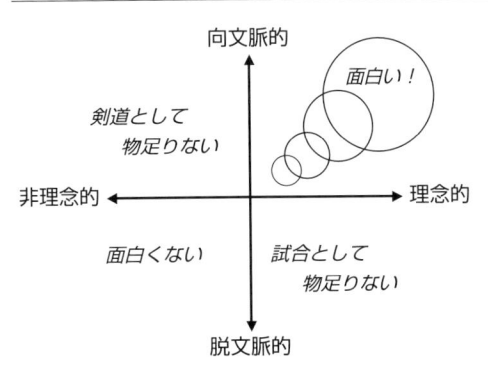

第Ⅲ部／第9章　評価法

図1　剣道の試合観察における質的分類（直原・志村、2003）

向文脈的―脱文脈的：「勝つ」という目的にかなった戦術や技を用いているかどうか
理念的―非理念的：剣道の伝統的倫理観あるいは美意識に則っているかどうか

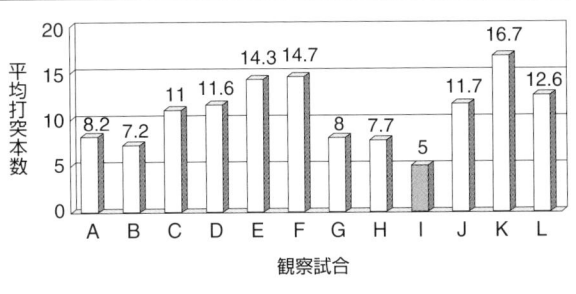

図2　1分間当たりの平均打突本数の比較

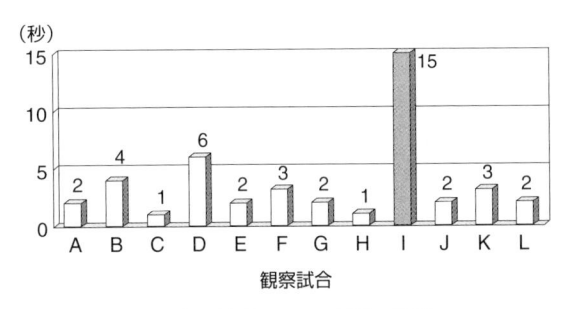

図3　初太刀発現までの時間の比較

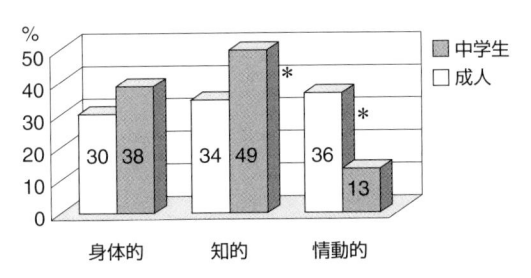

図4　「面白さ」の評価基準からみた構造的位相の違い

中学生剣道部員54名（年齢：13.5±0.5歳、経験年数：2.3±2.0年）、剣道を継続している成人41名（年齢：40.9±12.4歳、経験年数：28.3±12.2年）を調査対象とした。割合（％）は、「面白さ」を評価した際の記述内容でみられた文例カテゴリー（表1）が全体に占める割合。

剣道を継続している成人や中学生剣道部員が同一の試合を観戦した後に、「最も面白い」と評価した試合について質的および量的に比較した。観戦対象とした試合は、中学・高校生男女各3試合、計12試合であった。その結果、中学生や成人から高い支持率で「面白い」と評価された試合は、試合の質的な面では向文脈的・理念的カテゴリーに分類された試合であった。観戦したすべての試合を、試合中の打突部位、打突本数等から量的に比較したところ、最も評価の高かった試合（図2、図3：試合I）では1分間当たりの打突本数が全試合の中で最も少ない5本であるのに対し、その他の試合の平均は11.2本であった。また、初太刀出現までの時間においても、最も評価の高かった試合は全試合の中で最も長い15秒であるのに対し、他の試合の平均は2.5秒であった。その他、打突部位、技の種類、鍔ぜり合いの様相等について差は認められなかった。

表1　評価にみられた「面白さ」の基準と記述傾向

分類カテゴリー		中 学 生	成 人
認知	身体的	素晴らしい技や知らない技／速さ・足さばきが速い／打突がすごかった／相面に感動した／自分にはできない／打ちが強い／見事に二本決めた	気攻めより中心を割った一本／技の冴え・スピード・正しい打突／遠間から攻め合い／大技の面／思い切った出端技／技の錬度・得意技・自分の間合／正しい姿勢から素早い切れのいい技／流れからの一本の有効打突／中心を攻め、後へ下がらない打突／体さばき・フェイントの仕方／打突の後の声と体勢
	知的	なかなか勝負がつかず、すごかった／どちらが勝ってもおかしくない／勝敗がなかなか決まらない／一本取って取り返す精神力に驚いた／一本の取り合いが激しい／片方が勝つと思ったが、逆転した／相手の様子を伺っていた／自分にとって参考になる試合／	集中力と攻めの持続／攻め合いの姿勢（気構え）が良い／相手の出方を見ながら攻め合い／先を取る攻めの気持ち／攻めて打突する熱意／どちらも引かない競り合い／両者とも気を切らずに戦った／鍔迫り合いのない積極性／基本の理にかなった／剣道と勝負の違いが感じられた／
情動的		強かった・すごかった／一番強い人が決まる／緊張した・迫力があった／自分と同じ学校の人／ドキドキ・ハラハラ・イキイキ／先輩・友達・憧れの人	強かった／自分の教え子／先輩と後輩

試合観戦後に、最も「面白さ」を感じた試合の理由について自由記述を求めた。自由記述に見られる内容の特徴は、「認知的面白さ」と「情動的面白さ」から類型化した。「認知的面白さ」において、運動形式や身体技法を基準として評価している場合は「身体的」カテゴリーに分類し、剣道文化に固有のルールや作戦あるいは美的・倫理的価値観といった知的営為に関わって評価されている場合は「知的」カテゴリーに分類した。試合中に生じた生理的な覚醒機能を持つ事象が基準に評価されている場合は「情動的」カテゴリーに分類した（表1）。その結果、中学生の文例の多くは「情動的」に分類される場合が多く、成人では「知的」に分類される場合が多かった（図4、$\chi^2_{(1)}=14.44$、$p<0.01$）。

※類似した記述内容については表から除外している。

索　引

あ

あ
相打ちに対する評価　61
アキレス腱断裂　98
アグリッパ　54
足さばき　106
足幅　118
侍之作法［あしらいのさほう］　8
アナロゴン　154
暗黙知　165

い
家元制度　4
イギリスの剣術　58
移・写　40, 45
イタリアの剣術　54
一流選手　76, 86
佚斎樗山［いっさいちょざん］　33, 34
一足一刀の間合　106
一足一刀の間合を中心とした局面　122
一刀　35
一刀斎先生剣法書　40, 42, 44
一刀流兵法仮字書　40, 44
一本　35, 36, 46
移動軌跡　104, 122
移動距離　124
移動分布　104
移動方向　124
移動方向分布　106
今枝流　10
イメージトレーニング　90, 144
イリアス　62
岩国藩の剣術流派　16
インターハイ選手　104
インタビュー　192

う
ヴィッジァーニ　54
腕パワー　84
打ち合い形式の稽古法　12
打ち込み稽古　162
打ち込み稽古法　4
打つべき機会　134
運動あそび　154
運動学習　42
運動感覚　134
運動強度　162
運動再生過程　146
運動の自動化　43

運動有能感　148

え
英雄像　63, 65

お
大石進　7, 18
オデュッセイア　64
オデュッセウス　64
御触れ　166
面白さ　194

か

か
廻国修行者　14, 16
掛かり稽古　162
夏期強化合宿　96
火器の発達　52
学習者の感想　192
学習評価　176
掛声　14, 70, 100
加工・修正　154
画像解析法　114
型　34, 158
かた　160, 164
片山流　16
価値づけ　148
活性酸素　94
ガッツポーズ　102
活人剣　46
加藤田平八郎　8, 172
神々　62, 64
カランサ　56
環境不適　138
還元型アルブミン（human mercaptalbumin：HMA）　94
韓国人　70
韓国人学生　70

き
気　32
機　32, 36
擬音語　134
気剣体一致　36, 180
気剣体の一致　100
気・剣・体の一致　182
騎士　50
騎士道　50
記述表現　134
競い勝つ　160

キネステーゼ　*146*
技能獲得　*136*
技能チェック調査票　*180*
基本打突の評価　*178*
基本判定試合　*178*
基本判定試合記録用紙　*179*
逆対応　*32*
共感　*146*
競技　*62, 64*
競技化　*171*
競技的な技術　*18*
教材づくり　*154*
強要批判　*138*
切落し　*35*
切り返し　*162*
ギリシア戦士　*62*
筋力　*82, 84*

け

経験年数の違い　*138*
稽古　*159, 164*
稽古の課題（目的）　*38*
稽古法　*160*
稽古様式志向　*136*
稽古論　*164*
形成的授業評価票　*190*
形成的授業評価法　*190*
継続意欲　*136*
撃剣試合覚帳　*14*
決闘　*52*
限界認識　*138*
研究主題　*152*
言語中枢　*102*
言語的説明　*142*
言語的表象　*144*
言語表現　*134*
剣術英名録　*14*
剣術六十八手　*4, 160*
現象学的手法　*38*
倦怠・不快感　*138*
剣道　*80*
剣道からの忌避　*136*
剣道試合・審判運営要領　*185*
剣道試合・審判規則　*185*
剣道試合・審判細則　*185*
剣道実践　*38*
剣道に対する意識　*136*
剣道の国際化　*68*
剣道の理念　*160*
剣道比試記　*22*
剣道普及　*68*
剣の理法　*29*

こ

効果認識　*136*
高戦績群　*136*
後退距離　*124*
高段者　*24, 108, 112*
高段者の体力　*82*
公認審判員制度　*185*
高齢高段者　*78*
呼気相　*100*
心のあり方　*40*
骨密度　*78*
小手打撃動作　*120*
御破算　*30*

さ

再生の力　*45*
サヴィオロ　*58*
侍　*50*
左右差　*78*
酸化型アルブミン（human nonmercaptalbumin：HNA）*94*
酸化ストレス　*94*
3次元動作解析　*114*
残心　*44, 70, 101*
残心の位　*44*
サン・ディディエ　*60*

し

試合運営方法　*170*
試合観戦者　*194*
試合形式　*170*
試合剣術　*22, 34*
試合場　*104*
試合の運営能力　*184*
試合様相　*194*
視覚イメージ　*144*
直心影流　*4, 6*
自己形成　*37*
姿勢　*80, 88*
実践哲学　*29*
質的研究法　*192*
師弟同行　*159*
指導批判　*138*
自得　*141, 159*
竹刀打ち込み稽古法　*12*
竹刀重量　*128*
竹刀の基準　*128*
習熟段階　*106, 124*
十文字勝ち　*35*
授業改善　*188, 192*
授業嫌い　*154*
修行状態　*140*
授業評価　*188, 190, 192*
守破離　*158*
守・破・離　*160*
遵義堂　*10*
傷害　*88, 98*

生涯剣道　140
生涯スポーツ　82
昇段審査システム　140
小刀　150
情動言語　102
少年期　136
勝負　28, 34
正面打撃動作　114, 118, 120
勝利欲求　136
上腕囲　84
上腕屈筋力　82
初学須知　8
除脂肪体重　76
女性の剣道愛好者　24
暑熱環境　94, 96
事理一致　34, 42
自律的な動機づけ　148
シルヴァー　59
審査会方式　178
身体感覚　33
身体技法　33
身体性　38
身体組成　76
身体知　30
身体二重性　38
診断基準　190
審判　184
審判員査定制度　185
審判力　185
新法の採用　16
神妙剣の境地　41
心理的競技能力診断検査　90

す
水月　40
隙　150
スキル評価　186
素早さ　86
素振り　80
素振り所要時間　128
スペイン剣術　56
スモールソード　60
すり足打突　180

せ
正課剣道　186
正坐　47
生死　29
世界剣道連盟　68
脊柱湾曲　88
膳所藩　10
殺人刀　46
攻め　134
善　66
前進距離　124
前進・後退素振りテスト　186

全身反応時間　86

そ
相互作用　188
僧帽筋　80
阻害要因　138
足底力　112
素材　154

た

た
体育　152
対応動作　124
体験知　30
対峙時間　122
体脂肪率　76
体重配分　112
態度　152
大刀　150
大日本武徳会　5
大脳辺縁系　102
体罰　149
退部理由　138
打撃曲線　116
打撃力　116
竹具足　6
他国修業者引請場　20
他者受容感　148
たたかい　46
正しい人間　66
打突時間　126
打突動作　128
打突部位　12
打突部位呼称　70, 100, 102
WBGT（wet-bulb globe temperature）　96
魂の三契機　66
他流試合　8, 14, 16, 18
段位の評価基準　140
段位別女子登録者数　24
タンポ槍　6

ち
千葉周作　4
注意過程　142
中学生　128, 194
中段の構え　112, 118
直接的指導　188

つ
突き返し　52
月之抄　44
鍔ぜり合いを中心とした局面　122

て

DLT法　*104, 114, 122*
低戦績群　*136*
ティボー　*56*
鉄仮面　*12*
手袋　*12*
伝統的稽古法　*162*
伝統の保持　*16*

と

ドイツの剣術　*58*
動機づけ過程　*148*
道場　*20*
飛び込み足　*19*
鳥刺し面　*19*

な

な

長竹刀［ながしない］　*10, 18*
中西忠蔵子武　*7*
長沼四郎左衛門 国郷　*6*
ナルバエス　*56*

に

二刀流　*150*
日本剣道形　*35, 108*
日本的学習方法　*164*
ニューヨーク州姿勢テスト　*81*

ね

熱中症　*96*

の

脳波　*108*
野稽古　*19*
ノルマン・コンクェスト　*50*

は

は

場　*37*
バイオマーカー　*96*
幕府講武所　*18, 20*
刃筋　*46*
発声　*70, 100*
発声の長さ　*102*
発声の頻度　*102*
パブリックスクール　*51*
藩校　*10, 20, 166*
反則行為　*184*
判定力　*182*

ひ

ひかがみ　*112*
肘の傷害　*98*
左足角度　*118*
左移動　*124*
ヒト血清アルブミン（human serum albumin：HSA）　*94*
評価基準　*176*
評価の観点　*176*
評価の方法　*176*
標準的3次元動作モデル　*114*

ふ

武　*28*
ファブリス　*55*
フィンランド剣道　*68*
フェンシング　*52, 61*
フォースプレート　*112, 118, 120*
袋しない　*12*
武士以外の階級　*15*
武術教育　*166*
武場掟　*166*
武道指導　*152*
武道指導推進校　*152*
不動智神妙録　*42*
武の精神　*28*
踏み切り力　*118*
踏み込み足打突　*180*
踏み込み圧　*116*
踏み込み角度　*120*
踏み込み力　*120*
プラトン　*66*
フランスの剣術　*60*
フルーレ　*53, 60*
プロポリス　*97*

へ

兵法家伝書　*35, 36, 41*

ほ

防御　*126, 150*
防御時間　*126*
防御成功率　*126*
防具（剣道具）　*6*
棒心の位　*44*
北斎漫画　*7*
北辰一刀流兵法初目録聞書　*44*
保持過程　*144*

ま

ま

間　*37*
間合　*41*
間合のとり方　*122*

マイヤー　58
マスク　59, 61
松崎浪四郎　22
松代藩文武学校　20
マロッツォ　54

み
右移動　124
右側優位　82
道　32, 33

む
武者修行　8, 22, 172
武者修行者　14
無心　31
武藤為吉　22
武藤為吉尺牘　22

め
明鏡止水　40
明治神宮体育大会　170
綿甲覆膊［めんこうふくせい］　12
メンタルコンディション　90
メンタルトレーニング　90
面頬　12

も
持田盛二　8, 140
木鶏　31
モデリング（観察学習）　142
モデル提示の方向　142
モデルの行動特徴　142
モデルのスピード　142
武士（もののふ）の精神　29

や

や
山岡鉄舟　31

ゆ
有効打突　180, 182
有効打突の形成　160
有効打突の取得位置　104
有効打突の条件　182
有効打突の要素　182

よ
腰痛　88
ヨーロッパの剣術　52
予測能力　126
4大教師行動　188

ら

ら
ラバ　60
ランジ　60

り
理合　160
リアンクール　60
流祖　34
流派　4, 17
リラクセーション　145

る
ル・ペルシュ　60

れ
礼　46
レイピア　53, 56, 58, 59, 60
レープコマー　58
歴遊日記　172
連続小手面打ちテスト　186

わ

わ
わざ　42, 164
わざの習得過程　159
技の体系化　4

●執筆者一覧

浅見　裕（岩手大学教育学部教授）
　第7章-11、第9章-7、第9章-8、第9章-9

今井　一（岐阜大学教育学部教授）
　第5章-1、第5章-2

恵土孝吉（金沢大学教育学部教授）
　第4章-5、第4章-6、第6章-8、第9章-6

太田順康（大阪教育大学助教授）
　第3章-11、第8章-5、第8章-6、第8章-7

大保木輝雄（埼玉大学教育学部教授）
　第2章-1、第2章-2、第2章-3、第2章-4、第2章-5

岡嶋　恒（北海道教育大学釧路校教授）
　第7章-2、第9章-1、第9章-2

折口　築（信州大学教育学部助教授）
　第7章-9、第8章-4、第9章-3

木原資裕（鳴門教育大学助教授）
　第7章-1、第7章-3、第7章-4

小林日出至郎（新潟大学教育学部助教授）
　第3章-8、第3章-9、第3章-10

境　英俊（島根大学教育学部助教授）
　第1章-11

塩入宏行（埼玉大学教育学部教授）
　第3章-1、第3章-2、第3章-3、第3章-4、第3章-5、第3章-6、第3章-7

直原　幹（上越教育大学助教授）
　第4章-7、第6章-9、第7章-10、第9章-10、

角　正武（福岡教育大学教授）
　第9章-4、第9章-5

竹田隆一（山形大学教育学部助教授）
　第2章-7、第2章-8、第2章-9

巽　申直（茨城大学教育学部教授）
　第5章-6、第5章-7、第6章-6、第6章-7

中村民雄（福島大学教育学部教授）
　第1章-1、第1章-2、第1章-9、第2章-10、第8章-1、第8章-2

橋爪和夫（富山大学教育学部教授）
　第3章-12、第5章-4、第5章-5

増谷大輔（北海道立小清水高等学校教諭）
　第9章-2

松村司朗（宇都宮大学教育学部教授）
　第2章-6、第8章-3

村山勤治（滋賀大学教育学部教授）
　第1章-3、第1章-4、第1章-10、第8章-8

柳本昭人（東京学芸大学教授）
　第4章-3、第4章-4、第5章-3、第6章-3

山神眞一（香川大学教育学部教授）
　第4章-1、第4章-2、第4章-8、第5章-8

横山直也（横浜国立大学教育人間科学部教授）
　第6章-1、第6章2、第6章-4、第6章-5

吉村　功（北海道教育大学函館校助教授）
　第7章-5、第7章-6、第7章-7、第7章-8

和田哲也（信州大学教育学部教授）
　第1章-5、第1章-6、第1章-7、第1章-8

教育剣道の科学
©The National Kendo Federation of Universities with Education Faculties
NDC 375　210p　26cm

初版第1刷──2004年9月1日

編　者────全国教育系大学剣道連盟
発行者────鈴木一行
発行所────株式会社 大修館書店
　　　　　　〒101-8466　東京都千代田区神田錦町3-24
　　　　　　電話03-3295-6231（販売部）　03-3294-2359（編集部）
　　　　　　振替00190-7-40504
　　　　　　［出版情報］http://www.taishukan.co.jp
　　　　　　　　　　　　http://www.taishukan-sport.jp/（体育・スポーツ）

装　丁────齊藤和義
本文デザイン・DTP────齊藤デザイン室
カバー写真────アフロ フォトエージェンシー
印刷所────広研印刷
製本所────難波製本

ISBN 4-469-26556-X　Printed in Japan
Ⓡ本書の全部または一部を無断で複写複製（コピー）することは、
著作権法上での例外を除き禁じられています。